# 2010~2011
# 云南经济发展报告

主　编/康云海
宣　宜

云南大学出版社
YUNNAN UNIVERSITY PRESS

# 目　录

## 专题篇

# Contents

## Special Articles

# 总报告

# 2010 ~ 2011 年云南经济发展报告

康云海　保宏武

2010 年是全面实现“十一五”规划的最后一年，也是应对全球金融危机之后的第二年，在积极应对百年一遇的旱灾和通货膨胀压力逐步显现的情况下，确保了云南经济持续稳定发展。2010 年，省委、省政府坚决贯彻落实党中央、国务院的一系列重大决策部署，强化责任，妥善应对，狠抓落实。一、二季度把抗大旱、保民生、抓春耕、促发展作为压倒一切的中心任务，除第一产业增幅较小外，全省生产总值和第二产业、第三产业增加值，以及城镇居民人均可支配收入、农民人均现金收入同比都实现了两位数的增长，保持了经济发展持续向好的态势。三、四季度努力化解金融危机的后续影响，千方百计加快发展方式转变，按照《国务院关于稳定消费价格总水平保障群众基本生活》的通知，出台了 20 项具体措施稳定消费价格总水平，积极应对已出现的通货膨胀预期，确保了全年经济平稳较快发展的势头。预计 2010 年云南生产总值（GDP）的增长率为 12.7%，超过全国平均增长速度（9.9%）2.8 个百分点。2011 年，云南经济发展在应对出现通货膨胀预期的同时，通过认真落实中央经济工作会议精神，狠抓经济增长方式转变。在国家采取积极的财政政策和稳健的货币政策的大环境下，2011 年云南的生产总值的增长速度有所下降，预计达到 11% 左右。同时，保民生也将成为这一年度的重点工作。

# 一、2010 年云南经济形势分析

从云南的经济运作总体态势上看，2010 年是云南应对全球金融危机后续影响、百年一遇的旱灾和通货膨胀压力，确保经济持续稳定发展的一年。2010 年，在认真落实拉动内需促进经济增长重大项目的同时，积极争取国家支持，采取一系列措施应对百年一遇的旱灾和出现通货膨胀的预期，确保云南经济持续稳定增长，云南生产总值预计增长 12.7%，比全国平均水平高 2.8 个百分点。

## （一）经济发展站在了一个新的历史起点上

2010 年，面对国际金融危机的后续影响，面对百年不遇特大旱灾的严重影响，面对资源环境约束加剧的严峻考验，面对日益激烈的市场竞争，在党中央、国务院的正确领导下，云南以科学发展观为统领，认真贯彻省第七次、第八次党代会精神，全省各族人民奋力克难攻坚，不断开拓创新，胜利完成了“十一五”规划确定的主要目标和任务，经济建设、政治建设、文化建设、社会建设以及生态文明建设和党的建设取得了重大进展，经济发展取得了重大成效。预计 2010 年全省生产总值为 6 951.60 亿元，比 2009 年增加 12.7%，超过全国平均的增长速度 2.8 个百分点。云南经济发展站在了一个新的历史起点上。

## （二）工业经济呈现高开稳走、稍有回落的态势

2010 年是实施“十一五”规划的最后一年，是巩固经济企稳回升态势的关键一年，也是加快云南产业结构调整，优化产业升级的重要的一年。2010 年，云南工业经济在电力、烟草、钢铁及化工行业的带动下，全省工业总体朝着宏观调控的预期方向发展，工业经济呈现高开稳走、稍有回落的运行态势。

经过 2009 年的恢复期，全省经济从全球金融危机阴影中逐步走出。今年 1～2 月，云南规模以上工业增加值以同比增长 23.2% 的增幅高开，随后，随着 2009 年低基数效应的逐渐减退，工业累计完成增加值同比增长幅度有所回落，上半年基本保持在

20%以上，下半年开始回落到20%以下。从1～10月份工业经济的数据来看，云南工业经济总体呈现快速平稳的运行态势。全省规模以上工业累计完成增加值1 817 亿元，同比增长15.7%，增长速度较2009 年同期的6.9%提高8.8 个百分点，比我国四部省区平均增速高0.1 个百分点，比全国平均增速低0.4 个百分点。

### （三）财政收支总体运行良好

2010 年是云南财政面临复杂形势、历经重重困难、取得显著成绩的一年。面对宏观经济持续回升基础不牢、结构性减税、支出需求快速增长等压力，全省各级财政部门在省委、省政府的坚强领导下，以科学发展观为统领，认真贯彻落实积极财政政策，狠抓预算执行和增收节支，采取一系列财税举措增投资、扩消费、调结构、保民生、促发展，财政工作成效明显，财政运行形势总体良好。1～10 月，全省地方财政一般预算收入完成692.02亿元，增长23.3%，完成年初预算的90.1%，这为完成全年收入任务奠定了坚实基础。其中，省本级收入152.60 亿元，增收27.21 亿元，增长21.7%；州（市）级收入539.42 亿元，增收103.58 亿元，增长23.8%。全省地方财政一般预算支出完成1 405.39 亿元，比上年同期增支154.23 亿元，增长12.3%，完成年初预算的64.4%。其中，省本级支出302.58 亿元，减支68.83 亿元，同比下降18.5%；州（市）级支出1 102.81 亿元，增支223.05 亿元，增长25.4%。全省政府性基金预算收入完成275.19 亿元，增收162.06 亿元，增长69.8%，为年初预算的101.6%；全省政府性基金预算支出完成205.67 亿元，增支127.41 亿元，增长61.4%，为年初预算的73.2%。

### （四）固定资产投资规模创历史新高，投资结构进一步得到优化

2010 年，在云南省委、省政府的坚强领导下，全省深入实践科学发展观，积极应对全球性金融危机，经受住了百年不遇“旱灾”的严峻考验，加大固定资产投资力度，促进全省经济又好又快发展，努力构建和谐社会取得新成果。据统计数据显示：2010年，云南全社会固定资产投资规模达5 528.71 亿元，比2009 年增长22.1%，比上年净增1 001.69 亿元，如期实现了省政府年

初确定的固定资产投资新增1 000亿元的目标，对促进云南又好又快发展发挥出积极的作用。云南充分利用国家拉动内需的政策，积极争取国家扶持的同时，针对国民经济发展的需要，狠抓“三个一百”重点建设项目。2010年1~10月，云南“三个一百”重点建设项目固定资产投资完成平稳增长，共完成投资1 231.25亿元，占年度计划投资的77.73%，与去年同期相比完成投资增加516.25亿元，提高了22.53个百分点，预计全年可完成90%以上的年度投资计划。自从2003年中央提出实践科学发展观以来，云南在6年时间里跨越了1 000亿元、2 000亿元、3 000亿元、4 000亿元新台阶。从投资总量排位比较，云南列全国第22位，西部第6位；投资增速居全国第24位，西部第8位。三次产业投资结构得到进一步改善。2009年1~11月，全省第一产业（农业）投资80.98亿元，同比增长27.3%；第二产业投资1 320.2亿元，增长23.6%；第三产业投资2 040.59亿元，增长40.4%；全省三次产业投资结构变化为2.4:38.4:59.2。

### （五）农业经济实现大灾之年的全面发展

2010年，中央一号文件连续第七次聚焦“三农”。面对百年一遇的旱灾，云南省委、省政府认真贯彻中央一号文件精神，把抗大旱、保民生、抓春耕、促发展作为压倒一切的中心任务，狠抓扩大种植面积、加大农业投入、推广农业科技应用等“兴农”措施，努力做到小春损失大春补、粮食损失经济作物补、种植业损失养殖业补、农业损失非农产业补。通过全省上下齐心协力，农业生产战胜了特大旱灾的严重影响，实现了大旱之年粮食丰收，农业农村经济呈现全面发展的局面。2010年1~9月，全省农业总产值达到1 099.7亿元，同比增长3.4%，增幅比上半年回复性回升了2.6个百分点。其中，农业产值达到508.6亿元，同比下降0.9%；牧业产值达到397.4亿元，同比增长7%；林业产值达到117.7亿元，同比增长7.6%；渔业产值达到25.4亿元，同比增长9.8%；农、林、牧、渔服务业产值50.6亿元，同比增长4.8%；农、林、牧、渔业增加值649.8亿元，同比增长3.0%。

百年一遇的旱灾，致使农作物大面积受灾，夏收粮油产量不同程度出现减产。经济林果、蔬菜、茶叶、甘蔗、油料等均有不同程度减产，农业直接经济损失在170亿元左右。全省夏收粮食产量125.1万吨，比上年减产99.5万吨，下降44.3%。其中，谷物产量75.1万吨，减产63.7万吨，下降45.9%；豆类产量28.8万吨，减产26.8万吨，下降48.2%；薯类产量21.2万吨，减产8.8万吨，下降29.3%；油料产量24.7万吨，减产15.7万吨，下降38.9%。虽然全省农作物遭受了百年一遇的严重旱灾出现减产，但农产品出口依然保持了良好增长态势，农民收入水平不断提高，畜牧业稳定发展。据海关统计，2010年1~9月，云南省农产品出口9.5亿美元，较上年同期净增2.4亿美元，增幅33.8%。其中，蔬菜出口价格上涨明显，成为全省最大类出口农产品，占全省农产品出口额的1/3，出口额3.2亿美元，较上年同期净增1.2亿美元，增幅59.4%；烟草出口2.9亿美元，较上年同期净增2 100万美元，增幅7.8%；水果出口7 400万美元，较上年同期净增3 000万美元，增幅67.8%，葡萄、桃子、梅、李子单项商品出口排名全国第一；“云花”出口2 064万美元，较上年净增300万美元，增幅17.7%；“云茶”出口1 314万美元，较上年净增171万美元，增幅14.5%；“云菌”出口3 136万美元，较上年净增1 111万美元，增幅23.5%；咖啡出口8 584万美元，较上年净增2 661万美元；松香出口2 231万美元，较上年净增1 300万美元。2010年1~9月，农民人均现金收入达3 079.7元，同比增长11.5%。其中，工资性收入达852.4元，同比增长25.6%，占现金收入比重达27.7%；家庭经营收入达1 824.2元，同比增长4.2%，占现金收入比重达59.2%；财产性收入达179元，同比增长40.9%，占现金收入的比重达5.8%；转移性收入244.1元，同比增长19%，占现金收入的比重达7.9%。2010年1~9月，畜牧业生产平稳发展，全省畜牧业产值达到397.4亿元，同比增长7%，占总产值的比重达到36.1%；肉类总产量达344.8万吨，同比增长12.4%。其中，生猪肉产量281.1万吨，同比增长12%；牛肉产量25.7万吨，同比增长12.9%；羊肉产量10万吨，同比增长11%；禽肉产量27.8万吨，同比增长15.6%；牛奶产量40.7万吨，同比增长7.8%；禽蛋产量25.2万吨，同比增长12.6%。

### （六）城镇居民八大类支出呈现“六增二降”态势，农村居民则呈现“七增一降”态势

建立扩大消费需求的长效机制，加快形成消费、投资、出口协调拉动经济增长新局面。消费已成为拉动经济增长的持久内动力。作为实现消费的主体，居民消费在很大程度上反映了消费的总体规模和发展水平。在国家“扩大内需，促进消费”的宏观政策引导下，2010 年云南城乡居民消费持续保持增长态势，根据国家统计局云南调查总队的抽样调查资料显示，2010 年前 3 季度云南城镇居民人均消费性支出 8 210.8 元，比上年同期增长 8.6%，八大类消费支出呈现“六增二降”态势。城镇居民在食品、衣着、家庭设备用品及服务、交通和通信、教育文化娱乐服务与其他商品和服务等方面，与去年同期相比，分别增长了 2.9%、1.6%、24.9%、33.5%、29.1% 和 32.9%，居住和医疗保健分别下降了 10.6% 和 13.8%。2010 年 1～9 月，云南农村居民人均生活消费现金支出 1 816.8 元，比上年同期增长 13.8%，八大类消费支出呈现“七增一降”态势。农村居民在食品、衣着、居住、家庭设备用品及服务、医疗保健、交通与通信和教育文化娱乐服务等方面，与去年同期相比，分别增长了 12.8%、20.4%、12.8%、15.2%、29.7%、5.3% 和 15.7%，其他商品和服务则下降了 3.0%。

### （七）居民消费价格不断上涨，通货膨胀压力逐步显现

2010 年是金融危机之后的第二年，国内外经济仍处于复苏当中。从云南省前 3 季度的情况来看，整体上延续了 2009 年经济逐步向好的势头，经济增长势头强劲，同时物价指数也节节攀升，通货膨胀压力逐步显现，通胀预期进一步加强。2010 年 1～9 月，云南省居民消费价格指数（CPI）同比为 103.8，涨幅较大。从月度数据来看，自 2009 年底以来居民消费价格指数逐步上扬，2010 年 3 月同比破 4 以后，一直处于高位运行。从与全国的比较来看，云南省居民消费价格指数仍然略高于全国水平，主要原因在于云南省消费支出中恩格尔系数较高，从而受到食品价格涨幅带动影响较大。云南省居民消费价格指数累计为 103.8，高于全国平均水平 0.8 个百分点，居全国各省区涨幅第 4 位。

分品种来看，八大类商品六升二降。食品类和居住类分别上涨8.0%和4.8%，其价格变动仍然主导了居民消费价格变动。按食品类占CPI权重1/3计算，影响CPI变动约2.7个百分点。按居住类约占CPI权重15%计算，影响CPI变动约0.7个百分点。二者合计占前3季度CPI变动的90%。

从小类商品来看，2010年1～9月，涨幅较大的小类商品主要有：菜类上涨26.8%，干鲜瓜果类上涨16.9%，粮食上涨13.1%，水产品上涨6.7%，糖上涨10.3%，自有住房上涨8.5%，水电燃料上涨5.6%。城市生活必需品中，大米、白条鸡、鲜鸡蛋、食盐、白糖、鲜猪肉和水果共7类商品价格比去年同期上涨，其中，鲜猪肉和水果类商品价格分别同比上涨5.4%和3.8%。2010年前3季度，原材、燃料及动力价格指数为9.0%，上涨幅度较大的主要商品类别分别是有色金属材料和电线类涨幅30.6%，农副产品类涨幅11.0%。按商务厅的统计数据，2010年前3季度重要生产资料中，橡胶、有色金属和水泥类商品同比分别上涨62.4%、19.9%、29.6%。

### （八）云南金融信贷运行总体平衡，支持发展重点突出

2010年，云南省银行业金融机构货币信贷运行总体平衡，呈现出增速逐渐回落态势、增量显著扩大、支持重点突出的特点。截至2010年9月末，全省银行业金融机构人民币各项存款余额为12948.67亿元，同期增长20.8%；全省银行业金融机构人民币各项贷款余额10215.69亿元，同期增长19.8%。金融宏观调控政策效应显著，人民币存贷款余额同比增幅双双实现了回落。全省金融机构围绕“两强一堡”重大部署，有力保障重点项目建设；围绕“转方式、调结构”主线，有力支持节能减排和继续推进环境保护工作；围绕信贷薄弱环节，坚持信贷资源向“三农”和县域倾斜，全面提升农村金融服务的深度和广度，逐步填补农村金融空白网点，不断完善农村金融服务体系，积极解决中小企业“融资难、贷款难”的问题。

从存贷结构变化情况可以看出，云南省银行业金融机构存贷比结构较为合理，反映出全省的货币信贷运行较为平稳。以2006年9月末—2010年9月末云南省金融机构人民币存贷款余额间的存贷比为例，各年度的存贷比一直在77%～80%之间浮动。2010

年9月末，云南省金融机构人民币存贷款余额间的存差已突破2 700亿元大关，金融机构存差资源丰富。

全省货币信贷运行呈现出增速持续加快、增量显著扩大、支持重点突出的特点。2010年9月末，云南省金融机构人民币存贷款余额与2009年同期同比增幅双双实现了回落。

围绕省委、省政府提出“两强一堡”重大战略部署，云南省金融银行业作为现代经济的核心以及撬动经济发展方式转变的杠杆，有力地支持全省经济社会又好又快发展。云南省金融机构按照省委、省政府“增投资、扩消费，转方式、调结构，重民生、建和谐，快发展、上水平”的总体要求，围绕昆明新机场、“八入滇、四出境”铁路网建设、“七入省、四出境”公路网建设，烟草、能源、冶金、化工等十大行业的发展规划和战略部署，积极发挥银行支持经济建设、促进发展方式转变的金融职能，不断优化信贷结构，加大信贷投放力度，有力保障了全省重点基础设施建设和重点行业发展。

### （九）居民消费信心增强，与全国平均消费水平相比仍存在较大差距

随着改革的逐渐深入，住房、医疗、失业、养老等在内的社会保障体系不断完善，减少了居民对未来预期的不确定性，解除了人们对住房、医疗、失业、养老等的后顾之忧，从而使居民对自身保障的担忧转化为对未来生活乐观的心理预期，逐渐树立消费信心，并形成居民的边际消费倾向，变远期的储蓄倾向为即期的消费热情。2010年1～9月，云南城镇居民人均消费性支出8 210.8元，比2008年同期增长8.6%。八大类消费支出呈现“六增二降”态势，城镇居民在食品、衣着上的消费支出稍有上涨，在家庭设备用品及服务、交通和通信、教育文化娱乐服务与其他商品和服务的消费支出增长较快，高达20%以上，只是在居住和医疗保健上的消费分别下降了10.6%和13.8%。云南农村居民人均生活消费现金支出1 816.8元，比2008年同期增长13.8%，八大类消费支出呈现“七增一降”态势，农村居民在食品、衣着、居住、家庭设备用品及服务、医疗保健、交通与通信和教育文化娱乐服务上的消费支出增长了10%以上，只是在其他商品和服务上的消费下降了3%。这说明云南居民的消费信心在

增强。制约云南消费增长的主要因素是居民的可支配收入较低。2010年1~9月，云南城镇居民人均可支配收入11 795元，仅相当于全国平均水平14 334元的82.3%；农村居民人均现金收入3 131元，仅相当于全国平均水平4 869元的64.3%。这说明较低的收入水平制约了消费能力的快速提升。2010年1~9月，云南城镇居民人均消费性支出8 211元，仅相当于全国平均水平9 942元的82.6%；农村居民人均生活消费现金支出1 817元，仅相当于全国平均水平2 713元的67.0%。这说明云南城乡居民收支水平均与全国平均水平存在较大差距。

### （十）对外贸易实现全面快速增长

2010年，全省进出口完成133.68亿美元，比2009年增长66.7%。其中，出口完成76.06亿美元，同比增长68.5%；进口完成57.62亿美元，同比增长64.4%。从贸易方式看，全省一般贸易进出口额累计完成111.74亿美元，同比增长72.2%；加工贸易进出口额完成4.59亿美元，增长66.7%；边境小额贸易进出口额完成17.36亿美元，增长37.7%。从企业类型看，全省国有企业进出口额累计完成53.99亿美元，同比增长39.3%；外商投资企业进出口额完成6.45亿美元，增长46.8%；民营企业进出口额完成73.24亿美元，增长97.3%。

农产品、纺织品及服装和电力出口保持较快增长。全省农产品出口完成13.52亿美元，同比增长36.6%；电力出口2.87亿美元，增长38.7%；纺织品及服装出口完成7.02亿美元，增长1.3倍。

### （十一）旅游业保持加快发展的势头

在百年一遇旱灾和通货膨胀压力增大的影响下，云南旅游业仍然保持加快发展的势头，旅游总收入同比增长13.2%。按照“建酒店、树品牌、创特色、抓服务”的发展思路，云南省积极促进旅游发展方式转变，着力扭转休闲度假酒店发展不足、休闲度假旅游发展不快的状况，实施“以奖代补”等激励措施，提升了旅游消费层次。2010年1~9月，全省实现旅游业总收入670.22亿元，增长15.3%。接待海外入境游客463.32万人次，实现外汇收入9.69亿美元，分别比上年同期增加9.9%和8.8%；

接待国内游客10 439.83万人次，实现国内游收入604亿元，分别比上年同期增长14.8%和16.4%。

### （十二）实现节能减排和淘汰落后产能目标

云南省"十一五"节能目标是：到2010年，全省万元GDP能耗比2005年降低17%。2006～2009年，云南单位GDP能耗下降累计完成14.11%，完成目标进度81.63%。1～9月，全省规模以上工业企业能源消费量为3 600.61万吨标准煤（等价热量），同比增长8.55%，增幅较1～8月回落3.14个百分点；单位工业增加值能耗同比下降6.42%，较1～8月降幅加大1.8个百分点。预计1～9月，全省单位GDP能耗下降3.5%左右，初步完成"十一五"节能目标。

云南省委、省政府十分重视淘汰落后产能工作，把淘汰落后产能作为深入贯彻落实科学发展观、转变经济发展方式和调整优化全省经济结构的一项重大战略举措，全省各级政府和相关部门形成合力，坚定不移淘汰落后产能，措施有力、方法得当，取得了明显成效。2010年，全省公告淘汰落后产能为1 708.01万吨，共涉及10个行业、165户企业、273座装置（生产线），覆盖了全省13个州（市）和1个省属企业。10个行业的具体情况是：炼铁14户200.3万吨，炼钢1户15万吨，焦炭73户681万吨，铁合金9户5.22万吨，电石1户1.25万吨，铜冶炼2户7.44万吨，铅冶炼2户7万吨，锌冶炼1户0.8万吨，水泥61户789万吨，造纸1户1万吨。按照国务院的统一安排部署和工信部的要求，在省委、省政府的领导下，云南各级政府、淘汰落后产能主管部门和相关部门采取扎实有效的措施，坚定不移地淘汰落后产能，全面完成了2010年国家下达的云南落后产能关停任务。

## 二、2011年经济发展环境分析

2011年是云南"十二五"规划的开局之年，应对国际金融危机后续影响，面临的形势依然十分复杂，主要是将面临通货膨胀压力增大和通货膨胀预期显现的复杂局面，驾驭经济持续稳定发展的难度较大。

### （一）云南经济社会发展的奋斗目标更加明确

省委八届八次全委会提出"建设绿色经济强省、民族文化强省和中国面向西南开放的桥头堡"，是对"建设绿色经济强省、民族文化大省和中国连接东南亚、南亚国际大通道"三大目标的深化、完善和提升。经过近十年的努力，云南实施了"七彩云南保护行动"计划、九大高原湖泊污染治理、滇西北生物多样性保护、生物资源开发创新、绿色旅游精品、清洁能源建设等多项重大举措，在建设绿色经济强省方面取得了显著成绩；着力保护和弘扬优秀少数民族文化，培养和造就一批民族文化人才，促进民族文化经典作品的诞生，推动民族文化与旅游产业相结合，加快了从民族文化大省向民族文化强省迈进的脚步；大力推进公路、铁路、民航及水运通道建设，打通中国南下越南、老挝、泰国，西通缅甸及南亚国家的国际通道，努力联通中国、东南亚和南亚三大市场，大通道建设成效显现。2010 年 7 月，胡锦涛总书记在云南考察时指出，要充分发挥云南作为我国通往东南亚、南亚重要陆上通道的优势，深化同东南亚、南亚和大湄公河次区域的交流合作，不断提升沿边开放的质量和水平，使云南成为我国向西南开放的重要桥头堡，为云南对外开放指明了新的发展方向，提出了更高的要求。我们必须充分认识国家重大战略决策部署带来的重大机遇，特别是继续深入实施西部大开发战略，不断强化对边疆民族贫困地区发展的扶持，加大支持国际大通道和边境经济合作区建设力度，加快发展生物产业、新能源、新材料和旅游等战略性产业，为我们进一步打基础、转方式、调结构，培育新的经济增长点，加快经济社会发展，提供了极为有利的条件。以东南亚、南亚为重点的对外开放发展空间巨大，这给我们加快发展提供了强劲动力和广阔前景。"紧紧围绕建设绿色经济强省、民族文化强省和中国面向西南开放的桥头堡"，为 2011 年云南经济社会发展指明了明确的奋斗目标。

### （二）面临将云南建成中国面向西南开放桥头堡的重大机遇

经济全球化与区域经济一体化深入发展，中国—东盟自由贸易区的建立，为云南承接国际产业转移和促进生产要素重组提供了有利条件。党中央、国务院高度重视云南发展，作出了把云南建成中国面向西南开放桥头堡的重大部署，为云南发挥优势、彰显特色、全面发展、实现跨越提供了重大契机。国家深入实施西部大开发战略，更加重视边远、少数民族、贫困地区发展，为云南进一步打牢基础、培育产业、改善民生、建设生态提供了难得机遇。我国工业化、城镇化步伐继续加快，增长动力更加重视内需拉动，生产要素更加突出技术创新，为云南加快调整经济结构、转变发展方式营造了良好环境。尤其是经过多年的积累，云南进入了厚积薄发的新时期，支撑发展的产业平台更加扎实，交通、能源等基础设施瓶颈制约得到有效缓解，各族人民群众加快发展、奋力崛起的内在要求不断增强，为云南加速发展积蓄了强大能量，也是云南 2011 年实现跨越发展的重要战略机遇。

### （三）面临西部大开发的新一轮发展机遇

深入实施西部大开发战略，既是扩大国内有效需求、保持全国经济社会平稳较快发展的客观需要，也是维护民族团结、边疆稳固、国家安全的必然要求。2010 年 3 月 21～23 日，胡锦涛总书记在宁夏考察时指出：中央将把深入实施西部大开发战略作为具有全局意义的重大方针，作为“十二五”时期经济社会发展的重大任务，进一步完善扶持政策，进一步加大投入，进一步体现项目倾斜，以更大的决心、更强的力度、更有效的举措，推动西部地区经济社会又好又快发展，为我国开拓新的广阔空间。2010 年 3 月 26 日和 4 月 7 日，温家宝总理分别主持召开西部地区开发领导小组第二次会议和国务院常务会议，在半个月内两次专门研究深入实施西部大开发战略的重点任务和政策措施；中央将出台深入实施西部大开发战略的意见，国务院将召开西部大开发工作会议。当前，西部大开发正处在承前启后、深入推进的关键时期，我们一定要牢牢把握中央深入实施西部大开发战略的历史性机遇，紧紧围绕建设绿色经济强省、民族文化强省和我国向西南开放桥头堡的战略目标，主动思考、超前谋划，在争取国家支持和帮助的基础上，着力推动经济发展方式转变，积极调整经济结构，解决好基础设施建设的瓶颈制约，不断创新体制机制，不断提高全省各族人民的物质文化生活水平，努力开创经济社会发展的新局面。这是云南 2011 年进行经济社会环境全面发展和建设的一大历史机遇。

### （四）面对一个控制物价、调整结构和协调发展的国内经济环境

中央经济工作会议为明年的宏观经济政策定调为“积极稳健、审慎灵活”，同时，稳定价格总水平被放在更加突出的位置。这将是明年宏观经济政策的一大看点。为实现这一目标，2011 年将采取积极的财政政策和稳健的货币政策。在货币政策方面，更加突出流动性管理要求。明年，宏观经济政策的基本取向要积极稳健、审慎灵活，重点是更加积极稳妥地处理好保持经济平稳较快发展、调整经济结构、管理通胀预期的关系，加快推进经济结构战略性调整，把稳定价格总水平放在更加突出的位置，切实增强经济发展的协调性、可持续性和内生动力。总体来看，明年的宏观经济政策取向介于积极与稳健之间，灵活调控将成为主要看点。其中，控制物价的任务艰巨，而保持价格稳定最重要的手段就是稳健的货币政策。从当前的任务来讲，稳定物价是第一任务。如果不稳定当前的物价，对于未来经济资源的错配，对于经济泡沫的蔓延会有比较严重的后果，甚至会妨碍“十二五”起步的良好经济环境。实施稳健的货币政策，要按照总体稳健、调节有度、结构优化的要求，把好流动性这个总闸门，把信贷资金更多投向实体经济特别是“三农”和中小企业，更好服务于保持经济平稳较快发展；进一步完善人民币汇率形成机制，保持人民币汇率在合理均衡水平上的基本稳定。

2011 年，我国经济发展将采取积极的财政政策和稳健的货币政策。财政政策将更加注重“调结构”和“惠民生”，政府应将更多的财政资源用于公共服务，以提高家庭的可支配收入，加强社会保障体系建设，增加保障性住房供给，开征物业税，加大从中央到地方的财政转移力度。货币政策将更加注重“稳健”，甚至“紧缩”，应对 2010 年第四季度已出现的通货膨胀预期。2011 年固定资产投资增长将在 2010 年的基础上进一步放缓，预计 GDP 增长率将回落至 9% 以内。

### （五）面临“三驾马车”拉力不均衡的局面

宏观经济理论认为：一个国家或地区的经济增长主要取决于“消费、投资和净出口”三方面的增长动力，即所谓“三驾马

车”的拉动作用。从对拉动经济增长的作用和贡献大小来看，第一位是消费，第二位是投资，第三位为净出口。它告诉我们，经济增长是“三驾马车”共同作用的结果。从本质上看，拉动经济增长的根本动力在于“消费”，即消费是当年政府和居民的消费；投资既是当年建设的消费，更是未来的消费（投资长期乘数效应是通过边际消费来计算的）；出口则是当年外国人的消费。“三匹马”的实质都是“消费”。

在国家拉动内需政策下，2009 年云南争取到的各类大项目在 2010 年得到全面实施，固定资产投资仍然是拉动经济增长的主要动力，“一马当先，一马独大”，“三驾马车”出力不协调的格局没有改变。社会保障体系不健全，使全省城镇居民边际消费滞后于城镇居民收入水平，有钱不敢消费；农村居民边际消费超前于农村居民收入水平，想消费却受收入低制约，消费增长处于“两难”境地。如果不尽快改变云南“消费老大是弱马，出口老三是小马”的现状，仅依赖老二固定资产投资这匹“老马”，将导致云南投资与消费关系严重失衡，投资对消费产生明显的“挤出效应”，直接影响到云南经济持续稳定增长。

### （六）面对一个开发与保护矛盾更为突出的时期

当今人类社会最为关心、最为迫切需要解决的问题是生存和发展问题。围绕这一主题，许多国家和国际组织从 20 世纪 50 年代开始，尤其是进入 80 年代以后，积极努力寻求经济、社会与资源、环境相互促进、相互协调发展的道路。国际社会的发展思想，也从 50 年代重点强调物质财富绝对增长的“增长理论”发展到 20 世纪末以人为中心发展的“可持续发展理论”。人们在实施可持续发展战略所采取一系列活动中，普遍感到如何处理好开发与保护的关系是实现人类、自然和生态环境协调发展的关键。随着全球气候变暖和自然灾害频发，国际社会要求发展低碳经济的呼声越来越大，国家给云南下达了严格的节能减排和淘汰落后产能的指标和目标，影响各类企业开发利用资源的成本，直接影响企业的发展壮大。云南是一个经济发展相对滞后的省区，其发展将面临更为严峻的市场环境和资源开发环境。

### （七）面对一个通货膨胀压力不断增大的开发环境

2010 年第四季度，云南在全国生产资料和生活资料全面上涨的大环境下，居民消费价格指数逐步上扬和工业品出厂价格指数（PPI）较快上涨，尽管按照国务院调控消费总体水平的通知，出台了20 项具体政策和措施，但是在短期内要遏制居民消费价格指数和工业品出厂价格指数上涨趋势是不可能的。总体来说，2011 年云南的经济发展将面临一个通货膨胀压力不断增大的开发环境。

## 三、2011 年经济发展的对策建议

### （一）提高认识，突出重点，抓住关键，全面发展

第一，解放思想，投资发展要走新思路。认真实践科学发展，树立以人为本、和谐发展理念，以促进人口就业增长和经济增长为优先目标，将以投资基础设施为主转移到以“投资消费”并重，“三驾马车”协调发展的思路上来，工作重点从追求投资规模与速度逐步转到追求投资发展质量、结构和效益上来，倡导和遵循投资发展规律，扎扎实实打牢发展基础，集中心智培育支柱产业，壮大实体经济，增强全省经济实力，努力将全省固定资产投资引入科学理性、和谐发展和可持续发展的轨道上来。

第二，突出重点，切实抓好全省重大建设项目前期和投资推进工作。一是要高度重视和加强全省重大项目前期工作，特别是要集中力量，出实招建立和完善全省重大行业和亿元以上重大项目贮备库，着手研究尽快启动全省新“六百”重大项目前期准备工作，进一步加大全省重大项目前期工作费投入水平，为投资可持续发展创造前提条件。二是要深化投融资体制改革步伐，进一步下放投资项目行政审批权限，让各州市享有昆明市同等优惠政策，提高全省重大建设项目审批与核准的效率，促进重大项目前期工作，力争不断有一大批新的重大项目开工建设。三是要大力提高在建重大项目的投资效率，重视和深化政府和银行、企业和银行的合作，发挥全省重大项目不可替代的支撑作用；同时不断提高投资科学决策水平，防止和减少重复投资和浪费，稳步提高重大建设项目的经济、社会和生态效益。

第三，抓住关键，切实做强做大全省实体经济力量。在新形势下，一是要加快推进全省工业化进程，壮大第二产业。重点在

于发展现代制造业，促进工业企业技术进步，节能减排，发展循环经济，谋划发展高新技术和国防工业，努力做强做大工业企业实体经济和一批具有竞争力的建筑业企业大集团，使第二产业真正成为全省国民经济发展的脊梁。二是推进城市化进程，提高各州市中心城市投资集聚度，尤其是加快除昆明市以外的州市中心城市群建设。三是大力推进农村现代化建设，缩小城乡差距，逐步实现城乡投资均衡发展。进一步加快发展现代农业、生态农业、旅游农业等，支持和鼓励“三农”企业的发展，培育和壮大农村经济，使之成为新的投资增长点。要通过加快构建现代制造业、高新技术产业、建筑业和现代服务业等新支柱产业群，尽快做大做强实体企业经济，形成新的投资热点。

第四，以人为本，着力保障和改善民生。这是实践科学发展观，打造服务型阳光政府的重要举措。按照政府提供公共服务和产品的要求，要进一步调整政府投资方向，保民生，促稳定，创造更多的就业机会；进一步加大全省社会、文化教育、医疗卫生、科学技术研究、水资源利用、环境保护和社会保障体系等投资力度；进一步加快全省廉租房和经济适用房等保障性住房建设，落实好中央出台的房地产调控政策，促进全省房地产业市场稳步健康发展。同时，高度重视农村中小学和职业教育学校建设，发展农村医疗机构，结合大力推进社会主义新农村建设，改善农民住房条件，逐步推行农村居民住房困难保障制度，促进全省和谐社会建设。

第五，创新开放，扎实改善和优化投资环境。一方面要加大实施扩大对外开放的战略力度，要进一步加大交通基础设施建设，重点突出加快与东盟国家连接的国际大通道建设，立足省内和国外两种资源、两个市场，尤其是重视培育全省外贸实体经济和现代物流业的建设，利用打通国际通道的契机，全面推进全省边境地区基础设施建设跃上新台阶。另一方面，进一步加快政府公共服务职能转变，深化投融资体制改革，提高行政服务效能，在加强投资硬环境建设的同时，要更加重视投资软环境建设，完善全省投资软环境建设行政问责制，扎实做好全省招商选资工作，积极鼓励和推进县域经济和放手发展非公经济，为促进全省投资科学发展、和谐发展和可持续发展，提高投资竞争力，努力营造依法行政、廉洁高效的良好发展环境。

第六，未雨绸缪，切实改善宏观决策和调控工作。按照科学和谐发展的规律，正确处理好投资发展的几组重大关系。一是科学处理好投资与消费协调发展的关系。当前要抓住扩大内需的机遇，一手要用好国家实施西部大开发战略等各项有利政策，积极争取国家更多的项目布局和资金支持，加快一批重大项目的建设；一手要及时出台增加全省城乡居民收入的政策，提高百姓购买力水平。大力促进百姓居民消费升级，如考虑提高城镇居民住房公积金比例，实施好家电、汽车下乡，为农民建房提供政策补贴等提高生活品质的实际措施，让广大人民群众享受改革开放和经济发展带来的成果，提高全省的消费水平。二是正确对待扩大内需和稳定企业投资主体的关系。要高度重视帮助实体经济克服金融危机的不利影响，进一步提振实体经济、投资者和消费者的信心。三是切实改善政府投资和民间投资和谐发展的关系。要牢固树立以人为本、“藏富于民”的执政理念，按照“不与民争利”的原则，大力放宽民间投资领域，让民间投资有更大的发展空间，不断增强全省固定资产投资发展的活力。

第七，科学发展，树立正确的政绩观。为加快全省投资发展方式的转变，促进科学和谐发展新形势，建议省政府暂停或取消全省全社会固定资产投资目标考核，切实把投资管理工作的重点放到结构调整、技术进步、节能减排、社会发展、生态建设和关注民生等方面上来。在完善重大项目推进制和行政问责制的基础上，要进一步大力解放思想，出实招，干实事，求实效。有实力才有话语权，为此，须正确认识和借鉴发达省区的发展经验，理性看待云南发展的优势和存在的差距，扬长避短，真抓实干，努力克服把解放思想变成急躁冒进、急于求成的倾向，盲目攀比发展规模和速度，切莫误入“急躁”的数字陷阱，用实实在在的发展成果壮大全省经济实力。要加强国家宏观政策跟踪研究，进一步加强和规范建设项目跟踪统计监测工作，为省委、省政府及时、全面、准确把握全省投资发展形势，进行科学决策提供可靠依据。

### （二）认真实施把云南建设成为我国面向西南开放的桥头堡战略

云南处在拥有33.6亿人口的中国、东南亚、南亚三大市场的结合部，向东可与“珠三角”、“长三角”相连，向北可通向四川和中国中西部腹地，向南可通过建设中的泛亚铁路东、中、西三线直达河内、曼谷、新加坡和仰光，向西可经缅甸皎漂、孟加拉吉大港沟通印度洋，是中国面向东南亚、南亚开放的中心枢纽。去年，胡锦涛总书记在云南省考察时提出：要充分发挥云南作为我国通往东南亚、南亚重要陆上通道的优势，深化同东南亚、南亚和大湄公河次区域的交流合作，不断提升沿边开放质量和水平，使云南成为我国向西南开放的桥头堡。这一论述既充分肯定了云南在全国沿边开放总体格局中具有的特殊而重要的位置，也为我们编制和实施好“十二五”规划以及今后一个时期的发展指明了目标和方向。把云南建设成为我国向西南开放的桥头堡将直接推动边境地区经济社会快速发展，有力地促进和带动西南、西北（包括西藏等省、市、区）对外开放；能够有效地把中国和印度、东盟这3个总人口达30亿以上的巨大市场从陆地上密切地连接起来，建立连接中国与东盟、印度两大市场之间的物流枢纽；将进一步巩固我国与东南亚、南亚以及中东各国的传统友谊和友好交往，提升国际影响。去年下半年以来，省委、省政府坚持把胡锦涛总书记的重要指示精神作为做好当前工作和谋划未来的重要指导方针，与中财办、国家发展改革委等部门密切配合、认真研究，已形成初步的工作思路。当前和今后应重点抓好四个方面的工作：一是着力构筑面向西南开放的国际大通道。加快建设我国内地经云南直达印度洋连接东南亚、南亚国家的现代化交通运输网络；加快推进中缅油气管道及炼化基地建设；加快建设与周边地区及国家互联互通的通信、电力网络。二是着力构筑面向西南开放的产业基地。积极推进外向型、区域性的产业合作平台，多领域、高效率的国际经贸合作平台，务实、有效的区域金融合作平台的建设，建立以两种资源为依托、两个市场为导向、具有明显区域特色和明显竞争优势的产业基地。三是着力构筑面向西南开放的区域性国际经济走廊。把昆明—河内经济走廊打造为中国西南连接越南的特色经济走廊，把昆明—曼谷经济走廊建设成中国西南连接中南半岛的贸易经济走廊，把昆明—仰光经济走廊建设为中国西南连接印度洋的资源和能源经济走廊，把昆明—南亚经济走廊建设为中国通往南亚的陆路商贸物流走廊。四是着力构筑面向西南开放的友谊桥梁。加快发展教育、卫生、文化等社会事业，使云南成为我国对外交往的窗口、文化交流的窗口、教育合作的窗口、科技合作的窗口，以更好地展示中华文化、促进国际友谊。

**（三）转变经济发展方式，推动产业结构优化升级**

转变经济发展方式既是当前全国经济工作的重点，也是我国今后相当长一段时期经济社会发展的基本方向。我们必须在实施“两强一堡”战略中坚持不懈地推动经济发展方式的转变，在发展理念上坚持“好”字当先，能快则快；在发展目标上坚持以人为本，统筹兼顾，突出重点，在继续巩固提升烟草、矿产等传统优势产业的基础上，着力发展低碳经济，强化第一产业，做强旅游文化产业、现代物流业和水电、石油、天然气产业，推动经济社会全面协调可持续发展。

积极发展低碳经济，争当全国生态文明建设排头兵。云南是享誉世界的“植物王国”、“动物王国”，有着全国最大的原始热带雨林和名列前茅的森林植被资源。近年来，省委、省政府坚持“生态立省”，提出了建设“森林云南”的目标，坚持生态保护与建设并重、预防和治理并举，走生态建设产业化、产业发展生态化的路子，为发展低碳经济打下了良好基础。从长远的发展来看，发展低碳经济是云南抢占未来发展制高点的现实优势和客观需要，必须进一步减少碳排放量，优先发展第三产业，优化工业结构，突出抓好钢铁、化工、水泥、煤炭、有色、电力等重点行业的节能减排工作，以最小的环境代价实现最大的经济社会效益。必须进一步提高碳汇能力，巩固退耕还林成果，继续实施天保工程、石漠化治理、防护林建设等生态环境建设重点工程，加大中低产林地的改造，提高森林覆盖率和森林质量。必须深入研究碳汇能力转化为经济发展优势的途径，尽快提出促进云南碳汇林业发展、开展碳汇交易试点的方案，争取在碳汇交易上迈出实质性步伐。必须坚持不懈地加强生态环境保护，继续抓好滇池等九大高原湖泊和江河流域水污染综合治理，加大三江流域生态保护力度，深入推进“七彩云南保护行动”。必须充分发挥第一产业在发展低碳经济中的作用，要坚持“质量、产量、结构、效益、安全”相统一的原则，加快农业先进实用技术的推广，用先进科学技术支撑农业发展的各个环节，稳步提高粮油综合生产能力，大力发展核桃、蚕桑、天然药材、蔬菜、花卉等优势产业，加快发展以生猪、牛、羊为重点的养殖业，着力提高农业产业化经营水平，推动传统农业向现代农业转变，不断挖掘第一产业在增加碳汇能力和节能减排方面的潜力。

扎实推进旅游文化产业的发展，推动旅游文化大省向旅游文化强省转变。云南有着独特的自然风光、良好的气候环境、悠久的历史文化和多姿多彩的少数民族风情，是世人向往的重要旅游目的地之一。进一步做大做强旅游文化产业既是转变经济发展方式的迫切需要，也是提高经济发展质量的重要途径。必须抓住国家深入实施西部大开发战略的有利条件，全面推进旅游“二次创业”，在着力提升昆明、大理、丽江、香格里拉、西双版纳等著名旅游城市旅游服务水平的基础上，突出抓好腾冲、抚仙湖等旅游改革试点工作，加快推进滇西南澜沧江—湄公河国际旅游区、滇东南喀斯特山水文化旅游区和滇东北红土高原旅游区建设，引进一批世界知名旅游企业和酒店入驻云南，大力发展养生养老、体育休闲度假等高端旅游产品，提高旅游质量和效益。坚持以旅游业为带动和基础，积极发展文化创意产业，挖掘、保护好少数民族文化资源，做强少数民族文化创作出版业，着力提升民族歌舞创作演出的质量和水平，打造一批优秀剧目；积极发展影视和电子动漫产业，着力打造一批知名影视拍摄基地；做优做强以珠宝玉石、普洱茶为代表的旅游产品和少数民族工艺品产业，努力把云南建设成为全国一流、世界知名的旅游目的地和国家旅游文化产业改革发展试验基地、示范窗口。

加快现代物流业发展，切实把云南建设成为面向东南亚、南亚地区开放的物流通道和枢纽。云南自古以来就是我国通往东南亚、南亚的主要陆上通道。在党中央、国务院的高度重视和支持下，云南的综合交通运输体系建设取得了巨大的成绩，预计“十二五”之后，云南将基本形成“八入滇、四出境”铁路通道、“七入滇、四出境”公路干线通道、“两入滇、三出境”水运通道和以昆明新机场为核心的航空网络体系。同时，随着中缅油气管道的建成和东南亚、南亚各国经济的发展，以昆明为起点，贯穿东南亚、南亚和中东地区直达欧洲的“第三亚欧大陆桥”最终将会形成。因此，必须抓住当前的有利时机，以扩大规模、提高效率、降低成本为核心，以发展临空经济、大通道商贸、口岸边贸为重点，加快推进昆明、曲靖、玉溪、大理、昭通、文山等城市及河口、瑞丽、勐腊、富宁等口岸、港口的物流基础设施、物流中心项目建设，不断创新物流技术，促进物流企业兼并重组，合理布局产业，力争建成结构合理、设施配套、技术先进、运转高效的现代物流体系，使云南成为面向东南亚、南亚开放的区域性物流通道和枢纽。

坚定不移地推进以水电为主的清洁能源建设，把云南建设成为国家重要的清洁能源基地和区域性电力调配枢纽。能源是经济社会发展的基础，也是现代经济社会繁荣的动力。目前，我国在能源开发、利用、供应、消费等方面面临严峻的挑战，建设综合性、多元性、战略性和现代化的国家级战略能源基地已迫在眉睫。云南水能、风能、太阳能等清洁能源资源丰富，开发条件优越，尤其是水能资源的经济可开发量居全国第二位，占全国可开发量的1/4。但是，截至去年底，云南的水电开发利用率仅为21.6%。继续实施"西电东送"项目，开发利用好云南以水电为主的能源资源，既是我国应对全球气候变暖和发展低碳经济的重要措施之一，又是国家实施能源安全战略的重要内容。必须充分发挥资源优势，克服困难，坚定不移地加快推进以水电为主的能源产业开发，力争到2015年，全省电力总装机超过7 000万千瓦；同时，要充分发挥云南毗邻缅甸、越南等东南亚国家的区位优势，加强与周边国家合作，推动周边国家电力、电网建设，切实把云南建设成为国家西电东送的清洁能源基地和国家西南地区、境内外电力调配的枢纽。

着力打造石油、天然气产业。我国除西南地区以外，均有大型石油及石化基地分布。要积极争取国家在云南布局建设以百万吨乙烯为龙头的炼化一体化基地，大力发展面向我国西南地区及东南亚市场的相关石化深加工产业。要充分利用天然气资源，抓紧谋划和建设相关配套基础设施，带动汽车、工厂及家庭生活能源结构的改变，促进化肥工业的发展，使石油、天然气产业迅速成长为云南又一重要产业。

### （四）实施好可持续资源转化战略

要处理好开发与保护的关系，实现"十二五"规划目标。云南在"十二五"开局之年（2011年），就要实施好可持续资源转化战略。实施可持续资源转化战略，符合新一轮西部大开发"要充分发挥资源优势，大力发展特色产业，增强自我发展能力"的区域发展规划。这也是根据云南自身的资源环境承载能力和发展潜力，明确功能定位和发展模式，按照国家产业政策的要求，发展优势产业，形成分工合理、重点突出、比较优势得以发挥的区域产业结构的抉择。实施可持续资源转化战略，能基于资源禀赋的可持续资源经济的特色的培育，能形成支柱产业，它在很大程度上够推动云南实现跨越式发展。实施可持续资源转化战略，能立足云南省情，把高级形态的发展要求和低级形态的发展条件结合起来，走生产发展、生活富裕、生态良好的文明发展道路。

围绕这个核心战略，我们必须实施一系列相关的配套战略：一是实施"竞争力提升战略"。围绕着"特"字大做文章，巩固提高烟草产业，做大做强生物资源开发、矿产开发利用、能源开发、旅游等支柱产业。二是"产业结构升级战略"。用先进适用技术改造存量资产，围绕着资源的开发尽可能多地延伸产业链，发展自身的资源深加工项目，把加工附加值留在资源所在地，强化其竞争力。三是"创新支撑战略"。围绕着建立在禀赋资源优势基础上的特色支柱产业的构建，来选择技术路线、技术项目，突出专项创新，避免盲目性，规避与发达地区的产业趋同；依托条件较好的中心城市的大学和科研机构，形成较为完善的区域创新体系。四是"产业集群化战略"，围绕着其资源和产业优势形成一批具有特色的产业集群。五是"人力资源有效开发战略"。人力资源开发是经济开发的支撑条件，但如果泛泛地去抓教育则很难与经济发展挂钩，笼统地讲，引进人才也是难以适合欠发达地区的实际。如果围绕资源经济及其特色产业所要达到的经济发展目标，有重点地进行人力资源的开发和引进人才，人力资源开发和经济发展就会形成强有力的互动效应。六是"融合发展战略"。在新一轮西部大开发和桥头堡建设过程中，充分发挥资源优势，大力发展特色产业，才能与国家西部开发投资的大型项目与云南地方经济有机融合，才能与推进重点区域、重点地带开发相结合，才能与支持县域经济发展和少数民族地区经济发展相结合。

### （五）搞好人才资源高地建设

只有建在人才资源高地上的桥头堡，才是最坚固和最有生命力的桥头堡。为此，要把科教兴滇战略、人才强省战略和创新型云南行动计划具体落实到人才资源高地建设上来。人才资源高地建设是一个大的系统工程，需要政府的牵引、产业的内驱乃至全社会的助动。必须通过环境聚才、合作育才和服务留才“三位一体”的模式，打造立体人才资源高地建设政策体系，建设人才资源高地。具体措施：一是资金投入政策。人才资源高地建设的资金投入，以各建设单位为主，政府扶持为辅。省财政预算设立产业人才高地专项资金，涉及产业人才高地建设的地方，财政也要筹集一定资金，用于扶持和资助人才高地建设。二是土地、税收政策。属于人才资源高地范围内的园区或企事业人才高地建设项目，除享受创新型云南行动计划原有优惠政策外，还可以享受特殊优惠政策。三是引才引智政策。采取公布项目目录等办法，面向区内外、国内外招聘项目负责人或合作专家等方式引才引智。产业人才高地引进的各类人才，由人才高地建设单位按工资（薪酬）发放渠道一次性给予一定数额的补贴。对在校期间使用国家助学贷款、与人才高地建设单位签订5年以上工作合同的硕士以上毕业生，由人才高地建设单位代其缴还助学贷款本息并给予适当补贴。四是人才培养政策。对各类高层次专业技术人才、优秀企业经营管理人才进行有针对性的培养。与国内外知名高等院校、科研院所和知名企业建立合作关系，采取灵活有效的措施，用“送出去”或“请进来”的方式，加大产业高地人才培养的力度。五是创新人才业绩评价政策，建立业绩评价系统。在收集、分析、评价创新人才在其工作岗位的工作表现和工作成果方面的信息并加以量化的基础上，实现对创新人才工作业绩客观、科学、公正地考证，从而决定其薪酬待遇、职位变动和奖惩。六是收入分配与社会保障政策。人才高地建设单位应拥有更大的分配自主权。企业和非财政拨款单位可自主确定分配机制和分配方式，可实行年薪制、股票期权制、协议工资制等。七是管理政策。人才高地实行灵活的管理制度，人才高地建设载体有充分的用人自主权，可自主配置人才资源。事业单位引进的高层次急需人才，有空编的允许自主引进，满编的允许先进后出，可自主聘任专业技术职务，不受结构比例限制；产业高地的人才，来去自由，不受身份、地域限制，鼓励采取柔性方式引才引智。八是政府公共服务政策。各级政府要进一步转变职能，改革审批制度，改进服务方式，提高服务质量和效率，对人才高地建设的有关事项特事特办、限时办理，为人才高地建设载体和各类人才提供全方位的公共服务。

### （六）重视民生，和谐发展

2011年来临的时候，这些年来一直为社会各方面所关注，为国家所重视，但是仍然困扰着老百姓生活的民生问题，自然而然地会受到更多的关注、更多的期待。解决民生问题的根本目的是，要让广大人民群众过上幸福生活，要让广大人民群众安居乐业。政府要坚持以经济建设为中心，以人为本，实现人民的愿望，把改善民生、维护人民的根本利益作为一切工作的出发点和落脚点。要加大政府财政对教育、卫生、文化、体育社会事业等有关民生方面的投入，满足人民不断增长的物质和文化生活需要，建立和健全社会福利制度和社会保障制度，增加城乡居民收入，切实改善民生，提高人民生活水平和生活质量。

同时，就业是民生之本，解决就业问题是有关改革发展稳定大局的重大问题，也是改善民生的重大问题。要积极推进产业结构调整，加快发展以现代服务业为重点的第三产业，使之成为吸纳就业人口的主导力量。要深化收入分配制度改革，初次分配和再分配都要处理好效率与公平的关系，再分配更加注重公平；加强对经济宏观调控，稳定物价；通过调整税收政策，缩小贫富差距，促进社会公平，积极解决涉及人民群众切身利益的问题。

**参考文献：**

1. 云南省统计局云南省1～9月经济运行情况分析。

2. 云南城镇住户调查1～11月统计数据。

3. 《前三季度云南农业与农村经济情况》，载《云南统计》，2010年第5期。

4. 云南省旅游局1～10月统计资料。

（作者单位：云南省社会科学院经济研究所）

# 综合篇

# 消费形势分析和预测

段 倩

## 一、2010年前三季度云南城乡居民消费状况分析

### （一）消费水平保持增长态势

在国家“扩大内需，促进消费”宏观政策的引导下，2010年云南城乡居民消费持续保持增长态势。根据国家统计局云南调查总队抽样调查资料显示，2010年前三季度，云南城镇居民人均消费性支出8 210.8元，比上年同期增长8.6%，八大类消费支出呈现“六增二降”态势；云南农村居民人均生活消费现金支出1 816.8元，比上年同期增长13.8%，八大类消费支出呈现“七增一降”态势。各类消费支出详见下表：

表1　2010年1～9月云南城乡居民各类消费支出

| 项　目 | 城镇居民 | | 农村居民 | |
|---|---|---|---|---|
| | 2010年1～9月（元） | 比上年同期增长（±%） | 2010年1～9月（元） | 比上年同期增长（±%） |
| 人均消费（现金）支出 | 8 210.8 | 8.6 | 1 816.8 | 13.8 |
| 食品 | 3 400.2 | 2.9 | 596.2 | 12.8 |
| 衣着 | 824.5 | 1.6 | 120.4 | 20.4 |
| 居住 | 617.1 | -10.6 | 407.4 | 12.8 |

续 表

| 项　目 | 城镇居民 | | 农村居民 | |
|---|---|---|---|---|
| | 2010 年 1～9 月（元） | 比上年同期增长（±%） | 2010 年 1～9 月（元） | 比上年同期增长（±%） |
| 家庭设备用品及服务 | 367.6 | 24.9 | 124.7 | 15.2 |
| 医疗保健 | 459.5 | －13.8 | 178.1 | 29.7 |
| 交通和通信 | 1 519.2 | 33.5 | 218.4 | 5.3 |
| 教育文化娱乐服务 | 818.2 | 29.1 | 139.1 | 15.7 |
| 其他商品和服务 | 204.6 | 32.9 | 32.6 | －3.0 |

### （二）城乡居民消费特点体现了经济发展

1. 价格因素推动食品消费增长

受年初干旱等多种因素影响，食品价格持续高位运行并逐季走高，带动城镇居民用于食品消费的支出增加。2010 年前三季度，人均食品支出 3 400.2 元，同比增长 2.9%。其中，人均粮油类支出同比增长 14.9%，肉禽蛋水产品类支出同比增长 3.7%，蔬菜类支出同比增长 8.0%，干鲜瓜果类支出同比增长 14.2%，糕点、奶及奶制品类支出同比增长 21.7%。

食品价格上涨也拉动了农民生活成本小幅上升。2010 年前三季度，农民人均食品消费现金支出 596.2 元，比上年同期增加 67.4 元，同比增长 12.8%。其中，购买谷物，量减价涨，人均多支出 9 元；购买猪肉，量价平稳，人均多支出 2 元；购买蔬菜，量价同涨，人均多支出 9 元。

2. 居民衣着消费品质不断提升

城镇居民衣着消费小幅增长。2010 年前三季度，人均衣着消费支出 824.5 元，同比增长 1.6%。其中，服装消费价跌量增，支出金额同比增长 4.3%；鞋类消费价增量跌，支出金额同比下降 3.5%。

随着一系列惠农政策的出台，农民收入持续增长，农民消费信心稳步增强，农民从重视生活需求的满足向重视生活质量的提高转变，消费观念由吃饱穿暖向吃出健康穿出美丽逐步转变，农村居民用于衣着的消费支出持续快速增长。2010 年前三季度，农民人均衣着消费现金支出 120.4 元，比上年同期增长 20.4%。

3. 新农村建设促进农村居民居住类消费增长

新农村建设，是中央加强“三农”工作的有力举措，是强农惠农政策的具体体现。新农村建设实施四年来，云南农村居民的居住环境发生了很大改善，许多农村告别了“晴天一身灰，雨天一脚泥”的生活居住状况，铺上了硬质路面，住上了漂亮新房，居住配套设施逐步完善。与此同时，用于住房装潢以及水电燃料等居住配套费用增加，农村居民居住消费支出增长。2010 年前三季度，云南农村居民人均居住消费现金支出 407.4 元，同比增长 12.8%。

4. 城镇家庭设备用品更新换代，农村家具家电快速普及

伴随科学技术日新月异，促销政策推陈出新，城镇居民家庭设备用品更新换代步伐不断加快。2010 年前三季度，云南城镇居民人均家庭设备用品及服务支出 367.6 元，同比增长 24.9%。

在农村，随着农民收入不断增长，以及家电下乡等政策因素的推动，现代家用电器快速走进农村居民家庭，电视机、洗衣机、电冰箱、热水器、油烟机等耐用消费品百户拥有量大幅提高。2010 年前三季度，云南农村居民人均家庭设备用品及服务消费现金支出 124.7 元，同比增长 15.2%。

5. 新农合促进农村医疗逐步改善

随着“新农合”的开展，农村居民的医疗负担大大减轻，农村居民告别了“有病不敢医”的历史，农村居民基本医疗保障明显改善。2010 年前三季度，云南农村居民人均医疗保健消费现金支出 178.1 元，同比增长 29.7%。

6. 交通和通信成为居民消费亮点

在城镇，交通和通信高居八大类消费支出增幅之首。2010 年前三季度，云南城镇居民人均交通和通信支出 1 519.2 元，比上年同期增长 33.5%。其中，交通支出 1 009.7 元，同比增长 39.6%；通信支出 509.5 元，同比增长 22.8%。

近年来，随着各种购车优惠政策以及节能减排奖的落实，家用汽车悄然走入平常百姓家庭。2010 年前三季度，购买家用汽车消费同比增 58.6%，城镇居民百户汽车拥有量达到 18.1 辆，同比增长 25.0%。与此同时，信息网络消费受到城镇居民追捧，人均上网费支出 69.9 元，同比增长 2.4 倍；每百户接入互联网的

移动电话 47.0 部，同比增长 13.1%；每百户接入互联网的计算机 38.7 台，同比增长 19.6%；人均通过互联网购买商品或服务支出 15.8 元，网络购物作为一种时尚消费模式悄然兴起并快速流行开来。

在农村，随着基础设施建设的加强，农村“村村通”工程效果日益显现，交通和通信条件逐步改善，加之汽车、摩托车下乡等扩大内需政策的落实，农村居民对汽车、摩托车、手机等的消费需求旺盛。数据显示，2010 年前三季度，云南农村居民人均交通和通信消费现金支出 218.4 元，同比增长 5.3%，成为拉动农村居民消费的重要动力。

7. 多因素共同拉动居民教育文化娱乐服务类消费快速增长

多因素共同促进城镇居民教育文化娱乐服务消费快速增长。2010 年前三季度，云南城镇居民人均教育文化娱乐服务支出 818.2 元，同比增长 29.1%。增长原因：一是团体旅游等文娱活动消费升温，促进人均文化娱乐服务支出同比增长 50.1%；二是购买家用电脑消费旺盛，带动人均文化娱乐用品支出同比增长 18.6%；三是参加特色培训班等教育消费受到青睐，带动人均教育支出增长 14.9%。

随着收入水平的提高和生活质量的改善，农村居民消费层次升级，吃、穿、住、用、行等消费基本得到满足，开始关注旅游、娱乐、教育培训等消费模式。2010 年前三季度，云南农村居民人均教育文化娱乐服务消费现金支出 139.1 元，同比增长 15.7%。

8. 高档商品和享受型服务逐步走进城镇居民家庭

今年以来，黄金市场持续火热，城镇居民特别是高收入群体对于金银珠宝购买热情高涨。2010 年前三季度，城镇居民用于金银珠宝饰品、化妆品等消费带动其他商品支出同比增长 27.4%；此外，美容、美发等享受型消费带动服务支出增长 44.7%。以上两方面因素共同拉动其他商品和服务消费支出同比增长 32.9%。

### （三）消费结构不断变化

居民消费支出按用途分为食品、衣着、居住、家庭设备用品及服务、医疗保健、交通和通信、教育文化娱乐服务、其他商品和服务等八大类。调查数据显示，云南城乡居民消费差异显著，城乡居民八大类消费支出结构呈现“异层次性”和“异变动性”。也就是说，城乡居民各消费项目比重不等且增减变动不同。

1. 城镇居民消费结构变动趋势

一是食品消费占消费支出的比重为41.4%，比上年同期下降2.3个百分点，这表明城镇居民消费结构改善，生活质量提升。二是交通和通信消费支出在居民消费支出中所占比重仅次于食品，且比重呈现大幅提高态势，1~9月占比为18.5%，同比提高3.4个百分点，这说明交通和通信已成为拉动居民消费增长的重要支柱。各类消费支出比重详见下表：

**表2 城镇居民八大类消费支出构成比重变动表**

| 项目 | 食品 | 衣着 | 居住 | 家庭设备用品及服务 | 医疗保健 | 交通和通信 | 教育文化娱乐服务 | 其他商品和服务 |
|---|---|---|---|---|---|---|---|---|
| 2009年1~9月（%） | 43.7 | 10.7 | 9.1 | 3.9 | 7.1 | 15.1 | 8.4 | 2.0 |
| 2010年1~9月（%） | 41.4 | 10.0 | 7.5 | 4.5 | 5.6 | 18.5 | 10.0 | 2.5 |
| 比重变动（百分点） | -2.3 | -0.7 | -1.6 | 0.6 | -1.5 | 3.4 | 1.6 | 0.5 |

2. 农村居民消费结构变动趋势

一是医疗保健占生活消费现金支出比重明显提高，1~9月比重为9.8%，同比提高1.2个百分点，这说明医疗保健类消费逐步成为农村居民生活消费支出的重要组成部分。二是在生活消费中服务性支出占31.3%，比上年同期的30.1%上升1.2个百分点，这表明实物性消费比重有所下降，消费结构逐步升级。各类消费支出比重详见下表：

**表3　农村居民八大类生活消费现金支出构成比重变动表**

| 项目 | 食品 | 衣着 | 居住 | 家庭设备用品及服务 | 医疗保健 | 交通和通信 | 教育文化娱乐服务 | 其他商品和服务 |
|---|---|---|---|---|---|---|---|---|
| 2009年1～9月（%） | 33.1 | 6.3 | 22.6 | 6.8 | 8.6 | 13.0 | 7.5 | 2.1 |
| 2010年1～9月（%） | 32.8 | 6.6 | 22.4 | 6.9 | 9.8 | 12.0 | 7.7 | 1.8 |
| 比重变动（百分点） | -0.3 | 0.3 | -0.2 | 0.1 | 1.2 | -1.0 | 0.2 | -0.3 |

## 二、消费发展中存在的主要问题

### （一）收入水平制约居民消费能力增长

弗雷德曼的持久收入假说认为，居民消费取决于居民的持久收入，也就是说，理性的消费者为了实现效用最大化，是根据长期中能保持的收入水平来作出消费决策的。因此，可支配收入的长期稳定增长是居民消费能力不断提高的基础和保障。居民的长期收入水平对于消费水平具有决定性的作用。长期以来，云南作为一个西部边疆经济欠发达省份，城乡居民收入均与全国平均水平存在较大差距。2010年1～9月云南城镇居民人均可支配收入11 795元，仅相当于全国平均水平14 334元的82.3%；2010年1～9月云南农村居民人均现金收入3 131元，仅相当于全国平均水平4 869元的64.3%。较低的收入水平制约了消费能力的快速提升。2010年1～9月云南城镇居民人均消费性支出8 211元，仅相当于全国平均水平9 942元的82.6%；2010年1～9月云南农村居民人均生活消费现金支出1 817元，仅相当于全国平均水平2 713元的67.0%。云南城乡居民收支水平均与全国平均水平存在较大差距。

### （二）购房支出挤占城镇居民消费支出

住宅兼有投资和消费双重属性，按照国际统计调查惯例，购买和自建住宅行为属于投资，购房、建房支出不记入居民家庭消费性支出，而是作为另一支出项目计入家庭总支出。因此，房价过高和购房、建房支出的非理性上涨势必挤占居民家庭日常消费支出。近年来，云南商品住宅销售价格节节攀升导致了房地产市场消费两极分化，高房价刺激了高收入群体投资、投机热情高涨，进而再次推高房价，不断提高进入门槛，反过来抑制中低收入群体自住购房需求。房价过高将对城镇居民特别是中低收入群体消费产生双重打击：一方面，城镇中低收入家庭为了实现住有所居、安居乐业的美好愿望，不得不减少部分日常消费，积攒收入的较大份额用于购买住房；另一方面，高房价抑制了中低收入家庭的刚性购房需求，进而阻碍了与之相适应的住宅装潢、居住服务等消费的增长。因此，房价过快上涨，房市过度火热，将对城镇居民消费性支出占总支出的比重产生挤压效应。

### （三）CPI 高位运行给低收入群体带来较大消费压力

恩格尔定律是指一个家庭收入越少，家庭收入（或支出）中用于购买食物支出所占的比例就越大，随着家庭收入的增加，家庭收入（或支出）中用来购买食物的支出则会下降。恩格尔系数是食品支出占消费支出的比重，是体现居民消费结构和生活质量的重要指标。随着收入的增加，在食物需求基本满足的情况下，消费重心才会开始向穿、用、住、行等方面转移。因此，恩格尔系数越高，说明人们把大部分的收入用来“糊口”，生活贫困，反之，则说明人们生活富裕。根据联合国粮农组织提出的标准，恩格尔系数在59%以上为贫困，50%～59%为温饱，40%～50%为小康，30%～40%为富裕，低于30%为最富裕。今年以来，受年初持续干旱、柴油紧缺运输成本上升等多种因素影响，食品价格快速上涨，CPI 持续高位运行，给城镇居民特别是低收入群体造成较大生活消费压力，他们不得不降低消费档次，缩减消费数量，以满足基本消费需求。尽管如此，面对以食品为首的价格上涨压力，低收入家庭恩格尔系数回升，食品支出占消费支出的比重增大。数据显示，2010 年 1～9 月云南城镇居民（10%）最低收入群体恩格尔系数为56.1%，比上年同期51.2%回升4.9 个百分点。尽管省委、省政府千方百计帮助低收入群体增加收入，并积极采取措施努力稳定物价，但从消费构成角度看，低收入家庭恩格尔系数回升、消费压力增大的问题依然存在。

### （四）平均消费倾向偏低表明居民消费潜力有待发掘

平均消费倾向是居民消费支出占可支配收入的比例，代表某一收入水平上居民用于消费支出的比例，反映了居民消费意愿的强烈程度。2010 年前三季度，云南城镇居民平均消费倾向为 69.6%，比上年同期的 71.5% 下降 1.9 个百分点。在云南省居民收入水平大幅增长、消费水平稳步提升、生活质量不断改善的同时，城镇居民的平均消费倾向出现下降趋势，这表明城镇居民用于消费外的收入节余空间有待进一步挖掘，消费潜力有待进一步释放。

### （五）城乡居民消费差距不容忽视

近年来，云南城乡居民消费水平均呈现增长态势，但城乡居民消费差距依然存在，突出表现为农村居民消费数额和消费层次均明显低于城镇居民，消费水平有待提高，消费结构有待升级。从消费水平看，根据 2010 年前三季度调查数据计算，云南城镇居民人均消费支出与农村居民人均生活消费现金支出比（农村居民人均生活消费现金支出 1）为 4.5。云南是一个农业省份，占人口较大比重的农村居民前三季度人均生活消费现金支出为 1 816.8 元，仅相当于城镇居民人均消费 8 210.8 元的 22.1%，城乡消费支出如此悬殊令人担忧。从消费构成变动趋势看，城镇居民消费比重显著上升的项目是交通和通信、教育文化、娱乐服务等，而农村居民现金消费比重显著上升的则是医疗保健、衣着等项目。云南农村居民消费水平远低于城镇，消费潜力较大但不能及时形成有效需求，导致云南整体居民消费水平较低、消费需求不足。因此，继续提高农村居民消费水平，改善消费结构，缩小城乡消费差距，是实现城乡协调发展必须应对的现实问题。

## 三、回眸“十一五”，展望2011 年，预测居民消费发展趋势

中国共产党第十七届中央委员会第五次全体会议于 2010 年 10 月 15 日至 18 日在北京举行。全会高度评价了“十一五”时期我国经济社会发展取得的巨大成就，深入分析了今后一个时期

我国经济社会发展的国内外环境，综合考虑未来发展趋势和条件，提出了今后5年经济社会发展的主要目标，审议通过了《中共中央关于制定国民经济和社会发展第十二个五年规划的建议》。因此，回眸“十一五”，展望“十二五”，对于准确把握云南2010年居民消费发展趋势具有重要的前瞻性、指导性和预见性。

### （一）回眸“十一五”，“扩内需，促消费”政策成效显著

回眸“十一五”，云南城乡居民收入的大幅提高，为居民消费持续增长奠定了坚实基础。数据显示，2009年云南城镇居民人均可支配收入14 424元，比2005年的9 266元增长55.7%，年均增长11.7%；2009年云南农村居民人均纯收入3 369元，比2005年的2 042元增长65.0%，年均增长13.3%。

回眸“十一五”，“扩内需、促消费”政策成效显著，云南居民消费发展成绩喜人。“十一五”前期，特别是2008年以来，为应对国际金融危机，省委、省政府贯彻落实中央积极的财政政策和适度宽松的货币政策，有效落实扩大内需、促进消费的各项政策，实现经济平稳较快增长，城乡居民消费快速发展，生活水平显著改善。数据显示，2009年云南城镇居民人均消费性支出10 202元，比2005年的6 997元增长45.8%，年均增长9.9%；2009年云南农村居民人均生活消费支出2 925元，比2005年的1 789元增长63.5%，年均增长13.1%。

回眸“十一五”，认真分析总结5年来云南发展消费取得的成绩和经验教训，对于继续推动消费发展、正确分析消费走势具有重要的现实意义。

### （二）展望2011年，建立扩大消费需求的长效机制

展望2011年，建立扩大消费需求的长效机制，有助于居民消费进一步发展。继续坚持扩大内需战略，并把扩大消费需求作为扩大内需的重点，这一政策将推动居民消费水平全面提高，促进消费结构优化升级。

展望2011年，合理调整收入分配关系，有助于释放居民消费潜能。进一步增加居民收入，合理分配社会财富蛋糕，努力扭转收入差距扩大趋势，着力提高中低收入居民收入，将有助于增强居民消费能力，帮助中低收入群体将潜在需求转化为有效需

求。在今后一段时期内，城乡居民特别是中低收入群体消费支出有望快速增长。

展望2011年，积极稳妥推进城镇化，有助于增强居民消费能力。随着城镇化进程不断推进，中小城市和小城镇实力增强，有效发挥城市对农村的辐射带动作用，农业转移人口走进城镇并安家落户，进一步拉动居住、医疗、教育、交通等各类消费。与此同时，农村剩余劳动力转移，有助于增加农民非农收入，提升农民消费能力，扩大农村消费需求。

展望2011年，加快社会主义新农村建设，有助于缩小城乡居民消费差距。随着现代农业建设加快，农村基础设施建设加强，农民增收渠道拓宽，农村发展机制完善，农民消费信心有望进一步提振，消费环境改善，消费能力增强，城乡消费差距逐步缩小，使农村居民与城镇居民一起共享经济社会发展成果。

展望2011年，健全覆盖城乡居民的社会保障体系，有助于形成良好的居民消费预期。随着政府支出用于改善民生和社会事业比重增加，社会保障制度覆盖面扩大，基本公共服务体系进一步完善，居民关于养老、就医、住房等后顾之忧将逐步得到解决，居民消费预期有望进一步增强。

展望2011年，加快建设资源节约型、环境友好型社会，有助于形成文明、节约、绿色、低碳消费模式。随着政策扶持，舆论引导，观念转变，节能环保、绿色低碳、健康生态、循环利用等新兴消费市场异军突起，以旧换新家电、低辐射手机、小排量汽车、清洁能源、生态食品等科技创新产品将成为新增消费亮点。

回眸“十一五”，展望2011年，云南居民消费持续发展，消费水平不断提高，消费结构逐步优化，但我们并不能因此而盲目乐观，应清醒认识云南消费发展中存在的问题，客观分析复杂变幻的经济形势，审时度势，与时俱进，从容应对2011年云南消费发展面临的机遇与挑战。

## 四、促进消费的意见和建议

### （一）提高就业率，提振消费信心

积极采取措施提高就业率是提振居民消费信心的必由之路。要实行更加积极的就业政策，大力发展第三产业，多渠道开发就业岗位，鼓励自主创业，加强职业培训和择业观念教育，增强劳动者就业能力，着力解决好下岗失业人员、高校毕业生以及农民工就业问题。

### （二）调整收入分配，增强消费能力

合理调整收入分配关系，遏制贫富分化，缩小消费差距。一是要提高劳动报酬在初次分配中的比重；二是要逐步提高最低工资标准；三是要强化税收的调节作用；四是要有效调节过高收入；五是要着力解决职工、行业、区域间分配不公的突出问题。努力培养两头小、中间大的橄榄形收入结构；避免出现两头大、中间小的哑铃形结构。

### （三）聚焦“三农”问题，缩小城乡消费差距

关注“三农”问题，提高农民收入，是关系云南农村经济发展和社会稳定的核心问题，是扩大农民消费需求的决定力量，是缩小城乡消费差距的重要举措。一方面，要加快农村剩余劳动力转移，拓展农村劳动力收入渠道，积极帮助农民增加非农收入；另一方面，要加快发展现代农业，积极发展高产、优质、高效、生态、安全农业，并积极落实各项惠农政策，有效提高农民收入。

### （四）完善社保体系，增强消费预期

目前，云南城乡居民对医疗、教育、养老、住房等预期支出压力仍然较大，继续巩固养老保险，落实医保制度，规范“新农合”，适时调高“低保”标准，增加保障性住房建设，健全社会保障机制，扩大城乡社保覆盖面，对于消除云南城乡居民的后顾之忧、增强消费预期具有重要作用。

### （五）维护消费秩序，净化消费环境

一是要加强市场监管，严厉打击恶意囤积、哄抬物价行为，防止人为因素造成物价过快上涨使百姓利益受到损失；二是加强对房市的宏观调控，采取有效措施促使房价回归到合理的价格期间，避免房价过快上涨对居民消费的反向抑制作用；三是加强对食品、药品安全的监管力度，维护消费者合法权益，增强消费市场信誉，真正让百姓放心消费；四是积极打造“农产品进城、工业品下乡”的消费平台，努力构建更加科学、合理、快捷、高效的消费品流通渠道。总之，维护消费秩序，净化消费环境，对于促进消费具有重要意义。

**参考文献：**

1. 云南省统计局：《云南省 2010 年 1～9 月国民经济发展主要数据》，2010 年。

2. 国家统计局云南省调查总队：《云南调查》（2010 年第一至第三季度）。

（作者单位：国家统计局云南调查总队）

# 固定资产投资发展报告

陈杨东

2010 年，在云南省委、省政府的坚强领导下，全省深入实践科学发展观，积极应对全球性金融危机，经受住了百年不遇“旱灾”的严峻考验，加大固定资产投资力度，促进全省经济又好又快发展，努力构建和谐社会取得新成果。据统计数据显示：2010 年，云南全社会固定资产投资规模达 5 528.71 亿元，比 2009 年增长 22.1%，净增 1 001.69 亿元，如期实现了省政府年初确定的固定资产投资新增 1 000 亿元的目标，对促进云南又好又快发展发挥出积极的作用。

## 一、全省固定资产投资发展取得新成就

云南属于典型的投资拉动经济增长型省份。自从 2003 年以来，全省大力推进“以大项目带动大建设，以大建设促进大发展战略”，高度重视固定资产投资对全省经济增长的拉动作用，固定资产投资进入一个快速增长时期。目前正处于一个新的发展阶段，呈现出一些新特点。

### （一）固定资产投资规模创历史新高

2010 年，全省固定资产投资规模跨越了 5 500 亿元的新台阶。“十一五”期间，全省实现全社会固定资产投资 1.86 万亿元，5 年间平均每年净增投资 750 亿元，是“十五”全省投资规

模总量的4.1倍。通过高强度、大力度的固定资产投资活动，使全省基础设施落后面貌得以显著改善，国民经济实力明显增强，城乡人居环境产生巨大喜人变化。固定资产投资领域这一重大成就来之不易，体现了全省发展的力量。

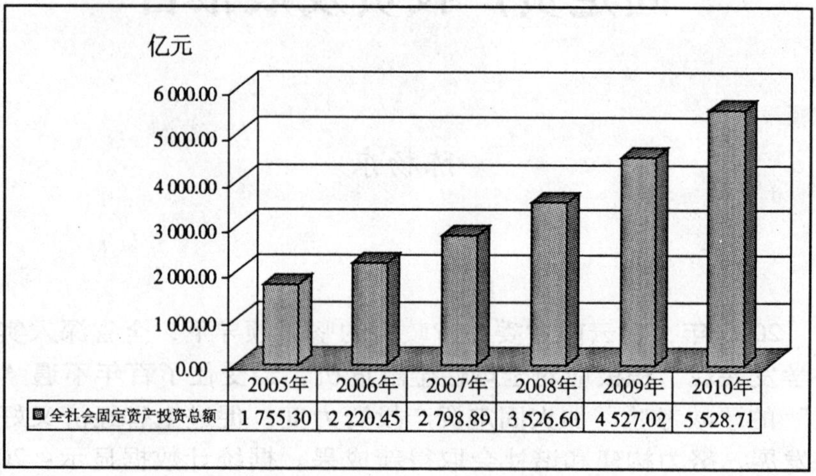


**图1　2005~2010年全省固定资产投资总额**

### （二）固定资产投资保持快速增长

"十一五"期间，全省固定资产投资年平均增长26.2%，比"十五"期间高17.5个百分点。按三次产业看，"十一五"期间，全省第一产业投资年平均增长36.2%；第二产业年平均增长23.1%；第三产业则年平均增长27.5%，远远高于同期全省GDP增长速度。全省三次产业投资增长全面提速，为全省国民经济健康发展奠定了物质基础，对全省经济增长产生了强有力的拉动作用，功不可没！

### （三）固定资产投资结构不断改善

首先，反映在三次产业投资结构变化上。2010年，全省第一产业投资225.89亿元，比上年增长14.6%；第二产业投资1 773.18亿元，增长16.3%；第三产业投资3 529.64亿元，增长25.8%；三次产业投资结构比为4.1∶32.1∶63.8，与"十五"末期的3∶37.2∶59.8对比，工业投资发展不足的矛盾得到缓解，三次产业投资结构明显改善，提升了经济增长的活力。其次，体现在投资经济类型结构转变上。2010 年，全省国有经济及控股投资 2 623.07 亿元，比上年增长 22.3%，占全社会固定资产投资的比重达 47.4%；民间投资 2 795.78 亿元，比上年增长 23.7%，占全社会投资的比重达 50.6%；外商、港澳台投资 109.86 亿元，比上年下降 10.6%，投资比重仅占 2%；可喜的是，在经历国际金融危机冲击之后，全省民间投资快速恢复，重新占据了半壁江山，并取得了投资主体地位，投资增长的动力有所增强。

### （四）全省重点行业发挥重要支撑作用

首先，工业投资较快增长发挥支柱作用。2010 年，全省工业固定资产投资 1 766.35 亿元，比上年增长 16.1%。其中，非电工业完成投资 1 051.1 亿元，增长 28.3%，占全社会固定资产投资的比重达 19%，成为全省第一大支柱产业。其次，基础设施建设成效显著。2010 年，全省交通运输、仓储及邮政业完成固定资产投资 977.55 亿元，比上年增长 73.6%，占全社会固定资产投资比重为 17.7%。其中，道路运输业投资达 702.06 亿元，增长 88%；航空运输业投资 81.31 亿元，增长 7.7%，交通基础设施建设成为拉动全省投资增长的最大“亮点”。

### （五）关注和改善民生的投资力度加大

一是水利建设备受重视。2010 年，全省遭遇了百年不遇的特大干旱，全年水利投资突破百亿元大关，达 150.2 亿元，比上年增长 41.4%，占全社会固定资产投资的 2.7%。二是房地产业迅速发展，支柱产业地位日趋稳固。2010 年，全省房地产开发投资 900.44 亿元，比上年增长 22.1%，占全社会固定资产投资比重达 16.3%。其中，全省商品住宅投资 654.67 亿元，增长 18.4%，而 90 平方米以下房屋投资 127.07 亿元，增长 30.4%；商品房施工面积达 8 784.97 万平方米，比上年增长 28.5%。商品房楼市交易活跃，商品房销售面积 2 959.43 万平方米，比上年增长 32.7%；商品房销售额 934.6 亿元，增长 43%。“十一五”期间，全省房地产开发投资达 2 950.5 亿元，年平均增长 30.6%，是“十五”房地产投资总量的 4.1 倍。房地产业成为改善民生、提高居民生活质量、促进全省经济发展的重要力量。三是全省教育事业投资快速增长。2010 年，全省教育投资达 181.2 亿元，比上年增长 44.2%，占全社会固定资产投资的比重超过 3%。“十一五”期间，全省教育投资 485.0 亿元，比“十五”期间教育投资总量增长 2.8 倍，使之成为全省投资发展新增长点。

## 二、固定资产投资领域面临的矛盾与挑战

首先，固定资产投资发展方式转变成主题。目前，全省固定资产投资发展已从扩大规模总量为主转入追求结构和效益为主的新阶段。一方面，全省固定资产投资与经济增长不协调的现象引人关注。长期以来，全省经济增长“三驾马车”出力不协调，固定资产投资“一马当先，一马独大”的格局难以根本改变，反映出全省经济增长动力单一、依赖固定资产投资的发展“困境”。另一方面，全省投资与消费关系失衡日趋突出。2010 年，全省固定资产投资率约为 76.6%，如此“畸高”的投资率加剧经济结构转型的矛盾，势必制约固定资产投资可持续发展空间，加快转变发展方式成为紧迫任务。

其次，固定资产投资增长活力不足成软肋。非公经济投资发展，特别是外商、港澳台投资发展状况是衡量全省固定资产投资活力和投资环境好坏的重要标准之一。2010 年，全省非公经济占全社会固定资产投资比重的 52.6%，民间投资主体地位并不稳固，外商、港澳台投资出现下降现象，非公经济投资增长动力不足，加上缺少新支柱产业的支撑和投资热点、亮点，导致固定资产投资可持续发展活力不足，应引起高度的关注。

再次，固定资产投资增长后劲不足成难题。在建重大项目和建设项目到位资金是支撑固定资产投资增长的重要条件。一方面，目前全省重大建设项目跟不上，特别是亿元以上重大项目少，已不能满足高“基数”上保持快速增长的迫切需求，固定资产投资规模与增长速度矛盾日渐突出，呈现增长速度回落的态势。另一方面，建设资金到位情况也不容乐观。2010 年，全省建设项目到位资金 6 544 亿元，比上年增长 35.8%。其中，国家预算内资金 439.68 亿元，下降 1.4%；国内贷款 1 365.79 亿元，增长 23.7%；自筹资金 2 984.82 亿元，增长 44.5%；其他资金 1 037.04 亿元，增长 32.4%；全省建设项目拖欠款 601.54 亿元，

比上年增长48.6%，拖欠工程款现象依然严重。尤其是近年来，全省投资持续快速增长对政府财政投入和银行举债的依赖度显著提升，对政府投资增长的依赖越来越大；特别是考虑到2011年国家应对国际金融危机的政策回归到常态，由积极财政政策和宽松货币政策转为积极财政政策和稳健货币政策，全省建设项目和建设资金支撑条件进一步减弱，全省固定资产投资可持续增长能力和后劲不足的矛盾日趋显现出来。

## 三、2011年全省固定资产投资增长预测与展望

### （一）固定资产投资增长趋势的初步判断

自2003年以来，全省固定资产投资由高速增长转入适度快速增长的新阶段。随着固定资产投资规模的迅速扩大，特别是2010年云南全社会固定资产投资规模突破5 500亿元历史新高的情况下，固定资产投资增长速度出现低于全国1.7个百分点的新情况。考虑到国家宏观调控政策和固定资产投资“高基数”的制约影响，全省固定资产投资增长速度开始呈现逐年回落且保持适度增长的态势。

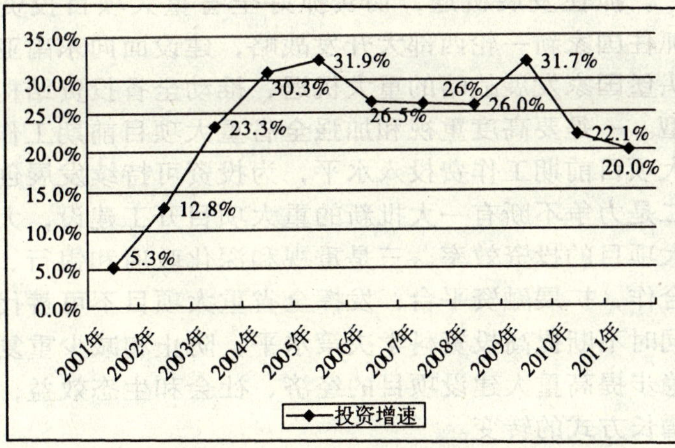


图2　2001～2011年云南固定资产投资增长速度图

### （二）固定资产投资速度和规模预测分析

2011年，全省固定资产投资发展面临一些有利条件，也存在

不少困难和挑战，以及一些不确定因素。按照国家固定资产投资统计制度规定，从2011年起执行投资项目统计起点从50万元提高到500万元以上，按此新统计口径来作预测分析，2011年全省固定资产投资（500万元以上）规模约5 260亿元，比上年（同口径）增长约20%，固定资产投资仍然是全省经济增长的重要动力。

### （三）在新形势下，积极推进固定资产投资发展方式转变

2011年是全省实施“十二五”规划的开局之年，认真实践科学发展观，落实中央经济工作会议精神，切实加快投资和经济增长方式转变，促进全省经济和社会又好又快发展具有重大意义。

第一，转变发展方式，促进科学、和谐、可持续发展。认真实践科学发展，树立以人为本、关注民生、和谐发展新理念，以促进人口就业增长和经济增长为优先目标，将以投资为主转移到统筹“三驾马车”协调发展的思路上来，将工作重点从追求投资规模与速度逐步转到追求投资发展质量、结构和效益上来，倡导和遵循投资发展规律，努力将全省固定资产投资引入科学理性、和谐发展和可持续发展的轨道上来。

第二，抓住发展机遇，切实抓好全省重大项目投资推进工作。要抓住国家新一轮西部大开发战略，建设面向东南亚和南亚开放桥头堡国家发展战略的重大机遇，推动全省投资结构和发展方式转型。一是要高度重视和加强全省重大项目前期工作，加大全省重大项目前期工作费投入水平，为投资可持续发展创造前提条件。二是力争不断有一大批新的重大项目开工建设，大力提高在建重大项目的投资效率。三是重视和深化政府和银行、企业和银行的合作，扩展融资平台，发挥全省重大项目不可替代的支撑作用；同时不断提高投资科学决策水平，防止和减少重复投资和浪费，稳步提高重大建设项目的经济、社会和生态效益，促进全省经济增长方式的转变。

第三，加快工业化和城镇化进程，培育投资发展新增长点。在新形势下，把云南工业搞上去是关键所在。一是要不断发展壮大第二产业。积极依靠技术创新，发展现代制造业，促进工业企业技术进步，节能减排，发展循环经济，努力做强、做大工业企

业实体经济和一批具有竞争力的建筑业企业大集团，从根本上提高云南经济实力。二是切实提高各州市中心城市竞争力，加快推进城市化进程。做好各州市中心城市群发展定位，以及优势产业和实体企业的布局建设，通过加快城市化和工业化进程，不断提高投资和科技人才的集聚度。三是大力推进农村现代化建设，缩小城乡差距。通过加快发展现代农业、生态农业、旅游农业，支持和鼓励“三农”企业发展，培育和壮大农村经济，使第一产业成为新的投资增长点。

第四，以人为本，关注和推进民生。要一步调整政府投资方向，保民生，促稳定，创造更多的就业机会。进一步加大全省社会、文化教育、医疗卫生、科学技术研究、水资源利用、环境保护和社会保障体系等投资力度；进一步加快全省廉租房和经济适用房等保障性住房建设，要切实担负起稳定楼市价格的责任，促进全省房地产市场的稳步健康发展。同时，高度重视农村中小学和职业教育学校建设，发展农村医疗机构，结合大力推进社会主义新农村建设，改善农民住房条件，逐步推行农村居民住房困难保障制度，促进全省和谐社会建设。

第五，积极开放，扎实改善和优化投资环境。一方面，要加大实施扩大对外开放战略力度。要抓住建立中国—东盟自贸区的大好机遇，进一步加大交通基础设施的建设，积极推进全省“两强一堡”战略措施的落实到位，打造对外开放优势新格局；另一方面，进一步加快政府公共服务职能转变，努力建设阳光政府、效能政府、服务政府和法治政府，提高行政优质服务效率。在加强投资硬环境建设的同时，要更加重视投资软环境建设，扎实做好全省招商选资工作，积极鼓励和推进县域经济和放手发展非公经济，促进全省投资科学发展、和谐发展和可持续发展，提高投资竞争力。

第六，牢固树立科学发展观和正确的政绩观。为加快全省固定资产投资和经济发展方式的转变，促进科学和谐发展，要进一步改进全省固定资产投资目标考核办法，逐步建立和完善绿色政绩发展考核体系，切实把投资管理工作的重点放到结构调整、推进技术进步、节能减排、社会发展、生态建设、关注民生和创造就业等方面上来。在完善重大项目推进制和行政问责制的基础上，要进一步加强国家宏观政策跟踪研究，提高宏观决策和科学管理水平，为促进全省经济又好又快发展发挥积极作用。

**参考文献：**

1. 云南省统计局：《云南省 2010 年 1~9 月国民经济发展主要数据》，2010 年。

2. 国家统计局云南省调查总队：《云南调查》（2010 年第一至第三季度）。

（作者单位：云南统计局投资处）

# 金融业运行形势分析与预测

张体伟 陈雅琳

2010 年，云南省银行业金融机构货币信贷运行总体平衡，呈现出增速逐渐回落、增量显著扩大、支持重点突出的特点。截至 2010 年 9 月末，全省银行业金融机构人民币各项存款余额为 12 948.67 亿元，同期增长 20.8%；全省银行业金融机构人民币各项贷款余额 10 215.69 亿元，同期增长 19.8%。金融宏观调控政策效应显著，人民币存贷款余额同比增幅双双实现了回落。全省金融机构围绕“两强一堡”重大部署，有力保障重点项目建设；围绕“转方式、调结构”主线，有力支持节能减排和继续推进环境保护工作；围绕信贷薄弱环节，坚持信贷资源向“三农”和县域倾斜，全面提升农村金融服务的深度和广度，逐步填补农村金融空白网点，不断完善农村金融服务体系，积极解决中小企业“融资难、贷款难”的问题。

## 一、运行现状

### （一）总体运行现状分析

2010 年 9 月末，云南省银行业金融机构人民币各项存款余额为 12 948.67 亿元，比 2009 年同期增长 20.8%，比 2010 年初增加 1 829.04 亿元；全省银行业金融机构人民币各项贷款余额 10 215.69 亿元，比 2009 年同期增长 19.8%，比 2010 年初增加 1 436.06亿元。

2010 年前三季度云南省金融机构人民币存贷款余额及增长变化情况

| 指标名称 | 9 月 | 比年初增加（亿元） | 同比增长（%） |
|---|---|---|---|
| 金融机构人民币存款余额 | 12 948.67 | 1 829.04 | 20.8 |
| 其中：居民储蓄存款 | 5 537.97 | 869.35 | 23 |
| #：活期存款 | 2 731.14 | 460.61 | 27.9 |
| #：定期存款 | 2 806.82 | 408.74 | 18.5 |
| 企业存款 | 4 140.26 | 296.02 | 9.3 |
| #：活期存款 | 3 073.94 | 74.88 | 13 |
| #：定期存款 | 1 066.32 | 221.14 | -0.1 |
| 金融机构人民币贷款余额 | 10 215.69 | 1 436.06 | 19.8 |
| 其中：短期贷款 | 2 632.99 | 152.12 | 6.1 |
| 中长期贷款 | 7 447.92 | 1 419.26 | 23.5 |
| #：个人消费贷款 | 1 192.12 | 240.41 | 25.3 |
| 现金收支 | 9 月 | 1～9 月 | 同比增长（%） |
| 金融机构现金收入（亿元） | 1 707.43 | 14 330.67 | 17.9 |
| 金融机构现金支出 | 1 791.62 | 14 459.21 | 18.2 |
| 货币投放（+）回笼（-） | 84.19 | 128.54 | 52.2 |

资料来源：云南省金融统计 2010 年 1～9 月报表。

注：#表示其中。

### （二）货币信贷执行情况

1. 存款余额情况及同比增幅变化情况

（1）存款余额情况。2010 年 9 月末，全省金融机构人民币各项存款余额为 12 948.67 亿元。其中，企业存款余额 4 140.26 亿元，比 2010 年初增加 296.02 亿元，与 2009 年同期同比增幅达 9.3%；居民储蓄存款余额 5 537.97 亿元，比 2010 年初增加 869.35 亿元，与 2009 年同期同比增幅达 23%。

（2）存款余额同比增幅变化情况。与“十一五”期间其他各年同期水平相比，存款余额增幅水平有所回落。以 2006～2010 年各年 9 月末同期人民币各项存款余额水平为例，从绝对额看，每年度存款余额呈现出逐年大幅增长趋势；但从增长幅度看，2006 年 9 月末～2010 年 9 月末同期人民币存款余额同比增长率分别为 16.92%、19.35%、16.5%、33.1%、20.8%。可见，

2010 年 9 月末，云南省金融机构人民币各项存款余额同比增幅回落（见图 1）。

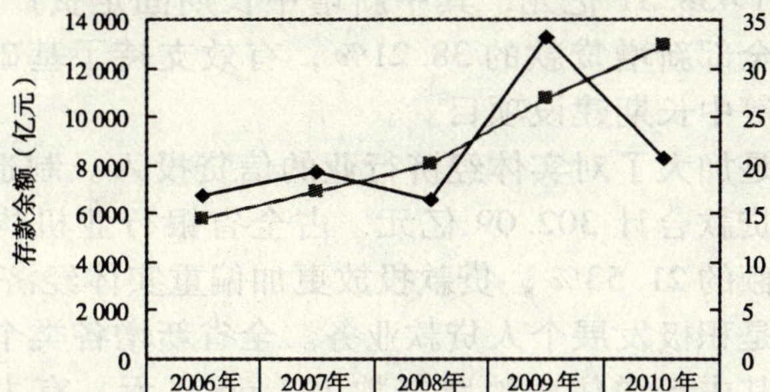


| | 2006年 | 2007年 | 2008年 | 2009年 | 2010年 |
|---|---|---|---|---|---|
| 存款余额（亿元） | 5 794.99 | 6 916.04 | 8 054.96 | 10 718.1 | 12 948.7 |
| 同比增幅（%） | 16.92 | 19.35 | 16.5 | 33.1 | 20.8 |

**图 1　云南省各年度 9 月末金融机构人民币存款余额变化及同比增减趋势图**

资料来源：云南省金融统计 2006～2010 年各年度月报表。

2. 贷款余额情况及同期同比增幅变化情况

（1）贷款余额情况。截至 2010 年 9 月末，全省银行业金融机构本外币各项贷款余额为 10 320.36 亿元，比年初增加 1 466.41 亿元，同比增长 20.08%；前三季度分别新增贷款 556.42 亿元、490.68 亿元和 419.31 亿元，有力支持了地方经济发展。[①] 其中，2010 年 9 月末，云南省银行业金融机构人民币各项贷款余额达 10 215.69 亿元；中长期贷款余额 7 447.92 亿元，同比增长 23.5%，比 2010 年初增加 1 419.26 亿元；个人中长期消费贷款余额 1 192.12 亿元，比 2009 年同期增长 25.3%，比 2010 年初增加 240.41 亿元；短期贷款余额 2 632.99 亿元，同比增长 6.1%，比 2010 年初增加 152.12 亿元。

（2）信贷投放情况。[②] 截至 2010 年 9 月末，云南银行业金融机构积极适应云南实体经济景气回升对信贷资金的需要，及时将信贷投放重点从去年保增长背景下的基础设施行业转向制造业、批发零售业等实体经济相关行业，较好地满足了实体经济的有效

① 牛正勇：《云南银行业与地方经济发展水乳交融》（http://www.yunnan.cn），2010 年 11 月 30 日。

② 牛正勇：《云南银行业与地方经济发展水乳交融》（http://www.yunnan.cn），2010 年 11 月 30 日。

贷款需求。

一是重点保障了中长期项目建设资金需求。新增本外币中长期贷款 1 438.31 亿元，其中新增中长期固定资产贷款 560.26 亿元，占全部新增贷款的 38.21%，有效支持了基础设施、固定资产投资等中长期建设项目。

二是加大了对实体经济行业的信贷投入。制造业和批发零售业新增贷款合计 302.09 亿元，占全省银行业机构本外币各项贷款新增额的 21.53%，贷款投放更加偏重实体经济。

三是积极发展个人贷款业务。全省新增各类个人贷款 205.37 亿元，其中新增住房消费贷款 197.66 亿元，有力地促进了全省消费市场的繁荣。

（3）贷款余额同比增幅变化情况。从绝对额看，不仅每年度云南省金融银行业机构人民币各项贷款余额呈现出逐年稳定增长态势，而且从贷款余额各年度同期增长幅度看，2006 年 9 月末～2010 年 9 月末，同期人民币贷款余额同比增长率分别为 22.28%、19.52%、15.4%、34.9%、19.8%。因此，从云南省金融机构人民币各项贷款余额变化同比增减趋势来看（见图 2），2010 年与上年同期水平相比，增速有所回落。

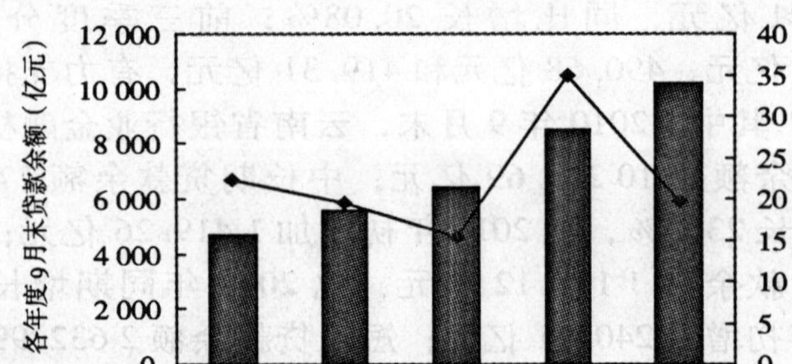


| | 2006年 | 2007年 | 2008年 | 2009年 | 2010年 |
|---|---|---|---|---|---|
| 贷款余额（亿元） | 4 680.56 | 5 594.29 | 6 452.77 | 8 530.69 | 10 215.7 |
| 同比增幅（%） | 22.28 | 19.52 | 15.4 | 34.9 | 19.8 |

**图 2　云南省各年度 9 月末金融机构人民币贷款余额及同比增减变化情况**

资料来源：云南省金融统计 2006～2010 年各年度月报表。

### （三）证券保险业及其他运行情况

1. 证券业

2010年，云南证券市场累计等资金额55.9亿元，云南有28家上市公司总市值2 777.68亿元。

2. 保险业

2010年1~7月，随着宏观经济回暖，全省车险、工程险、投连险、分红险等业务快速增长，保险保费收入同比增长27.25%，完成全年计划目标的71.81%，赔付支出36.63亿元，同比下降10%。目前，全省共有保险公司主体27家，各级分支机构2 240家，从业人员达6.9万人，比2009年同期增加6 000人。截至2010年9月末，全省累计保费收入184.63亿元，其中，财产保险和人寿保险实现保费收入分别为71.95亿元、11.27亿元；全省保赔付支出480.07亿元。

## 二、2010年全省金融信贷运行的主要特点

总体上看，云南省银行业金融机构货币信贷运行总体平衡，呈现出增速逐渐回落、增量显著扩大、支持重点突出的特点。

### （一）金融机构货币信贷运行平稳

从存贷结构变化情况可以看出，云南省银行业金融机构存贷比结构较为合理，反映出全省的货币信贷运行较为平稳。以2006年9月末~2010年9月末云南省金融机构人民币存贷款余额间的存贷比为例，各年度的存贷比一直在77%~80%之间浮动。2010年9月末，云南省金融机构人民币存贷款余额间的存差已突破2 700亿元大关，金融机构存差资源丰富。

### （二）金融宏观调控政策效应显著

全省货币信贷运行呈现出增速持续加快、增量显著扩大、支持重点突出的特点。2010年9月末，云南省金融机构人民币存贷款余额同比增幅比2009年同期同比增幅双双实现了回落。

**（三）围绕“两强一堡”重大部署，有力保障重点项目建设①**

围绕省委、省政府提出的“两强一堡”重大战略部署，云南省金融银行业作为现代经济的核心以及撬动经济发展方式转变的杠杆，有力地支持全省经济社会又好又快发展。

近年来，云南省金融机构按照省委、省政府“增投资、扩消费，转方式、调结构，重民生、建和谐，快发展、上水平”的总体要求，围绕昆明新机场、“八入滇、四出境”铁路网建设、“七入省、四出境”公路网建设，烟草、能源、冶金、化工等十大行业的发展规划和战略部署，积极发挥银行支持经济建设、促进发展方式转变的金融职能，不断优化信贷结构，加大信贷投放力度，有力保障了全省重点基础设施建设和重点行业发展。尤其2009年以来，为确保全省重点支柱产业发展的资金需求，全省银行业对重点发展的交通运输、仓储和邮政业，水利、环境和公共设施管理业，制造业，建筑业，电力行业给予倾斜政策，5大行业发放的贷款占全部新增贷款的70%。例如，2009年11月，昆明铁路枢纽扩能改造征地拆迁项目获得云南银行业100亿元的银团贷款支持；2010年9月，云南银行业8家银行成功“组团”向昆明市轨道交通首期工程项目贷款158亿元。又如，在云南银行业的鼎力支持下，2009年12月，全省以重点旅游公路、重要省际及州市间通道、连接口岸和重要出入境通道为主的52条在建二级公路项目全面开工建设；2010年8月，华能小湾水电站6号机组投产发电，小湾电站420万千瓦机组全部投产，等等。可见，在滇银行业金融机构的信贷有力支持了全省重点基础设施建设项目。

**（四）围绕“转方式、调结构”主线，推动全省节能减排和节能降耗工作**

2009年，云南省通过签订大型企业节能减排目标责任书，关停部分“两高一资”企业，实施一批环境保护和生态治理重点项目等措施，节能减排取得良好成效。初步测算，2009年，云南省

① 牛正勇：《云南银行业与地方经济发展水乳交融》（http：//www.yunnan.cn），2010年11月30日。

单位GDP能耗、单位地区生产总值电耗、化学需氧量和二氧化硫排放量有望分别削减4.5%、4.19%、2%和1.99%，单位工业增加值能耗同比下降3.78%。“十一五”前四年，全省单位工业增加值能耗累计下降22.8%，年平均降幅达到6.27%。2010年以来，全省金融机构支持节能减排和环境保护工作继续推进。云南省金融机构积极实施“绿色信贷”政策，将绿色信贷工程作为促进信贷结构调整和升级的重要手段，支持绿色经济强省建设。“环保一票否决”的审批制度已经成为共识，各家银行配合国家节能减排战略，充分关注客户或项目的环保风险，将“绿色信贷”作为重要准入因素，建立严格的环保准入门槛，对不符合节能环保要求的企业和项目不予授信支持。实施信贷业务的调整，主动退出不符合国家环保政策、节能降耗政策的企业和项目，有力支持了云南节能减排工作，有效促进了云南低碳经济的发展。2010年前三季度，全省金融机构支持节能减排的“绿色信贷”，有力地推动了全省节能减排、节能降耗工作，单位GDP能耗降低了3.79%。[①]

### （五）积极支持薄弱环节的信贷工作[②]

一是坚持信贷资源向“三农”和县域倾斜。截至2010年9月末，云南银行业新增人民币涉农贷款453.27亿元，同比增长25.17%，高于同期各项贷款平均增速5.09个百分点，其中农村基础设施建设贷款余额达279亿元。自2005年以来，云南农村信用社组织实施“惠农金桥行动计划”，农业贷款的年平均增量在120亿元以上，增幅达26.6%。截至3季度末，农业贷款余额达1 303.8亿元，占全省金融机构短期农业贷款余额的90%以上。农行云南省分行加大对橡胶、糖业、茶叶等优势特色产业的支持力度，与全省234户国家级和省级产业化龙头企业中的165户建立了业务关系，服务覆盖率达70%，3年累计发放农业产业化贷款149.16亿元，大力支持农业产业化龙头企业，力促农民增收致富；积极支持涉农和县域中小企业发展，2007~2009年累

① 单位GDP能耗上升（+）或下降（-）%

$$=\left(\frac{2010\text{年}1\sim3\text{季度能源消费总量}/2010\text{年}1\sim3\text{季度GDP}}{2009\text{年}1\sim3\text{季度能源消费总量}/2009\text{年}1\sim3\text{季度GDP}}-1\right)\times100\%$$

② 资料来源于牛正勇《云南银行业与地方经济发展水乳交融》（http://www.yunnan.cn），2010年11月30日。

计发放县域中小企业贷款585.19亿元，较好满足了企业的资金需求。截至2010年9月末，农行云南省分行累计发放“三农”和县域贷款355.89亿元，占全行贷款累放额的52.9%。

二是全面提升农村金融服务的深度和广度。为巩固和推广农户小额贷款，解决农民“贷款难”问题，长期以来，省农村信用社深入广大农户和农村建立信用档案，建立完善农村信用体系。截至2010年9月末，共为全省665.9万农户建立了信用档案，为464万农户发放了信用证，评定信用户202万户；为601.7万农户发放了贷款，农户贷款面达67.7%。进一步创新担保方式，拓宽担保范围，云南银行业从农户不同类型需求出发，先后推出了林权抵押贷款、“贷免扶补”创业小额贷款、共产党员联保贷款、农户建房贷款、农村个人生产经营贷款、农副产品季节性收购贷款等特色信贷产品。

三是逐步填补农村金融空白网点，不断完善农村金融服务体系。截至2009年末，云南尚有122个乡镇金融服务缺失。2010年以来，以农村信用社、邮政储蓄银行为主的涉农银行业机构，不断改善网点布局，极力推进解决农村金融服务缺失工作。截至2010年11月，全省已解决金融服务缺失乡镇42个，列西部地区第4位，其他金融服务缺失乡镇网点建设前期工作正紧锣密鼓推进，将于2011年底全面解决云南农村金融服务空白乡镇的金融服务缺失问题。同时，云南银行业加大力度推动村镇银行等新型农村金融机构设立。现云南已组建小贷公司181家、村镇银行6家，正在筹建2家，有望于年内开业。此外，还有10余家省内外银行业机构有意在云南发起设立村镇银行。农村金融服务体系的不断完善将为县乡地区农民群众实实在在地提供成本低廉、方便、快捷的金融便民服务。

四是积极解决中小企业“融资难、贷款难”的问题。截至2010年9月末，云南省银行业金融机构新增中小企业贷款351.70亿元，占大中小各类型企业新增贷款总额的44.73%，有力支持了中小企业的发展，中小企业发展资金得以保障，中小民营经济整体回升向好。

## 三、全省金融业发展需关注的问题及2011年发展预测

### （一）当前及今后全省金融业发展中需关注的问题

1. 围绕桥头堡建设，打造区域性金融中心的问题

围绕国家提出的桥头堡战略，对金融如何支持其建设提出了新的要求。如何加大金融产品的创新力度，积极加强与海外代理行的合作，做好人民币清算，建设金融大通道，是当前及今后金融业发展值得关注的重要问题。为服务桥头堡建设，云南金融机构提出了“一、三、四、九”金融服务模式：即建一个金融产业聚集地；三大体系——多元化的组织体系、多层次的市场体系、多功能的金融服务体系；四大走廊——周边三国、澜湄次区域、东南亚和南亚、孟缅印；九大平台——人民币跨境结算平台、人民币跨境投资平台、人民币离岸市场交易平台、金融人才聚集平台、信息交流平台、金融管控平台、产权交易平台、金融服务外包平台、金融产品创新平台。同时，从更高层次、以更宽视野促进制度安排，推动业务创新，更好适应经济全球化需要，开展跨境人民币结算业务，将昆明打造成区域性跨境人民币金融服务中心，提升云南金融的对外开放水平，也是当前及今后金融业发展值得关注的问题之一。

2. 物价上涨压力增大

我国2010年11月CPI同比上涨5.1%，创28个月来的新高；工业品出厂价格（PPI）同比增长6.1%，环比上涨1.4%。CPI、PPI涨幅已高于同期水平，影响经济运行稳定的通胀压力仍不可忽视。

3. 实施差别化住房信贷政策带来住房消费趋缓的问题

2010年以来，随着新的房地产调控政策的出台和实施，房地产销售市场日益疲软，无论销售面积还是销售额，增速均处于走低状态，2011年将持续趋缓。根据《中国人民银行、中国银行业监督管理委员会关于完善差别化住房信贷政策有关问题的通知》（银发〔2010〕275号）的文件精神，云南各商业银行暂停发放居民家庭购买第三套及以上住房贷款；对不能提供一年以上当地纳税证明或社会保险缴纳证明的非本地居民暂停发放购房贷

款；对贷款购买商品住房，首付款比例调整到30%及以上；对贷款购买第二套住房的家庭，严格执行首付款比例不低于50%、贷款利率不低于基准利率1.1倍的规定；鼓励金融机构支持保障性安居工程建设，抓紧制定支持公共租赁住房建设的中长期贷款政策。2010年12月，中央经济工作会议决定加快推进住房保障体系建设，这无疑将促进金融机构对保障性安居工作信贷的支持力度。

4. 节能减排任务仍十分繁重

企业作为节能减排的主体，缺乏加大投入的内在动力和外在压力，缺乏行之有效的制度，对节能减排技术产品研发、推广示范、管理等扶持力度不够，因而节能减排任务仍十分繁重。

5. 央行多次上调存款准备金率

央行决定从2010年12月20日起，上调存款类金融机构人民币存款准备金率0.5个百分点，这是央行2010年以来第六次上调存款准备金率，也是在一个月时间内第三次宣布上调存款准备金率。中央为增强宏观调控的针对性、灵活性、有效性，提出今后实施稳健的货币政策等，都可能给云南经济发展带来影响。云南经济正处在由回升向好、向稳定增长转变的关键时期，由于目前适度宽松的货币政策将调整为稳健的货币政策，金融信贷无疑将对重大项目建设、产业发展产生一定影响。

6. 金融创新不足的问题依然

相对于省外的金融创新和云南桥头堡建设的金融需求而言，云南的金融创新不足。主要表现在创新的活跃度不够，创新的参与主体不多，创新的受益面不大。导致创新不足的原因有直接原因和深层原因两个方面。其直接原因是：金融机构主要以中央国有金融机构和全国性股份制金融机构在滇的分支机构为主，本地机构较少；区外金融机构在本地的运作，受各自总行的管理和调配影响较大，资金运营和信贷政策与地方产业政策和政府意愿的契合度不高，金融政策调控的“绳子效应”比较明显；金融机构包括地方性金融机构的分布主要集中在经济发达的大中城市，经济欠发达地区的分布有限，部分县乡出现了金融真空和盲点；本地金融机构和在滇涉外金融机构的发展比较孱弱，外资金融机构更为鲜见；金融机构针对本地企业和项目资金运营的活跃度不够，资金以上存、同业拆出和银行间债券市场融出等形式的外流较多，对地方社会经济运行和发展的支持力度不高。深层原因则为：地方经济发展整体水平低，缺乏吸引银行业金融机构深层次运作的经济土壤；城市化水平低，且发展不均衡，导致大量银行业金融机构在“单中心城市”昆明扎堆，市场份额和业务发展机会有限；传统和骨干优势产业单一，新兴优势和主导产业的培植和培育成效不明显，缺乏新的有活力的经济增长点，对银行信贷资金的有效需求和吸纳能力的增长有限；政府在金融公共关系工作上的前瞻性、系统性和力度不够，未能及时、充分和创造性地开展金融公关活动，对国家出台的金融政策资源使用不充分；地方融资和信用担保平台搭建不系统，既有机构的作用发挥有限。

### （二）2011 年全省银行业金融机构信贷形势分析

#### 1. 宏观政策调整及预期

一是从产业政策看，结合十七届五中全会以及 2010 年中央经济工作会议精神，加快转变发展方式是主线。中央将把经济结构战略性调整作为加快转变经济发展方式的主攻方向，加强农业基础地位，做强工业核心竞争力，提升服务业发展质量。二是从“三驾马车”看，需要扩大消费、优化投资结构、增创外贸新优势。从城乡区域看，需要推动实施区域发展总体战略，形成城镇化发展新格局。三是从财政金融政策看，2011 年，国家将继续实施积极财政政策，而多年来的适度宽松的货币政策将调整为趋于中性、稳健的货币政策（夏斌，2010）。同时，央行将根据宏观经济变化来调整货币政策，适度加息将是明年的政策方向（吴晓求，2010）。

#### 2. 2011 年全省银行业金融机构信贷总量预测

2010 年以来，云南金融机构以全省实施“两强一堡”战略为机遇，坚持农业产业化、新型工业化、城镇化和教育现代化“四轮驱动”，以增强自我发展能力为主线，以改善民生为核心，以金融创新和增强融资能力为支撑，确保全年各项金融工作目标不动摇，全力支持全省经济社会发展。

在 2010 年信贷总量基础上以及在国家将实施稳健的货币政策背景下，结合桥头堡建设和新一轮西部大开发，云南银行业金融机构将发挥信贷调控作用，有力支持产业基地建设和战略新兴产业发展；增强企业和全社会节能减排内生动力，加强重点节能工程建设，大力发展循环经济和环保产业，加快低碳技术研发应用，加强重点流域、区域、行业污染治理；加快水利交通等基础设施建设；加大薄弱环节的贷款投放，加大对云南“三农”、民生工程、环保技改等薄弱环节的金融支持力度，推进发展现代农业，确保农产品有效供给。2011 年，在滇金融机构本外币各项存款余额预计将增长 25% 左右，金融机构本外币各项贷款余额增幅预计将增长到 15% 左右。

## 四、对策建议

### （一）积极促进金融信贷支持桥头堡建设的力度

一是拓展银行信贷渠道。建设我国向西南开放战略通道，需加大金融银行机构对铁路、公路、航空、水运、管道、通信、口岸等硬件基础设施建设的信贷投入，对贸易“软通道”建设的支持，扩大与货物贸易等相关的银行信贷服务。在昆明设立国际金融结算中心，为进出口贸易提供便捷的信贷服务，充分发挥银行信贷的作用，加强银行信贷服务和创新，促进区域合作，服务全国，发展云南。着力加大银行信贷对构筑我国经云南直达印度洋的交通、能源、信息及贸易通道的支持力度，促进银行信贷加大对桥头堡建设的服务和创新力度。加大金融银行业开放合作力度，增加出口信贷规模，壮大云南地方金融实力，拓展国际金融信贷业务，多方筹措桥头堡建设资金，改善融资环境，加大云南桥头堡建设项目银行信贷支持力度。

二是加大银行信贷力度。建设我国向西南开放产业基地，需协调金融机构提供国内配套贷款。应根据行业和产业特点，构建以政策性银行为主体，合理匹配商业银行贷款、中长期贷款与短期贷款相结合的银行信贷支撑体系，加快推进银企、银政、银协合作的进度。加大信贷投放力度，扶持一批外向型优势产业、战略性新兴产业，促进现代服务业加快发展，巩固现有支柱产业，壮大产业园区和工业园区，提升产业技术创新能力，实现经济增长方式的根本性转变。加大信贷扶持力度，推进产业结构优化升级，促进央企入滇，强化产业支撑，促进将云南建成为我国面向西南开放的外向型产业基地和进出口商品生产加工基地。

三是巩固银行信贷支撑体系建设。建设我国向西南开放合作平台，需加大推进中国面向西南开放的金融服务力度，鼓励国内商业银行进一步扩展海外网点和业务，为企业境外并购融资。合理布局省内金融机构，吸引国际知名金融机构和国内股份制银行来滇设点、落户。加快推进村镇银行组建，力争每个州市有一家村镇银行，经济实力强、发展前景好的县级市有一家村镇银行；提高小额贷款公司的放贷功能和抗风险能力；加快"走出去"步伐，做好跨境贸易人民币结算试点、富滇银行在老挝设立办事处等工作；加快设立地方保险公司；支持驻滇金融机构做大做强，在量上有新扩展，规模上有新发展。

四是改善信贷融资环境。建设我国向西南开放交流窗口，需银行业金融机构信贷支撑，促进泛亚国际文化交流中心、文化博物馆、东南亚与南亚文化艺术基地，国际人才培养基地等人文基础设施建设，信贷支持项目带动，促进中国与东南亚、南亚等国家在应用研究、技术开发、成果转让等方面的合作，支持中国面向西南开放的科技合作研究中心、科技实验区和科技产业园区建设。从银行信贷支撑上，促进我国与东南亚、南亚国家在农业、生物、替代种植、IT等领域科技合作的进一步深化，推进将云南建成为中国面向西南开放的重要交流合作窗口。按照"强圈、富带、兴群、促廊"的基本思路，优化向西南开放区域生产力布局，鼓励和支持各类金融机构参与桥头堡建设项目融资，进一步支持滇中城市群建设，推进滇中一体化进程，增加信贷规模，加快推进新昆明建设，强化国际经济走廊节点城市建设，重点实施一批县城和特色旅游小镇、口岸城镇建设，加快完善向西南开放的城镇化体系建设；促进连接内地和沿边经济带建设以及加快发展连接东南亚、南亚对外经济走廊。

五是合理配置金融资源和发挥人民银行"窗口指导"作用。金融机构增强与国家产业政策、货币政策、环境政策等系列政策的协调配合，按照"因地制宜、区别对待、有保有压"的信贷政策，不断调整优化信贷结构，合理配置银行信贷资源，加快推进生态云南建设。同时，人民银行需充分发挥其"窗口指导"作用，合理引导信贷政策与统筹区域发展的有效对接；制定切实可行的信贷指导意见，补足社会事业发展中的"短板"，促进繁荣开放、和谐稳定的边疆建设；调整信贷结构，增加信贷投入，积极引导银行业金融机构构建支持薄弱环节的信贷长效机制，重点加大对“三农”、中小企业、扶贫等领域的信贷投放力度。

### （二）鼓励先行先试，推动银行信贷服务创新

一是加强信贷支持。把交通、能源、信息及贸易通道的基础设施建设作为信贷投放的重点领域，加强信贷营销，在授信额度上给予适当倾斜；在信贷增量中保持一定比例用于支持桥头堡重点产业发展和基础设施建设。加强金融产品创新，简化贷款手续，灵活调剂支农及中小金融机构专项再贷款、再贴现限额，合理投放再贷款、再贴现，支持云南桥头堡建设中的中小企业、“三农”等薄弱环节的发展。

二是支持金融主体建设。大力培育发展地方法人金融机构，支持银行、证券、保险、期货分支机构实施升格或增加设置。深入实施引金入滇战略，支持在昆明建设区域性国际金融结算中心，大力发展边贸金融，逐步试点离岸金融，逐步完善出口信贷等业务。放宽农村金融机构准入政策，大力培育小贷公司，大力发展小额担保信贷，深入推进小贷公司的发展，拓宽小企业和小额农业融资渠道。在金融机构总部及相关机构设置上给予土地、财税等方面的支持。

三是营造良好的金融生态环境。进一步加快社会信用体系建设，全面改善云南信用环境，打造“诚信云南”。切实加强金融监管，提高风险防控能力，把云南建设成为金融安全区。

四是不断创新银行信贷服务方式，大力支持中小企业与非公经济发展。一方面，加强人行与地方政府及财政、社保等部门的联系，积极推动银行信贷支持扶贫开发、就业、再就业工作，稳步推进建立“小额贷款＋创业培训＋信用社区建设”的长效联动机制，推动下岗失业人员再就业贷款的制度创新。另一方面，各金融机构以推进中小企业信用制度建设为突破口，从中小企业和非公经济特点出发，创新信贷产品，改进信贷管理方式，探索建立中小企业信用担保体系，拓宽中小企业融资渠道，对符合信贷条件的中小企业与非公经济积极提供优质信贷服务。

五是创新贷款管理手段。一方面，要创新信用等级评定办法。改变使用统一的信用等级评定标准的状况，制定符合云南中小企业金融实际现状的信用等级标准。另一方面，要创新业务流

程。根据银行的决策水平、管理水平及所在地的企业融资规模，分层次划定融资审批权限，减少贷款审批环节，提高服务效率。在信贷客户分类、信用等级评定、统一授信方面增加基层银行审批权限。[①]

六是培养和引进创新型人才。在滇各商业银行要做好培训，全面提高信贷队伍的整体素质和技能水平，要加强市场调查分析、金融风险管理、金融工程设计等方面内容的在岗培训力度。组建信贷分析师队伍，承担对单一客户、项目和具体信贷业务的分析，以及对桥头堡建设中的行业、区域、客户群和其他产品分析，全面提升信贷风险分析水平和掌控信贷风险的能力。为促进云南桥头堡建设，需加快培养和引进具有深厚经济金融理论基础、精通现代商业银行信用风险管理的专业经营管理人才和熟悉投资银行、资本市场等业务的综合人才，适应桥头堡建设对银行信贷创新产品发展的需要。

七是统筹兼顾，突出产品创新的重点。为紧紧抓住云南桥头堡建设的战略机遇，需根据区域经济发展不平衡、信贷市场差异大、行际间的信贷管理水平、所处的竞争环境不同的实际状况，积极稳妥地推进信贷创新。通过产品和流程创新，对企业实行差异化服务，并依据其资金需求、产品生产、所处行业的特征，加快对制约企业贷款准入条件需亟待破解的信贷方式和产品进行创新，积极培育新的盈利增长点和促进信贷结构不断优化。

### （三）争取国家向云南实行倾斜性金融信贷政策

一是提供政策性融资支持。增强银行的政策性融资支持，主要包括中央银行的政策性支持和政策性银行的政策性支持。[②]

二是加大政策性银行融资力度。国家开发银行等政策性银行和以政府为主出资建立的信用担保机构，都是云南省桥头堡建设政策性金融支撑体系的组成部分，中央财政及有关部门应支持云南探索建立现代信用保证制度，以政府产业政策为导向，对具有发展潜力的中小企业和重点项目提供信用保证，协助其获得银行

① 陈芳、刘志珍：《推动金融信贷产品创新 实现经济金融良性互动——鄂尔多斯市金融信贷产品创新情况调查》，载《内蒙古金融研究》，2009 年第 11 期。

② 严红：《成渝经济区金融创新体系建设研究》，载《西南金融》，2009 年第 2 期。

贷款，扶持和促进其快速健康发展。积极引导信贷资金投入，重点争取国开行、建行和农行等金融机构的优惠贷款，加大桥头堡建设中的基础建设、基础产业、农村建设及科技创新等领域的资金贷款支持力度。

三是争取适当下调在滇商业银行的基准利率和存款准备金率，以减轻融资的负担，加大对交通、能源、信息及贸易通道等基础设施建设的贷款支持力度。

四是以国家层面适当地引入国际金融机构及政府的贷款，争取扩大世行贷款、外国政府贷款、国债资金对云南省的投入规模，扩大外资的使用规模，保证桥头堡基础设施顺利建设。

### （四）加强金融监管，防范金融风险

加快经济发展方式转变，保持经济平稳较快发展，是当前全省上下面临的重大任务。全省各金融机构需继续贯彻落实科学发展观，以科学发展为主题，以加快发展方式为主线，按照“执行稳健的货币政策，保持信贷稳定合理增长，支持经济结构调整，防范信贷风险”的要求，结合云南省委、省政府提出的“两强一堡”战略目标，积极做好重点领域和重点环节的金融信贷工作。同时，提高对金融稳定工作重要性的认识，切实增强风险防范意识，正确处理促进金融业发展与防范金融风险的关系。综合运用多种货币政策工具，加强流动性管理，在引导货币信贷适度增长的同时不断优化信贷结构，维护价格总水平稳定，提高金融支持经济发展的可持续性，促进金融体系健康稳定运行。利用金融信贷等手段，加快转变经济增长方式，进一步提高经济发展的内生动力。继续改善金融信贷服务，进一步优化信贷结构，加大信贷投入，支持云南经济的稳定增长和经济结构的调整。同时，要注意防范在信贷较快增长时，在房地产和低水平重复建设中潜在的金融风险，规范发展消费信贷，加强贷款风险预警和监测，防范出现新的贷款风险。

加强对金融机构的窗口指导，积极引导金融机构合理调整信贷结构和投放节奏，按照“有扶有控”的信贷政策要求，加大对经济社会薄弱环节、就业、节能环保、战略性新兴产业、产业转移等方面的支持，进一步改进和提升农村金融服务，推动中小企业信贷管理制度的改革创新，有效缓解中小企业融资难问题。保

证在建重点项目贷款需要，加强对地方政府融资平台的放贷管理，严格控制对高耗能、高排放行业和产能过剩行业的贷款。执行好差别化房贷政策，促进房地产市场健康平稳发展。

**参考文献：**

1. 云南省统计局：《云南省 2010 年 1 ~9 月国民经济发展主要数据》，2010 年。

2. 牛正勇：《云南银行业与地方经济发展水乳交融》（http：//www. yunnan. cn），2010 年 11 月 30 日。

3. 董云峰：《吴晓求：适度加息是明年货币政策方向》，载网易财经，2010 年 12 月 3 日。

4. 海礁：《夏斌：明年信贷增长目标将为 15%》，载网易财经，2010 年 12 月 3 日。

5. 陈芳，刘志珍：《推动金融信贷产品创新 实现经济金融良性互动——鄂尔多斯市金融信贷产品创新情况调查》，载《内蒙古金融研究》，2009 年第 11 期。

6. 严红：《成渝经济区金融创新体系建设研究》，载《西南金融》，2009 年第 2 期。

（作者单位：张体伟，云南省社会科学院经济研究所；陈雅琳，云南财经大学）

# 财政运行形势分析及预测

苏建宏　王传桢

2010 年是云南财政面临复杂形势、历经重重困难、取得显著成绩的一年。面对宏观经济持续回升基础不牢、结构性减税、支出需求快速增长等压力，全省各级财政部门在省委、省政府的坚强领导下，以科学发展观为统领，认真贯彻落实积极财政政策，狠抓预算执行和增收节支，采取一系列财税举措增投资、扩消费、调结构、保民生、促发展，财政工作成效明显，财政运行形势总体良好，一般预算收入快速增长，支出保障有力、重点突出，有力地支持了全省经济的稳步向好发展。

## 一、2010 年云南财政运行形势

### （一）全省财政收支总体运行良好

全省各级财税部门抓住当前云南经济稳步向好发展的有利条件，全面加强收入征管，全省财政形势呈现收入增长快速，支出进度逐月加快，总体运行良好的局面。

1～10 月，全省地方财政一般预算收入完成 692.02 亿元，增长 23.3%，完成年初预算的 90.1%，这为完成全年收入任务奠定了坚实基础。其中，省本级收入 152.60 亿元，增收 27.21 亿元，增长 21.7%；州（市）级收入 539.42 亿元，增收 103.58 亿元，增长 23.8%。

全省地方财政一般预算支出完成 1 405.39 亿元，比上年同期增支 154.23 亿元，增长 12.3%，完成年初预算的 64.4%。其中，省本级支出 302.58 亿元，减支 68.83 亿元，同比下降 18.5%；州（市）级支出 1 102.81 亿元，增支 223.05 亿元，增长 25.4%。

全省政府性基金预算收入完成 275.19 亿元，增收 162.06 亿元，增长 69.8%，为年初预算的 101.6%；全省政府性基金预算支出完成 205.67 亿元，增支 127.41 亿元，增长 61.4%，为年初预算的 73.2%。

## （二）全省财政运行的基本特点

### 1. 收入持续快速增长

（1）财政收入呈现"高开稳走"运行态势。

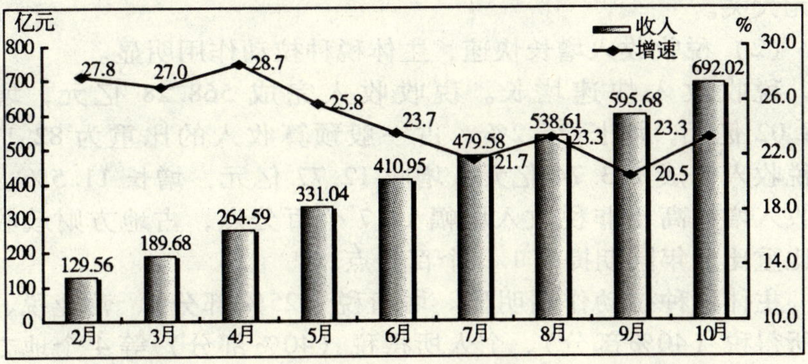


图 1　2009 年 2～10 月各月云南一般预算收入及增速

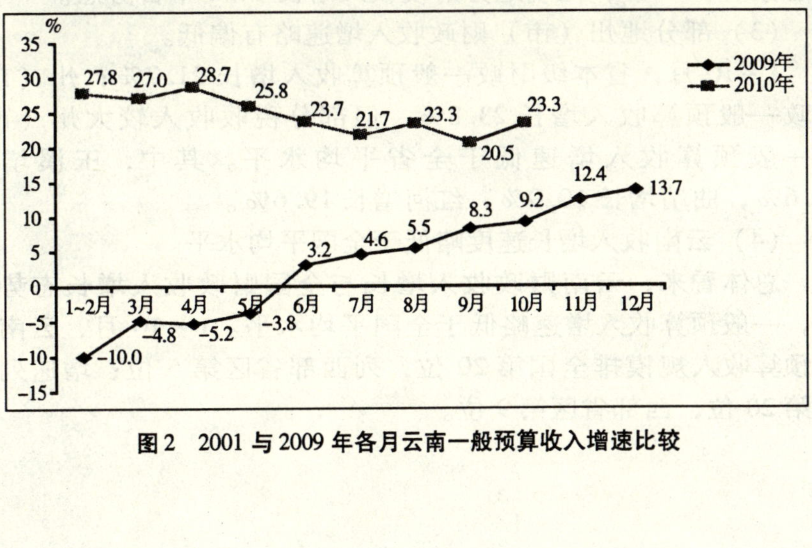


图 2　2001 与 2009 年各月云南一般预算收入增速比较

2010 年，云南财政一般预算收入总体呈现“高开稳走”的运行态势，与全省宏观经济发展态势较为吻合。一方面是因为全省经济日趋活跃、工业企业效益有所提升、宏观经济稳步向好发展，对财政收入的快速增长形成较好支撑，今年财政收入形势总体好于去年，并持续在高位运行。另一方面，由于去年金融危机对云南实体经济的影响较为明显，同期基数较低，使得今年前几个月，财政收入增速处于高位运行状态。其中，2 月份，财政一般预算收入增速比去年同期增幅提高 37.8 个百分点。随着基数不断提高，增速有所回落。到 10 月份，累计增速比去年同期提高 14.1 个百分点，财政收入保持了平稳较快的增长势头，初步预计全年财政收入有望超额完成年初的预算目标任务，突破 800 亿元大关。

（2）税收收入增长快速，主体税种拉动作用明显。

税收收入快速增长。税收收入完成 568.28 亿元，增收 118.02 亿元，增长 26.2%，占一般预算收入的比重为 82.1%；非税收入完成 123.74 亿元，增收 12.77 亿元，增长 11.5%。税收收入增幅高于非税收入增幅 14.7 个百分点，占地方财政收入的比重比上年同期提高 1.9 个百分点。

主体税种拉动作用明显。增值税（25% 部分）、营业税、企业所得税（40% 部分）、个人所得税（40% 部分）等 4 个地方主体税种完成 385.5 亿元，同比增收 83 亿元，占地方财政收入增收总额的 63.5%，拉动地方财政收入增长 14.8 个百分点。

（3）部分地州（市）财政收入增速略有偏低。

1~10 月，省本级财政一般预算收入增长 21.7%；州（市）财政一般预算收入增长 23.8%，但部分税收收入较大州（市）的一般预算收入增速低于全省平均水平。其中，玉溪增长 17.6%，曲靖增长 10.9%，红河增长 19.6%。

（4）云南收入增长速度略低于全国平均水平。

总体看来，云南财政收入增长与全国财政收入增长态势趋同，一般预算收入增速略低于全国平均水平。1~10 月，云南一般预算收入规模排全国第 20 位，列西部省区第 5 位；增速列全国第 20 位，西部省区第 9 位。

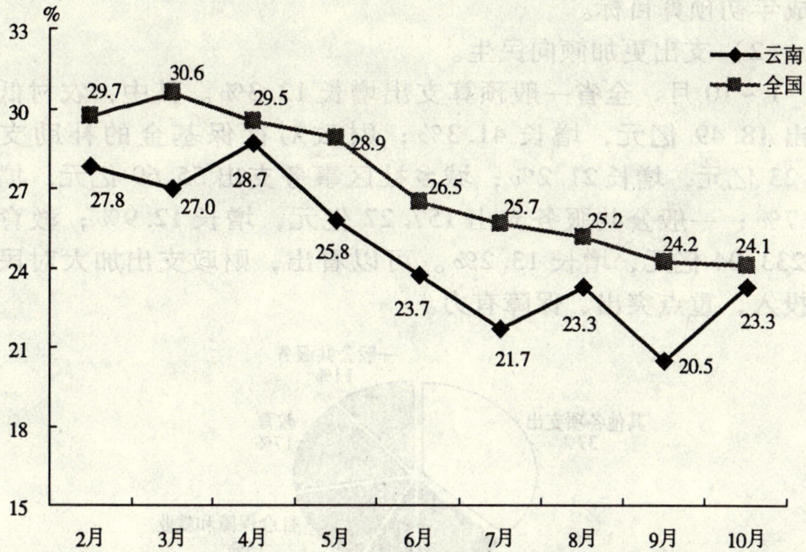


图3 2001年2~10月云南一般预算收入与全国的对比

2. 财政支出增速逐月回升

(1) 财政支出呈现"前低后高，逐月回升"的发展态势。

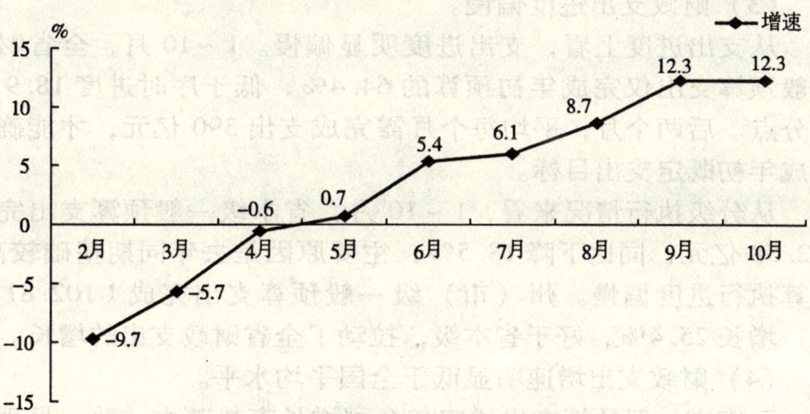


图4 2001年2~10月云南财政支出增速

今年前4个月，财政支出出现负增长，5月份实现扭负为正，支出进度逐月回升。今年财政支出增速偏低，主要是因为从2008年末开始，国家实施积极的财政政策，中央下拨了大量扩大内需资金，用于支持地方经济社会发展。2009年上半年，全省共下拨中央扩大内需资金84亿元，相应抬高基数，导致2010年财政支出增幅大幅回落。初步预计，经过努力，全年一般预算支出有望完成年初预算目标。

（2）支出更加倾向民生。

1～10 月，全省一般预算支出增长 12.3%。其中，农村低保支出 18.49 亿元，增长 41.3%；财政对社保基金的补助支出 37.23 亿元，增长 21.2%；城乡社区事务支出 55.69 亿元，增长 35.7%；一般公共服务支出 157.27 亿元，增长 12.9%；教育支出 233.04 亿元，增长 13.2%。可以看出，财政支出加大对民生的投入，重点突出、保障有力。

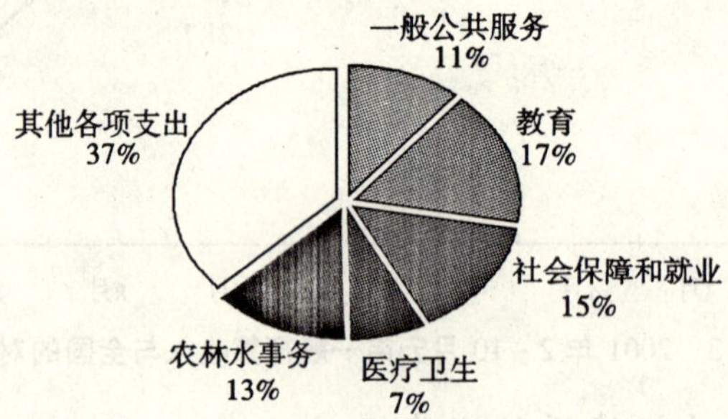


图 5　2001 年 1～10 月云南地方一般预算支出构成图

（3）财政支出进度偏慢。

从支出进度上看，支出进度明显偏慢。1～10 月，全省财政一般预算支出仅完成年初预算的 64.4%，低于序时进度 18.9 个百分点。后两个月，平均每个月需完成支出 390 亿元，才能确保完成年初既定支出目标。

从分级执行情况来看，1～10 月，省本级一般预算支出完成 302.58 亿元，同比下降 18.5%，主要原因是去年同期基础较高、预算执行进度偏慢。州（市）级一般预算支出完成 1 102.81 亿元，增长 25.4%，好于省本级，拉动了全省财政支出的增长。

（4）财政支出增速明显低于全国平均水平。

云南省一般预算支出增速与全国增长态势基本一致，呈现出前低后高的增长势头，但增长速度明显低于全国平均水平，增速低 10 个百分点左右。1～10 月，云南一般预算支出规模排全国第 14 位，西部省区第 2 位；增速仅高于北京市，居全国第 30 位，排西部省区第 12 位。

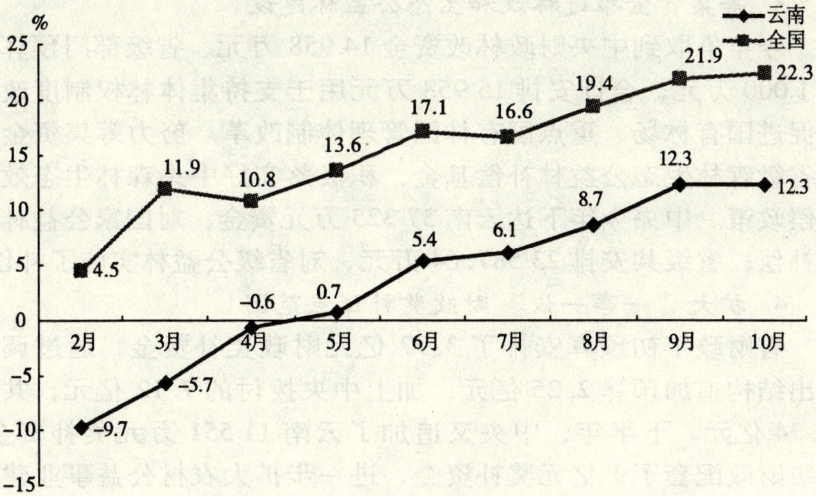


图6 2001 年 1～10 月云南一般预算支出与全国的比较

## 二、2010 年云南工作财政的主要成效

### （一）支农惠农再创新局面

1. 及时下达农业抗旱救灾专项资金

去年云南发生百年不遇的重大旱情，全省财政部门积极行动抗大旱。至今年 9 月底，省财政累计下达抗旱资金 24.8 亿元，重点用于受灾地区兴建应急抗旱设施、添置提运水设备及运行费用的补助、受灾农户购买种苗、化肥等生产物资补助、森林防火和林业病虫害防治、受灾地区的综合财力补助和灾区生活补助、支持抗旱减灾科技成果推广运用等方面。除下达抗旱救灾生活补助资金外，还下达了楚雄“2·25”地震、马龙“6·25”特大洪涝灾害、巧家小河镇“7·13”洪涝泥石流灾害等抗灾救灾补助资金 1.3 亿元；下达防震减灾 10 大能力建设补助资金 1.8 亿元。

2. 继续整合资金支持涉农重点工作

实施百亿斤粮食增产计划和优势生物产业推进计划，实施 200 万亩中低产田改造，结合中低产林改造工程，支持发展木本油料等特色经济林，加快山区综合开发，实施 6 621 个村扶贫整村推进、500 个村村容村貌整治、23 个乡整乡推进试点。

3. 筹集资金推进林改和生态公益林建设

今年争取到中央财政林改资金 14 958 万元，省级部门预算安排 1 000 万元，合计安排 15 958 万元用于支持集体林权制度改革和促进国有林场、重点国有林区管理体制改革。努力筹集资金建立省级森林生态公益林补偿基金，积极落实好中央森林生态效益补偿政策。中央今年下达云南 37 325 万元资金，对国家公益林给予补偿；省级共安排 23 587.64 万元，对省级公益林实施了补偿。

4. 扩大“一事一议”财政奖补试点范围

省财政年初预算安排了 3.97 亿元财政奖补资金，通过调整支出结构追加预算 2.25 亿元，加上中央拨付的 7.12 亿元，共计 13.34 亿元。下半年，中央又追加了云南 11 551 万元奖补资金，省级财政配套了 1 亿元奖补资金，进一步扩大农村公益事业建设“一事一议”财政奖补试点范围。

**（二）支持扩大内需取得新成效**

一是支持固定资产投资贴息。目前，根据省预算内基本建设投资计划下达 2.5 亿元贴息资金，另有 5 000 万元省级项目贴息资金有待下达，资金主要用于支持全省固定资产投资项目贷款贴息，有效地带动社会资金的投入。

二是支持中小企业和非公经济发展。安排中小企业暨非公经济发展专项资金 1 亿元，支持企业利用银行信贷资金实施技术改造、扩大再生产和延伸产业链，鼓励和引导中小企业加快发展。安排省级中小企业信用担保体系建设专项资金 5 000 万元，帮助 4 608 户中小企业解决了融资难题。安排中小企业上市培育专项扶持资金 1 000 万元，以奖励或补助的方式扶持已上市或计划上市的中小企业。安排省级服务业发展专项资金 1 000 万元，扶持服务业发展的关键领域、新兴领域和薄弱环节。安排省级外贸发展资金 13 000 万元，扶持项目 700 多个，引导、支持外经外贸企业大力出口高新技术产品、机电产品、农副产品和服务贸易产品，进口先进技术和国内短缺资源。

三是推进家电、汽车和摩托车下乡政策实施。省财政筹集安排补贴资金，制定配套政策推动进“家电、汽车和摩托车”下乡，有效拉动消费市场较快增长。1～10 月，全省补贴用户购买家电下乡产品 188.53 万台，占全部家电下乡产品销售量的

98.1%，销售额34.44亿元，财政部门兑付的家电下乡产品补贴资金4.08亿元，补贴兑付率达93.5%；销售汽车、摩托车下乡产品101.75万辆，销售金额119.46亿元，兑付补贴资金11.81亿元。

四是继续支持实施重要商品储备制度。落实兑现化肥储备财政补贴资金1 200万元，促进云南重点产业的可持续发展。安排猪肉储备资金1 354万元、蔬菜调运资金307万元，在大旱期稳定市场供应，使老百姓吃上放心肉和放心菜。

### （三）支持结构调整取得新进展

大力支持节能减排工作。截至2010年9月，省财政共筹集55.59亿元资金，支持全省节能减排工作。筹集安排“九湖”水环境综合整治及全省生态环境保护专项资金36.08亿元。筹集安排企业节能减排技改及淘汰落后产能奖励资金4.1亿元。落实差别电价政策，将上缴省财政的差别电价收入纳入节能减排专项资金统一管理。筹集安排环境保护能力建设资金5 514万元，重点用于县级监测、监察能力建设、重点污染源自动监控中心建设、水质和空气自动监测站建设等。

加大科技创新方面的投入。安排技术创新暨产业发展专项资金3 000万元，对全省企业科技研发项目、研发成果产业化项目予以支持；安排企业技术改造贷款财政贴息资金2亿元，对全省企业实施技术改造项目贷款予以贴息，确保重点企业和重点技改的顺利实施；安排新型工业化发展专项资金1.2亿元，推进40个省级重点工业园区、特色产业园区、出口加工区基础设施及标准厂房建设；安排外贸扶持发展专项资金1.3亿元，安排可再生能源产业发展专项资金1 000万元，对云南燃料乙醇、生物柴油、太阳能等可再生能源开发利用予以支持。

加大旅游业投入。2010年，省财政安排旅游发展资金1.05亿元、旅游宣传促销费3 000万元支持全省旅游产业改革发展。初步统计，全省160个旅游重大建设项目中，依靠国有和民营企业资本、银行间接融资、外资和股份资本投入合计占计划完成投资的95.11%。

积极支持文化体制改革。安排文化体制改革专项资金1 500万元，用于补助经营性文化事业单位转制过程中的资产评估、审计、政策法律咨询等改革成本支出，并通过财税优惠政策推进文化体制改革。通过几年时间的努力，争取将省级文化产业发展专项资金规模达到1亿元。同时，加强经营性文化事业单位转制过程的资产监管，防止国有文化资产流失。

### （四）民生保障支出取得新佳绩

加大教育支出力度。截至10月份，云南下达2010年农村义务教育学校公用经费补助资金21.8亿元。下达免除城市义务教育阶段学生免学杂费补助资金5 152万元，使城市公办义务教育阶段37.75万名学生免除学杂费；下达家庭贫困寄宿学生生活费补助资金17.33亿元，补助学生273.3万名；下达免费教科书资金6.38亿元，全省634万名义务教育阶段学生享受免费教科书。推进中小学区域布局调整，加大专项资金支持。2010年，安排中小学校舍安全工程专项资金21亿元，着重向民族地区、边疆地区和贫困地区倾斜，预计排除D级危房200万平方米，进一步改善云南民族地区、边疆地区和贫困地区办学条件。继续安排1.5亿元职业教育专项资金，主要用于支持职业教育实训基地建设、基础能力建设，提高师资队伍建设的水平，并对组建的职业教育集团给予支持。新增安排5亿元地方政府债券资金，主要用于州（市）开展职业教育园区建设。继续安排2亿元高等教育发展专项资金，促进学校科研平台、重点学科、师资队伍建设，提高高等教育国际化水平和高等教育质量。

加大社会保障支出力度。顺利推进新型农村社会养老保险试点工作。2010年，省财政共筹措安排补助资金1.56亿元，承担了参保人员每人每年30元的缴费补贴和为重度残疾人代缴的养老保险费。截至2010年9月，省财政共下达新型农村社会养老保险补助资金3.37亿元，确保60岁以上的农村老人基础养老金按时足额发放和云南藏区县实现新农保试点全覆盖，稳步推进云南的新农保试点工作。下达中央财政对地方养老保险补助一般性转移支付资金30.52亿元，确保了云南企业退休人员基本养老金按时、足额发放。

加大医疗救助支出力度。全力推进新农合、城镇居民医保和城乡医疗救助工作。截至2010年9月，省财政厅已拨付中央和省级新农合补助资金37.4亿元；截至9月底，省财政厅拨付中央和省级城镇居民医疗保险补助资金 2.13 亿元；2010 年，省财政厅下达城乡医疗救助补助资金 5.8 亿元。加快实施国家基本药物制度。截至 2010 年 9 月底，省财政厅和省医改办拨付中央和省级补助资金 8 312 万元，用于支持昆明、玉溪、曲靖三个试点市基层医疗卫生机构开展基本药物制度取消药品加成的工作。加强基层医疗卫生服务体系建设。截至 2010 年 9 月底，省财政厅和省卫生厅下拨基层医疗卫生机构设备配置项目省级补助资金 4 032 万元，下拨中央和省级补助基层卫生人员培训资金 1 154 万元。推进基本公共卫生服务逐步均等化建设。截至 2010 年 9 月底，省财政厅拨付中央和省级基本公共卫生服务项目补助资金 6.37 亿元，拨付中央和省级重大公共卫生服务项目补助资金 2.71 亿元。稳步推进公立医院改革。截至 2010 年 9 月底，省财政厅和省卫生厅拨付公立医院省级补助资金 0.96 亿元。

### （五）债务风险管理与绩效建设取得新突破

争取地方政府债券发行额度。经努力争取，财政部最终核定云南 2010 年地方政府债券发行规模为 75 亿元，列全国第 9 位，西部第 2 位。这有效缓解了云南重点建设项目的资金供求矛盾。

加强地方政府融资平台公司管理工作。及时转发了国发《国务院关于加强地方政府融资平台公司管理有关问题的通知》，在省、州、市财政部门成立了加强融资平台公司管理工作领导小组及办公室，加强融资平台公司管理，清理公益性乡村债务试点工作有序推进。

扎实推进效能政府建设。全省财政供养人员经费支出、公务用车购置经费支出、会议经费支出、庆典经费支出、论坛经费支出、因公出国（境）经费支出、出省考察经费支出等方面的节支效果明显。截至 8 月 31 日，全省 1.5 万个单位实施了公务卡结算制度，发放公务卡 45.4 万张。其中，全省县以上行政单位公务卡结算实施比例达 89%，持卡比例达 75%，效能政府建设迈出新步伐。

## 三、2011 年云南财政经济形势展望

### （一）2011 年宏观财政经济形势展望

当前，全国宏观经济向好势头进一步巩固，继续朝着宏观调控的预期方向发展。明年实施的财政政策和货币政策倾向目前仍未明朗，初步判断，宏观经济调控政策仍将保持连续性和稳定性，货币政策更趋稳健，宏观调控政策将逐步由危机应对型向常规型过渡，宏观经济增长也将逐步回归到正常增长轨道上来。

同时，由于宏观经济受制于经济增长的内生动力不足、全球经济不均衡复苏、发达国家主权债务危机频发、经济发展方式转变等因素影响，2011 年云南经济发展中内外部因素仍然十分复杂、不确定因素依然较多、积极变化和一些深层次的矛盾同时显现。综合来看，2011 年云南宏观经济有望延续当前稳步向好的发展势头。

从财政经济形势来看，在保持经济较快增长和化解通胀预期的双重压力下，明年的货币政策可能在保持连续性的基调上，更加注重向稳健型货币政策方向调整。考虑到当前经济正处于向好发展的关键时期，扩内需实施的一大批重大民生工程和重点项目，正在或即将投产，明年继续实施积极财政政策的可能性较大。综合看来，2011 年云南财政经济仍面临着较好的宏观政策环境，但考虑到云南财政收入在短期内增量空间有限，而扩内需的支出需求和保民生支出需求增长迅速，支出基数不断加大，且一些支出需求刚性强，支出任务繁重，因此，未来一段时间，云南财政将在财经形势向好发展和收支矛盾加大的两难处境中保持平稳较快增长势头。

面对 2011 年的经济财政形势，既要看到有利条件和积极因素，又要充分估计各种困难和挑战。把思想和行动统一到深入贯彻落实科学发展观的要求上来，统一到党中央、国务院和省委、省政府的决策部署上来，牢牢把握财政工作的主动权，更加周全地做好应对各种困难和挑战的准备，努力促进云南经济又好又快发展。

## （二）影响财政收入变化的因素分析

1. 2011 年财政增收的有利因素

（1）扩大内需和增加投资有利于财政收入的持续较快增长。

在拉动经济增长的“三驾马车”——消费、投资和净出口中，消费和投资是最为活跃的因素，是推动税收增长的主要动力。2009 年，云南省共争取到国家扩大内需资金 158 亿元，中央代地方发行债券资金 84 亿元；2010 年，继续争取到 75 亿元的中央代地方发行债券额度，当年资金规模列全国第 9 位，仅次于灾后重建中的四川省，列西部第 2 位。扩大内需资金和债券资金重点投向公益性建设项目的配套、重大公益性项目和重点工程建设的配套，带动了更大规模的资金投入，有力地拉动了全省固定资产投资的快速增长。一方面，投资的快速增长带来的税收效应将即期显现，带动税收的较快增长；另一方面，随着重大建设项目的建成投产，对本地经济的后续拉动和税收持续增长将产生长期影响。因此，2011 年，由于扩大内需、增加投资带动的税收增长将成为一个有利的增收因素。

（2）新一轮西部大开发和桥头堡建设将进一步夯实税源基础。

新一轮西部大开发和桥头堡建设中涉及的基础设施、农业、工业化和城镇化、对外经贸关系、社会事业发展、扶贫开发、生态保护和节能减排、城乡统筹、特色产业、科技创新、人才开发、重点经济开发区等方面，将会带动一大批重大项目开工建设，投资形成的直接税收和带动其他产业发展都将促进税收增长，且在 2011 年及今后一段时期内显现。新一轮西部开发的实施和桥头堡建设的推进将成为拉动云南财政收入增长的又一有利因素。

（3）在生态效益补偿等方面可以争取中央财政的更大支持。

随着国家主体功能区划分工作的推进，中央将进一步扩大对限制或禁止开发区的补助范围和补助力度，必将对云南绿色经济强省建设和财政收入增长带来有利影响。生态效益补偿转移支付加大，一方面，可以更好地履行公共财政职责，使处于限制和禁止开发区的居民能够逐步享有均等化的基本公共服务；另一方面，切实加强禁止开发区的保护，并把限制开发区的生态环境修复与农村基础设施建设、产业开发结合起来，实施退耕还林、调整农业结构、增加农民收入，实现人与自然、经济与生态环境的协调发展，带动云南财政、税收收入的增长。

（4）资源税改革将成为地方财政增收的新亮点。

云南作为资源大省，享有“有色金属王国”的美誉。现行的资源税征收范围包括的七个税目中，云南主要资源税源为煤炭、黑色金属矿原矿、有色金属矿原矿、其他非金属矿原矿和盐。随着矿产资源的大量开发利用，当前的资源税制并未使云南的资源优势真正转变为经济优势和财政优势，且税负水平较低、征收范围窄，难以发挥调整级差收益和促进资源合理开发利用的作用，没有很好地体现当地政府对矿产资源的所有者权益，导致调节功能弱化、粗放式开采、环境污染。同时，也在客观上减少了资源税开发输出地的税收收入，导致这些地方没有得到应有的经济利益和合理补偿。2007 年末，云南省资源税收入仅有 6.3 亿元，为当年全省地方财政一般预算收入的 1.3%。实施新一轮西部大开发中，适时出台资源税、改革资源税势在必行。调整方向重点：适当扩大资源税的征收范围，拓展地方税源；将重点矿产品资源税由从量定额计征改为从价计征。资源税改革有望在近期启动，对云南这样一个资源大省来讲，不仅是对资源输出的合理补偿，也会成为今后云南税收增长的一个新亮点。

（5）社会事业发展将带来税收的持续增长。

未来五年是全面建设小康社会的关键时期，是深化改革开放、加快转变经济发展方式的攻坚时期。“十二五”期间，云南小康社会的建设步伐必将加快，收入分配制度改革不断深入，中产阶层群体数量逐步壮大。同时，随着社会保障和医疗制度、就业、教育、新型工业化和城镇化建设、城乡统筹发展等一系列政策措施的完善和实施，全省城乡居民收入将会呈现较快增长态势。城乡居民消费信心将会进一步增强，居民边际消费倾向将显著上升，促进居民消费需求稳步快速增长，启动城乡消费市场必将成为全省财政收入增长的又一个重要支撑因素。

2. 制约云南财政科学发展的不利因素

（1）宏观经济稳步向好，但基础不牢。

经济决定财政。在云南的一般预算收入构成中，税收收入所占份额通常在 80% 以上，所以决定云南一般预算收入增长的关键在于税收收入的增长。从理论上讲，影响税收的增长主要是经济发展、税收政策和税收征管三大因素。由于影响税收增长的政策性因素在近年来趋于稳定，税收征管水平短期内通常难有明显变化，因此，决定财政收入增长的最主要因素是经济发展水平。

当前，全省经济稳步向好势头进一步巩固和加强，但国际金融危机影响的严重性和经济复苏的曲折性仍然存在。必须清醒地看到，云南经济发展中的深层次矛盾仍待破解，经济和社会发展面临的“两难”问题增多，消费市场需求仍然不足，投资增长难以持续快速增长，部分工业行业仍处于恢复性增长阶段，经济发展内生动力不强，经济效益仍待提高，加快经济结构调整、转变经济发展方式的任务十分艰巨，经济稳步向好发展仍面临诸多考验。所以说，诸多不利因素进一步挤压财政增收空间。

（2）财政管理的诸多矛盾和问题有待突破。

一是在现有的财政管理体制下，健全的财政收入自主增长机制尚未形成。由于云南产业结构的特点和税源结构的特殊性，使得云南财政对烟草税收的依赖仍然较强，非烟产业的产值与税收比重仍然较低。二是经济建设和社会发展对财政支出的需求逐年增加，在财政收入增长有限的情况下，财政收支的矛盾突出。同时，云南省以下财力分布极不平衡，省级财政统筹支出的任务繁重，全省财政收支矛盾突出的问题长期得不到缓解。三是省向下转移支付负担重与对上级财政依赖大的矛盾长期以来得不到有效解决。由于云南县域经济发展水平较低，县域财政缺口大，县级财政自给率低，支出对上级财政补助的依赖度高，所以省级财政向下转移支付的任务十分艰巨。同时，财政支出对上级的依赖程度较高，在很大程度上限制了下级财政资金使用的自主性，影响了财政资金的使用效益。四是生产建设型财政向公共财政的转型缓慢。由于云南市场发育不充分，市场主体结构不合理，地方财政仍然以生产建设型财政为主要特征，市场在基础性资源配置中的作用尚不充分，所以公共财政的制度建设仍需不断创新和突破。

（3）地方财政风险不容忽视。

云南地方政府性债务风险近年来增长较快，债务余额持续增加，债务规模大，债务违约率升高、债务风险出现整体偏高等现象应引起高度重视。另外，随着各地经济的发展和地方利益的驱动，全省各级财政隐性赤字增加较为明显，而在政府性债务管理上，却存在着管理不善、制度不全的状况，债务管理的规范性和科学性不高，债务管理制度缺失严重，导致地方政府在债务举借、使用、偿还等方面出现了很多不规范现象，各级政府债务风险加大。

(4) 财政资金使用效益有待进一步提高。

资金使用效益是财政支出结构优化的关键所在。当前，部分财政资金使用效益不高。一是由于资金渠道来自不同部门，各自有不同的管理方式，在一定程度上出现了财政资金使用管理分散现象，导致资金使用分散，影响了财政资金使用效益的发挥。二是财政部门的资金管理分配仍待健全。财政预算安排及部门预算项目支出中，一些可以进行整合的支出项目下达过细，资金用途分散，各级、各部门也没有对资金进行合理规划和适当归并，不利于集中财力办大事，不利于形成资金的整体合力。三是资金挪用、占用、违规使用的情况时有发生，一些地方还存在违反程序、弄虚作假、暗箱操作的现象。四是许多预算单位存在大量的资金结转，而一些地方和部门却面临资金紧缺，资金盈余和资金缺口同时存在，导致资金浪费严重，使用效率低下。

## 三、2011 年推动云南财政科学发展的对策建议

2011 年是“十二五”的开局之年，全省各级财政部门要以科学观展观为指导、认真贯彻落实党的十七届五中全会和省委八届九次全会精神，紧紧围绕中央和省委、省政府的决策部署，努力推进“两强一堡”建设，扎实做好各项财政工作，为实现“十二五”又好又快发展争取“开门红”。

### (一) 紧抓新一轮西部大开发和桥头堡建设机遇，促进云南经济社会发展再上新台阶

一是要积极争取中央加大对云南的财税支持力度。在财政体制方面，争取中央进一步加大对云南的转移支付力度，提高对云南均衡性转移支付补助水平。在税收政策方面，争取中央给予云南适当的税收优惠政策支持，同时，努力争取中央在生态建设、

扶贫开发、禁毒防艾等专项支持方面有所突破。二是要突出公共财政职能，努力加大公共产品建设投入。西部大开发和桥头堡建设不仅涉及公路、铁路、机场等综合交通枢纽建设，而且还囊括了产业、园区、区域经济合作、对外贸易、环境保护等方面的建设。要充分利用西部大开发和桥头堡建设的有关政策，进一步完善财政扶持政策，积极整合财政资源，努力构建公共财政政策保障机制，重点支持事关全省经济社会长远发展的公共产品、重大基础设施和公共服务等建设。三是要发挥财政资金的引导作用，吸引社会资源积极参与“两强一堡”建设。选择财政资金扶持的突破口，通过财政投资、贴息、税收等手段，引导全社会资源支持云南的“两强一堡”建设，吸引财政资金以外的金融资产、产业资本、民间资金、私人投资积极参与到“两强一堡”建设中，拓宽投融资渠道。

### （二）狠抓增收节支，进一步提高财政保障能力

加强税收征管是保证 2011 年云南财政增收目标实现的关键。一是要进一步深化税收征管制度的改革，整顿税收秩序，改进征管方式，严厉打击“偷、逃、骗”税现象，维护公平的市场环境。二是要强化税源的监控，充分挖掘增收潜力，继续抓好重点税种、重大项目、重点行业和重点税源企业的征管，积极培育新税源。三是要加大税务稽查力度，大力清缴欠税，加快税收管理网络和信息化建设的步伐，加强执法队伍建设，做到应征尽征。四是要加强和规范政府非税收入管理。进一步夯实政府非税收入管理基础，强化政府非税收入管理制度建设，积极创新政府非税收入管理体制、机制，深化“收支两条线”管理改革。

财政支出要进一步优化支出结构，厉行节约。一是要严格财政预算监管，压缩一般性支出，努力降低行政成本，特别是要控制会议费、招待费、差旅费等支出。二是要进一步调整和优化财政支出结构，区别轻重缓急，做好资金调度，保证行政事业单位的正常运转，保证基本公共服务的支出需要。三是要勤俭办一切事业，杜绝铺张浪费。认真清理“小金库”，严格执行财经纪律。四是要进一步深化财政改革，提高财政资金的使用效率。

**（三）持续推进公共财政管理体制建设，进一步发挥公共财政管理职能**

在构建公共财政管理体制的过程中，要重点把握好以下几个方面的原则：一是要不断扩大公共产品和公共服务的覆盖范围。要更加清晰地界定政府和市场的边界，财政投资主要解决市场不能解决的领域和方面；要加快财政资金从一般竞争性领域中退出的速度，更多地用于改善民生方面。二是要持续推进基本公共服务均等化。以建设“和谐社会”为目标，财政支出更多地向“三农”、生态环境、社会事业和基层倾斜，重点支持城乡统筹协调发展、医疗卫生和社会保障改革、收入分配改革，进一步扩大社会保险覆盖面，认真落实就业和再就业财税优惠政策，妥善解决失地农民和农民工社会保障问题。三是要逐步建立与公共财政相适应的制度体系。进一步深化预算编制、收入征管、资金分配、预算追加、绩效管理改革，加强财政资金监管，规范财政权力运行。结合省直管县、乡财县管等改革的推进，逐步建立起与公共财政相适应的财政管理体系。

**（四）继续深化财税体制改革，为“十二五”建设开好局**

进一步完善省以下财政体制，不断扩大均衡性转移支付规模，努力改善县乡财政困难状况，增强基层政府基本公共服务保障能力。健全完善“以奖代补、以奖代投”的资金补助机制，综合运用参股、贴息、BOT等多种工具和手段，放大财政资金的引导示范效应。健全完善财政支出绩效管理体系，切实提高财政资金的使用效益。

**参考文献：**

1. 云南省统计局：《云南省2010年1~9月国民经济发展主要数据》，2010年。

2. 国家统计局云南省调查总队：《云南调查》（2010年第一至第三季度）。

（作者单位：云南省财政厅）

# 物价走势分析及预测

刘诗祥

2010 年是金融危机之后的第二年，国内外经济仍处于复苏当中。从云南省前三季度的情况来看，整体上延续了 2009 年经济逐步向好的势头，经济增长势头强劲，同时物价指数也节节攀升，通货膨胀压力逐步显现，通胀预期进一步加强。2010 年前三季度，云南省居民消费价格指数累计为 103.8，而上年同期仅为 100.1。从原因上来分析，当前物价上涨是需求拉动和成本推动共同作用的结果，主要包括投资需求对上游产品价格的拉动，以及输入性因素带来的成本上涨的推力。一旦需求拉动和成本推动两方面因素形成相互推动的循环，推动生活成本和劳动力成本的上涨，有可能对宏观经济环境以及居民生活都带来一定程度的影响，因此政策层面在采取措施减轻物价上涨对居民生活影响的同时，还有必要集中更多精力关注物价上涨可能带来的生产成本不断上升，对经营环境的进一步恶化和对经济竞争能力的影响。

## 一、2009 年前三季度云南省市场价格运行情况

### （一）居民消费价格高位运行

总体来看，云南省前三季度居民消费价格指数同比为 103.8，涨幅较大。从月度数据来看，自 2009 年底以来居民消费价格指数逐步上扬，2010 年 3 月份同比破 4 以后，一直处于高位运行。从与全国的比较来看，云南省居民消费价格指数仍然略高于全国

水平，主要原因在于云南省消费支出中恩格尔系数较高，从而受到食品价格涨幅带动影响较大。2010年前三季度，云南省居民消费价格指数累计为103.8，高于全国平均水平0.8个百分点，居全国各省区涨幅第4位。

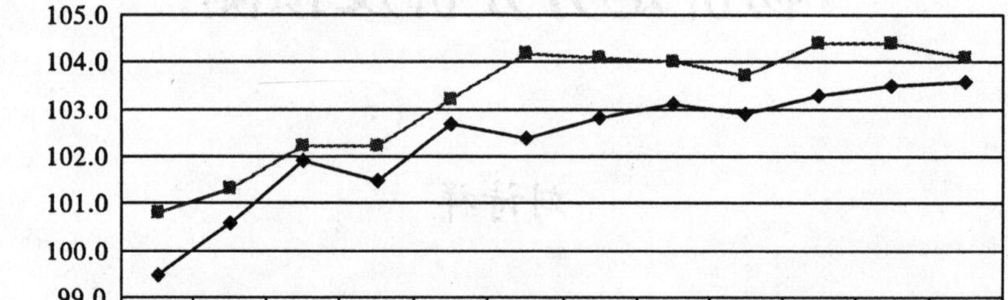

| | 10月 | 11月 | 12月 | 1月 | 2月 | 3月 | 4月 | 5月 | 6月 | 7月 | 8月 | 9月 |
|---|---|---|---|---|---|---|---|---|---|---|---|---|
| 全国 | 99.5 | 100.6 | 101.9 | 101.5 | 102.7 | 102.4 | 102.8 | 103.1 | 102.9 | 103.3 | 103.5 | 103.6 |
| 云南 | 100.8 | 101.3 | 102.2 | 102.2 | 103.2 | 104.2 | 104.1 | 104.0 | 103.7 | 104.4 | 104.4 | 104.1 |

图1　2009年10月至2010年9月云南省与全国CPI涨幅（月度同比）

数据来源：云南省统计局《云南省国民经济主要指标》（2009年10月至2010年9月）。

分品种来看，八大类商品六升二降。食品类和居住类分别上涨8%和4.8%，其价格变动仍然主导了居民消费价格变动。按食品占CPI权重1/3计算，影响CPI变动约2.7个百分点。居住类按约占CPI权重15%计算，影响CPI变动约0.7个百分点。二者合计占前三季度CPI变动的90%。

2010年1~9月居民消费价格指数中八大类商品同比涨幅

| 商品类别 | 1~9月CPI同比涨幅 | 商品类别 | 1~9月CPI同比涨幅 |
|---|---|---|---|
| 食品 | 108.0 | 家庭设备用品及维修服务 | 99.7 |
| 烟酒及用品 | 101.0 | 医疗保健及个人用品 | 104.2 |
| 衣着 | 97.8 | 交通和通信 | 100.2 |
| 居住 | 104.8 | 娱乐、教育文化用品及服务 | 101.4 |

数据来源：云南省统计局《云南省国民经济主要指标》（2010年9月）。

从小类商品来看，前三季度，涨幅较大的小类商品主要有：菜类上涨26.8%，干鲜瓜果类上涨16.9%，粮食上涨13.1%，水产品上涨6.7%，糖上涨10.3%，自有住房上涨8.5%，水电燃料上涨5.6%。同时，从云南省商务厅从企业监测得到的数据来看，前三季度城市生活必需品中，大米、白条鸡、鲜鸡蛋、食盐、白糖、鲜猪肉和水果共七类商品价格比上年同期上涨，其中，鲜猪肉和水果类商品价格分别同比上涨5.4%和3.8%。

### （二）工业品出厂价格指数（PPI）较快上涨

2010年前三季度，云南省工业品出厂价格指数为110.0，2009年同期为88.7，反映了云南省工业经过2009年的短暂低迷之后，逐步进入上升通道，工业品出厂价格也有了恢复性上涨。从与全国的比较来看，云南省的PPI涨幅波动幅度更大，主要是受生产资料类工业，包括有色、黑色、化工、电力等行业景气程度迅速向好的影响。

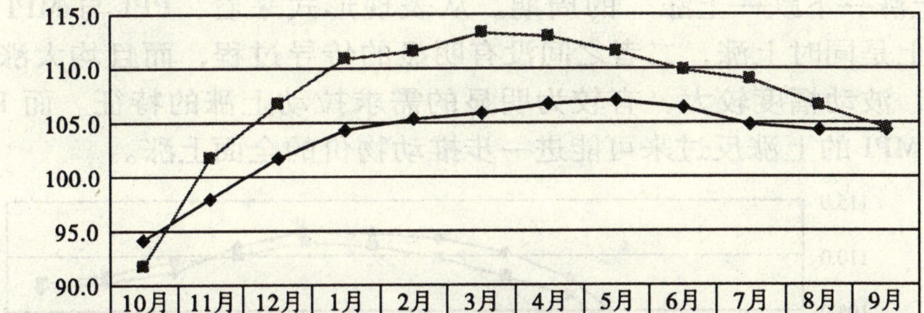


| | 10月 | 11月 | 12月 | 1月 | 2月 | 3月 | 4月 | 5月 | 6月 | 7月 | 8月 | 9月 |
|---|---|---|---|---|---|---|---|---|---|---|---|---|
| —◆— 全国 | 94.2 | 97.9 | 101.7 | 104.3 | 105.4 | 105.9 | 106.8 | 107.1 | 106.4 | 104.8 | 104.3 | 104.3 |
| —■— 云南 | 91.7 | 101.7 | 106.8 | 110.9 | 111.5 | 113.2 | 112.9 | 111.6 | 109.9 | 109.0 | 106.5 | 104.4 |

**图2 2009年10月至2010年9月云南省与全国PPI涨幅（月度同比）**

*数据来源：国家统计局网站及《云南调查》。*

在工业品出厂价格指数构成类别中，2009年前三季度，生产资料类上涨12.7%，生活资料类上涨2.1%。而生产资料类中，采掘类上涨17.2%，原料类上涨18.1%，加工类上涨2.5%。可见，这一轮PPI上涨主要是由生产资料类中采掘和原料工业上涨带动的。

在云南省工业主要行业中，价格上涨幅度较大的行业主要有：有色金属冶炼及压延加工业上涨32.6%，黑色金属冶炼及压延加工业价格上涨8.4%，农副食品加工业价格上涨13%，煤炭开采和洗选业上涨9.8%。

### （三）原材、燃料及动力价格指数冲高维稳

原材、燃料及动力价格指数（MPI）同样在2009年底和2010年初表现出一个迅速上涨冲高的过程，然后逐步趋于平稳。2010年前三季度，原材、燃料及动力价格指数为9%。上涨幅度较大的主要商品类别分别是有色金属材料和电线类涨幅30.6%，农副产品类涨幅11%。按商务厅的统计数据，2010年前三季度，重要生产资料中，橡胶、有色金属和水泥类商品同比分别上涨62.4%、19.9%、29.6%。

结合2007年以来MPI以及PPI的变动情况来看，2010年PPI和MPI的变动更多表现为国内外经济景气程度好转情况下的恢复性上涨。经历了2008年的金融危机，MPI与PPI也经历了一个“上涨—下跌—上涨”的周期。从表现形式来看，PPI与MPI基本上是同时上涨，二者之间没有明显的传导过程，而且均大涨大跌，波动幅度较大，有较为明显的需求拉动上涨的特征。而PPI和MPI的上涨反过来可能进一步推动物价的全面上涨。

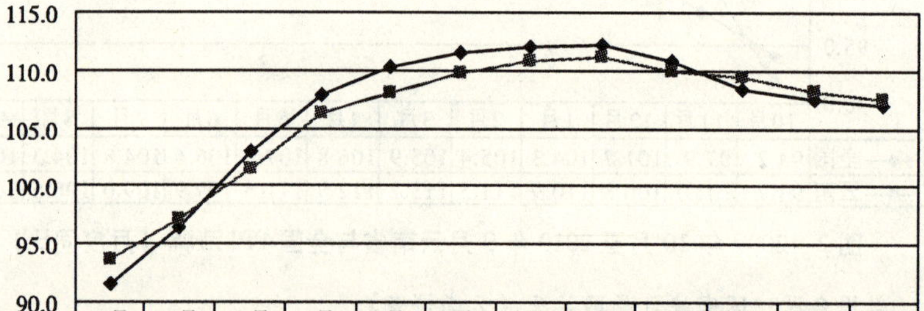

| | 10月 | 11月 | 12月 | 1月 | 2月 | 3月 | 4月 | 5月 | 6月 | 7月 | 8月 | 9月 |
|---|---|---|---|---|---|---|---|---|---|---|---|---|
| 全国 | 91.6 | 96.4 | 103.0 | 108.0 | 110.3 | 111.5 | 112.0 | 112.2 | 110.8 | 108.5 | 107.5 | 107.1 |
| 云南 | 93.7 | 97.2 | 101.5 | 106.4 | 108.0 | 109.8 | 110.8 | 111.1 | 109.9 | 109.5 | 108.2 | 107.6 |

**图3　2009年10月至2010年9月云南省与全国MPI指数涨幅（月度同比）**

数据来源：国家统计局网站及《云南调查》。

## 二、2010年云南省物价走势原因分析

从原因上来看，本轮通货膨胀的发生是国内外需求与供给多方面因素综合作用的结果，既有需求拉动的因素，也有成本推动的因素。国内经济趋好、流动性过剩，加上投资渠道仍然不畅、资产价格不断上涨带来实体经济投资收益率相对下降、导致投机

现象严重等，都是影响本轮通货膨胀的因素。同时，国际市场流动性充裕、国外资本流入、大宗商品价格上涨也是本轮通货膨胀现象的助推因素。从需求方面来看，主要是经济趋向过热和流动性充裕影响；从供给方面来看，主要是国际大宗商品价格上涨带动国内关键性资源材料价格上涨，以及劳动力成本上涨引起食品价格上涨等因素。

### （一）宏观经济快速复苏是本轮通货膨胀的基础性因素

与2007—2008年经历的通货膨胀类似，2010年价格上涨仍然首先是在宏观经济趋向过热、经济景气程度不断向好的背景下发生的。面对金融危机，中央和地方政府采用了多方面的刺激政策，很快使经济逐步复苏。从2010年前三季度数据来看，包括GDP、固定资产投资等关键数据的增速已经靠近或超过2007年的水平。经过金融危机后2008—2009年宏观经济的短暂回调，目前宏观经济已经再次走在逐步复苏的轨道上，并且已经出现了部分经济领域趋于过热的迹象。伴随着经济快速复苏，物价快速上涨也成为必然。

同时，货币投放过快也是造成通货膨胀的重要因素。2009年和2010年大量的信贷投放虽然有助于经济从全球金融危机中快速复苏，但也加剧了国内流动性过剩的货币环境，增加了物价上涨压力。2009年GDP增长9.1%，货币供应量增长32%，这是非常典型的通货膨胀货币环境。如果没有流动性过剩的环境，仅仅是所谓的食品价格和非食品价格因素上涨，可以说是结构性通胀。如果结构性因素遇到流动性宽松环境，有可能推动物价的循环上涨。

另外，虽然通货膨胀是货币现象，但货币供给扩大并不一定造成通货膨胀。前期经济刺激政策并未能形成较好的宏观经济环境，反而加剧物价上涨趋势，这与实体经济中一些不健康因素有关。如2010年贷款总额计划为7.5万亿元，由于实体经济投资渠道不畅，经营环境有所恶化，大部分贷款下去之后并没有进入实体经济，而是通过各种途径进入了投机领域，各地涨价潮此起彼伏。在轮番的炒作下，居民越发感觉口袋里钱不值钱，急于出手，持币待购，结果通胀预期加强，也反过来在一定程度上促进了物价上涨。

### （二）食品价格上涨是本轮通货膨胀的重要结构性因素

目前来看，食品价格上涨仍然是本轮通货膨胀的主导成分，食品价格变动基本上左右了 CPI 的变动。而食品类中，粮食、肉类、蔬菜、水果是本轮涨幅较大的几类商品。

国际大宗商品价格上涨是食品价格上涨的一个短期性助推因素。金融危机后国际大宗商品价格大幅下跌，2009 年以来，国际主要粮食价格普遍低于国内粮价，但随着全球经济不断复苏，国际主要粮食价格已经逐步上扬，对国内粮价上涨起到一定助推作用。

资源要素价格上涨是影响农产品涨价的长期和主要因素。一是劳动力成本不断上涨。劳动力成本约占粮食、蔬菜种植成本的 35% 和 40%，劳动工资上涨能较明显地影响到食品价格。2003 年以来劳动力成本大幅上涨，已经成为推动粮食、蔬菜价格攀升的重要因素。由于人口结构变化、政府有意提高劳动收入以推动经济转型等因素，预计未来数年劳动力成本仍会延续较大涨幅，加上资源要素价格改革，农业生产资料成本可能进一步明显上升，将在长期推动粮食价格逐步上涨。另一个因素则是城镇化的迅速发展，农业用地不断减少，也会增加农业生产的成本，导致农产品涨价。

### （三）输入性因素是助推本轮通货膨胀的外部因素

本轮通货膨胀带有明显的输入性特征，美元启动第二轮量化宽松政策，正常途径往市场注入流动性达 6 000 亿美元，引起较大市场动荡。大量流动性注入全球市场，各国货币升值趋势预期较强，而日本为了阻止日元升值，也启动宽松货币政策注入流动性，进一步恶化国际环境。大量的新资本四处寻找出路，刚好人民币升值预期强烈，且形成长期趋势，再加上加息吸引热钱流入，从而很大程度上刺激了国内通胀的高涨。

另外一个是大宗商品价格上涨，供应价格指数在继续上涨，是本轮通货膨胀的重要外部供给性因素。石油、钢铁作为工业生产两种最基本的资源品和原材料，对工业品出厂价格指数影响较大。而国内石油、钢铁对国际市场的依赖程度较大，其价格走势也基本上依赖于国际市场价格变动。在国际市场流动性充裕的情况下，国际大宗商品价格持续上涨，对国内进口商品价格产生较大影响。

综合来看，2010 年前三季度所表现出来的物价上涨，是经济刺激政策所带来的投资等需求因素拉动和输入性因素为主导的成本推动共同作用的结果。首先是由于国内需求，尤其是投资需求旺盛直接带动了上游产品价格上涨，同时加上国际市场流动性充裕，大宗商品价格上涨引起的输入性因素的推动，两方面因素共同导致的。尤其值得关注的是，在刺激政策的带动下，两个方面的因素有可能形成一个循环，一方面投资需求带动上游产品涨价，以及资产价格也不断上涨，逐步传导到下游导致生活成本上升，带来劳动力成本上涨；另一方面下游劳动力成本不断上涨，最终有可能推动物价的全面上涨，并形成一个相对长期的物价上涨趋势。

## 三、对 2011 年云南物价形势的预测

2011 年是金融危机之后的第三年，国际、国内宏观经济整体上将继续延续金融危机后的复苏态势，物价形势仍然面临较大上涨压力。从影响 2011 年物价走势的各方面因素来看，既有对保持物价平稳有利的因素，如经济刺激政策逐步退出，宏观经济仍然保持了良好的增长势头，产能持续扩大等，也有一些不确定因素，如国际大宗商品价格走势变数仍然较大，同时也有一些不利因素，包括国际市场流动性泛滥，国际资本大量涌入，引发国内货币超发等。

### （一）以扩大需求为主的经济刺激政策正在逐步退出

从国内经济的情况来看，2011 年表现出较强的复苏态势和良好的增长势头，国内固定资产投资、制造业、房地产投资、社会消费品零售总额等数据仍然保持了较快的增长，金融危机的影响在逐步减小，为应对金融危机而生的刺激政策也正在逐步退出，货币政策逐步回归常态。从目前的政策导向来看，货币政策正在逐步收紧，趋向于通过提高存款准备金率以及公开市场操作来收缩流动性。经济刺激政策的退出有望使总需求增长保持在一个相

当温和的水平，同时经济增长依然保持良好势头，产能持续释放也有助于减小物价上涨的压力。

另外，进入后危机时代，经济刺激政策也可能有所转向，逐步转向以减税和扩大收入为主导，这也将对物价上涨压力的释放是一个长期利好。因为经济刺激政策转向对供给的刺激有助于产能的良性扩张，增加总供给，从而平抑市场涨价压力。

### （二）国际资本大量流入增加物价上涨压力

从国际经济形势来看，世界经济形势总体仍然低迷，仍处于缓慢复苏的调整期。发达国家利率水平已经达到1%左右，处于极低水平。在继2008年金融危机期间美联储推出第一轮量化宽松政策之后，目前美联储又宣布推出第二轮定量宽松货币政策，将在2011年6月底以前购买6 000亿美元的美国长期国债，以进一步刺激美国经济复苏。在这样的背景下，巨大利率差导致国际资本大量进入新兴市场国家，导致新兴市场国家通货膨胀水平居高不下。据野村证券的估计，发达国家消费价格指数2010年将上涨1.5%；新兴市场国家2010年上涨5.3%，2011年上涨5.7%。

### （三）食品类价格走势仍存诸多变数

尽管我国粮食价格受到政府控制，与国际粮价并不接轨，主要农作物里，唯有大豆因进口需求较大而与国际价格接近。不过，在国家扶植农业生产、维护农民利益的大前提下，加之国际农产品市场价格居高不下的背景，估计2011年国内食品仍将继续走高，仍然会成为推动居民消费价格上涨的重要因素之一。另外，食品价格也会受到一些短期因素的影响，如自然灾害，包括气候以及传染病等，因此仍存在不少变数。但总体上来看，2011年食品价格上涨压力估计会小于2010年，不会出现2010年食品类中粮食、蔬菜、肉类、水果等小类商品价格的全面上涨。

### （四）国际市场流动性充裕，推动国际大宗商品价格上涨

在云南省乃至全国进口产品结构中，能源、原材料均占较大比重。2010年中国进口产品中，能源、原材料的占比达到了49.5%。而云南省由于产业结构等因素的影响，对国际市场原材

料及资源性产品的依赖程度更大。据商务厅前三季度数据显示，仅金属矿砂进口占全省进口总额的47.8%。在这种情况下，国际市场价格能够直接影响国内上游产品价格。2010年第三季度，国际大宗商品价格开始出现新一轮的快速上涨。虽然原油价格上涨并不剧烈，但有色金属、大宗农产品等上涨幅度较大。预计随着美国继续推行量化宽松政策，大量向国际市场注入流动性，国际市场价格波动将更为剧烈，可以预期2011年大宗商品价格总体上将继续上涨，输入性因素推动物价上涨的压力将会继续增大。

总体上来看，2011年，云南省乃至全国经济仍然将面临较大物价上涨压力。在全球流动性过剩的背景下，输入性因素仍将继续推动国内物价上涨，而同时国内上游产品价格上涨将逐步传导到中下游行业。因此，预计云南省2011年全年价格将出现前高后低的走势，全年峰值可能出现在第一季度，全年价格上涨幅度预计在3.5%~4%之间，但不排除由于投资拉动导致经济再次过热推高物价上涨幅度。

## 四、对2011年物价工作的几点建议

2011年将是“十二五”的开局之年，要采取有效措施，谨慎应对当前物价上涨的压力，着力控制物价上涨对经济发展与人民生活的影响程度，同时也要采取一些长期的制度化措施，为经济良性发展努力创造稳定的宏观经济环境，保障经济长期内生增长的良好趋势。

### （一）树立对待物价上涨应有的态度

目前来看，食品价格上涨仍是物价上涨的重要因素，而随着城市化进程的不断加速，政府长期致力于提高居民收入的努力，以及扶持农业生产、维护农民利益的各项举措，都会带来食品价格的逐步上涨、人民生活成本的上升和劳动力成本的不断上涨，这些因素预示着物价上涨将是一个长期持续的过程。因此，必须对食品价格上涨有充足的心理预期，必须将政府工作重心仍然放在促进经济的良性增长上来，用产能的不断扩张、效率的不断提升、人民收入的不断提高来化解物价上涨对经济生活的不良

影响。

另外，面对物价上涨，我们更应该关注什么？目前理论和政策层面都比较关注物价上涨对人民生活的影响，但目前的物价上涨如果继续发展，再加上人民币升值的长期趋势，会导致企业经营成本不断上升，经济环境不断恶化，最终导致整体经济竞争能力不断弱化，从而使经济陷入所谓“中等收入陷阱”当中，这也是需要更为关注的通货膨胀的深层次影响。当前的物价上涨可能预示一个生产成本快速上涨的经济发展时期即将来临。面对这一影响，只有通过经济效率的提升，要么努力提高生产效率，要么努力提升产品附加值，才能逐步化解通货膨胀对生产成本的不利影响，保持经济在国际上的竞争能力。这才是面临物价上涨更应该关注与谋划的问题，而从化解企业经营成本的角度入手，减税、加强研发等这些供给性措施应该成为新一轮刺激政策的新重点。

### （二）完善通货膨胀的各项应对机制

目前政策层面倾向于把控通胀作为治急发病的短期任务，往往是通货膨胀已经出现，担心对居民生活和社会稳定造成影响，才开始重视，治理手段上又往往是包括行政干预在内的各种手段齐上。目前出台的物价调控措施，尤其是针对部分农产品价格的调控措施，具有明显的短期性和行政干预性，较为被动，效果也难以持久。同时，一旦通货膨胀出现，控通胀的措施往往也会影响到宏观经济环境的稳定，以及一些长期目标，如调结构等任务的实现。因此，有必要建立和完善应对通货膨胀的各项机制，尽量多一些市场，少一些政府，逐步退出应对危机的各项刺激政策，回归经济的内生增长轨道上来。当前应在尊重市场规律的基础上，完善一些与物价相联系的机制，如社会保障与物价指数之间的联系机制，同时，政策的重心仍然要放在经济结构的长期调整、促进技术的不断进步、资产价格的控制以及一些制度化改革，如收入分配体制改革、社会保障制度改革上，用经济结构调整、效率的提升和制度改革的不断深化，为经济良性增长创造良好的经济宏观环境，不断地强化经济的内生增长能力。

### （三）切实做好当前防通胀的各项工作

物价与民生关系密切，在关系民生的各个领域，尤其是食品价格方面，必须按照中央部署，切实做好确保市场供应，降低流通成本，减少流通费用，对低收入阶层进行物价补贴等方面的各项工作。

### （四）努力做好资产价格上涨的防控工作

资产价格的上涨会恶化经济运行环境，带来人民生活成本的不断上涨，不利于投资的稳定增长和人民生活水平的稳步提高，并最终会影响到经济增长与社会稳定。要继续坚持2010年上半年中央政府的调控导向，加大执行力度，一方面打击投资投机，在物业税因操作难度大而暂时难以出台的情况下，用差额税率对持有多套住房者、持有年限较短者征收高额交易税；另一方面要继续加大保障性住房建设力度，逐步加大政府住房保障力度，规范保障性住房的后续管理。同时，也需要在减轻地方财政对土地拍卖的依赖方面，以及房地产投资对银行信贷的依赖方面，在房地产开发兼顾多方面利益、更为人性化方面，努力采取一些适当措施，作一些调整。

**参考文献：**

1. 云南省统计局：《简明统计资料》，2010年1~9月。

2. 国家统计局云南省调查总队：《云南调查》（2010年第一至第三季度）。

（作者单位：云南省社会科学院经济研究所）

# 云南就业形势分析与预测①

宋 媛

2010 年，云南省高度重视就业工作，采取了多种措施，使全省的就业保持了良好的发展态势。1～11 月，全省城镇新增就业人数 25.46 万人，登记失业率 4.24%，第三产业依然是吸纳非农就业最重要的产业，第二产业就业吸纳能力有所增强，受金融危机影响，非公有制单位对劳动力的需求继续减少。从全省劳动力市场反馈的信息看，劳动力市场供求矛盾依然突出，行业、技能等结构性失衡是主要矛盾。从动态看，2011 年云南就业压力依然很大，技能性劳动者需求量大，普通技能的劳动者就业形势不容乐观。

## 一、2010 年云南省就业形势分析

2010 年，面对百年一遇的旱灾和欧洲债务危机的影响，云南省委、省政府深入贯彻落实中央的决策部署和宏观调控政策，紧紧围绕全年经济社会发展目标，全面做好稳增长、调结构、抓创新、惠民生的各项工作，保持全省经济运行“高开稳走、持续向好”的发展势头，带动了就业稳定增长。同时，国家和省委、省政府出台了一系列稳定和扩大就业的措施，以应对产业结构调整、经济发展方式转变、城镇化快速发展、人口老龄化提前到来

① 本报告在调查和写作过程中得到了云南省劳动就业服务局的大力支持，提供了相关资料和数据。文中如有不妥之处，由笔者自负。

等新情况对就业的影响，来缓解劳动力总量供大于求、结构性矛盾突出等老问题对就业的压力，保证了就业形势和社会的稳定，使就业呈现良好的发展态势。

### （一）2010 年就业形势总体稳定，城镇登记失业率控制在 4.24%

2010 年 1～11 月，全省城镇新增就业人数 25.46 万人，完成年度目标任务 22 万人的 116%；下岗失业人员再就业 7.06 万人，完成年度目标任务 7 万人的 100.8%。其中，就业困难对象就业 6.02 万人，完成年度目标任务 6 万人的 100.4%；收集、公开发布高校毕业生就业见习岗位信息 20 160 个，组织 13 547 名高校毕业生到岗见习，完成人力资源和社会保障部下达给云南 1 万人目标任务的 135.5 %。全省开发公益性岗位 35 776 个，完成 35 000 个目标任务的 102%，消除“零就业家庭”1 885 户，实现“零就业家庭”动态清零；城镇期末登记失业率 4.24 %，控制在 4.4% 的范围内，保持了就业局势的总体稳定。[①]

### （二）第三产业依然是吸纳非农就业最重要的产业，第二产业就业吸纳能力有所增强

由图 1、2、3 可见，目前云南省三次产业就业存量的顺序依次为一、三、二，第二、三产业就业存量比重呈逐年上升趋势，第一产业就业存量比重则呈逐年下降趋势。2009 年，云南省就业人口总量达到 2 684.8 万人，占当年人口总数的 59%。其中第一、二、三产业就业人员分别为 1 672.5 万人、321.3 万人和 691 万人，所占比重分别为 62.3%、12% 和 25.7%，与 2008 年相比，第一产业就业人口下降了 1.3 个百分点，第二、三产业分别上升了 0.7 个百分点和 0.6 个百分点。2009 年，当年新增就业人数 46.4 万人，其中第一、二、三产业就业人员变化分别为：第一产业下降了 5.9 万人，第二、三产业分别增加了 22.7 万人和 29.6 万人，第三产业依然是吸纳新增就业最重要的产业。但是，与 2008 年相比，第三产业就业增量下降，第二产业就业增量上升，第二产业对就业的吸纳能力有所增强。2010 年，第二、三产业对

① 数据来源：云南省劳动就业服务局。文中数据如没有注明，都来源于云南省劳动就业服务局资料和云南统计年鉴。

就业的吸纳能力还将增强。

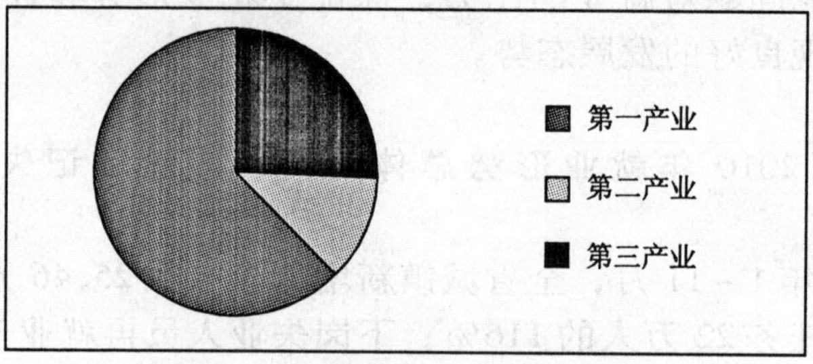


图1 2009年云南省产业就业人数比例

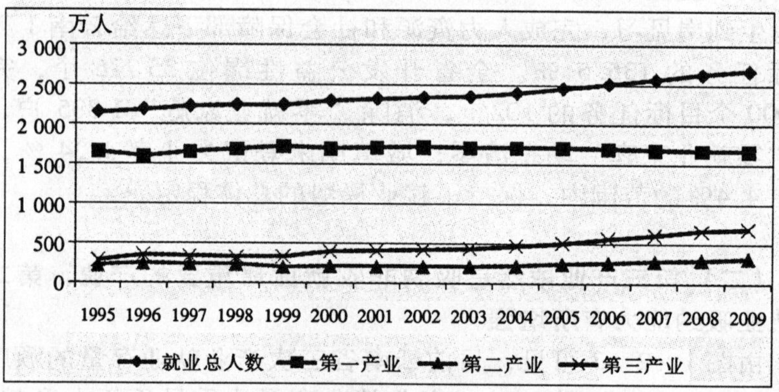


图2 1995~2009年云南省产业就业人数存量图

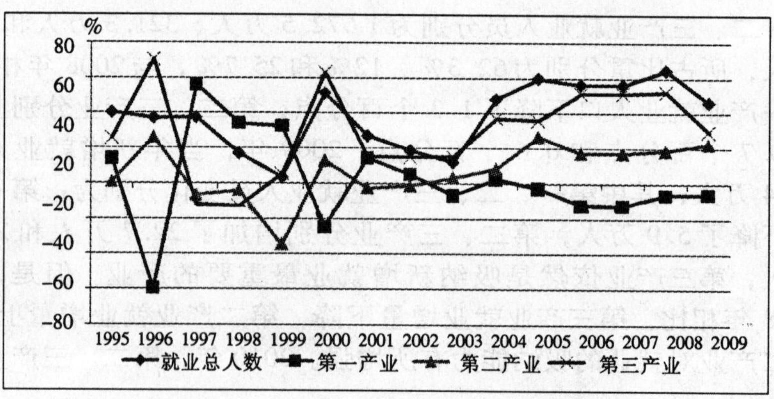


图3 1995~2009年云南省产业就业人数增量图

数据来源：《2010云南统计年鉴》。

### （三）非公有制单位劳动力需求减少

总体来说，2009 年云南省就业增长依然主要依靠非公有制单位，就业人数增长了 20.1 万人，占城镇新增就业人数的 91.8%，其中私营企业就业人数增长 11.9 万人，占城镇新增就业人数的 54.3%。但是，在不同所有制单位就业的增长情况中，国有单位就业相对比较稳定，虽然 2005 年以前就业每年平均减少 5.24%，但是 2006 年以来都是保持增长，2006 年、2007 年、2008 年、2009 年分别增长了 1.54%、2.54%、1.49%、0.13%，尤其是 2009 年在严重的经济危机中不降反升，发挥了就业稳定器的作用。就业受影响较大的主要是集体单位和非公有制单位。集体单位 2000 年以来除了 2006 年外就业人数一直处于下降趋势，年均减少 8.32%；非公有制单位（包括其他单位、其他就业人员、城镇个体和私营就业人员）2000 年以来，除了 2006 年、2009 年就业人数增长一直维持在 11% 以上，年均增幅 15.23%，但是 2009 年就业增长幅度回落到 6.37%，比 2008 年下降了 10 个百分点，尤其是城镇个体和私营就业人员增幅比 2008 年下降了 16.7 个百分点。由于非公有制单位就业人数占城镇就业人数的 65.61%，10 个百分点就业增量的减少对就业形势影响较大（见图 4、图 5），2010 年将有所回升，但回升幅度应在 10% 以下。

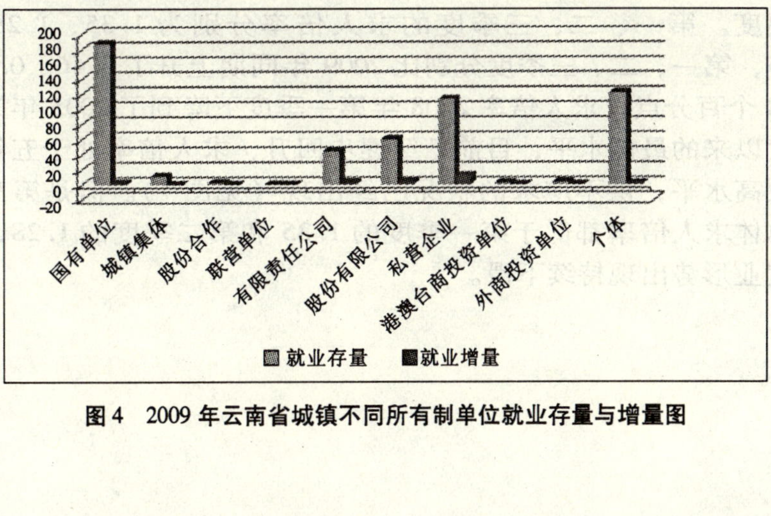


图 4 2009 年云南省城镇不同所有制单位就业存量与增量图

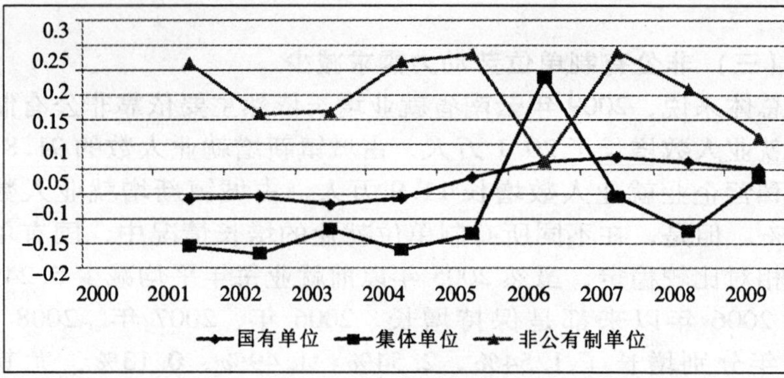


图 5　2000～2009 年不同所有制单位就业增长趋势

注：非公有制单位，包括其他单位、其他就业人员、城镇个体和私营就业人员。

数据来源：《2010 云南统计年鉴》。

### （四）劳动力市场供求状况活跃，求人倍率保持在 1 以上

云南省人力资源和社会保障部门根据 2010 年 16 个州、市劳动力市场及部分民办职业介绍机构所统计的劳动力市场职业供求状况数据分析表明：劳动力市场供求人数逐渐回升，劳动力需求旺盛（见图 8）。从 2010 年第一、二、三季度，劳动力市场供求人数逐渐上升，尤其是劳动力需求人数持续快速上升。2010 年第三季度，需求人数比上年同期增加了 1.81 万人，求职人数却比上年减少了 0.85 万人，需求人数的增长幅度高于求职人数的增长幅度。第一、二、三季度的求人倍率分别为 1.35、1.28 和 1.15，第一、二、三季度分别比 2009 年同期上升了 0.46、0.38、0.18 个百分点，求人倍率 2008 年第一季度下降到了 2005 年第二季度以来的最低水平，目前已经逐步回升，求人倍率处于五年来的较高水平，供不应求的状况已经出现（见图 7）。但是第三季度总体求人倍率都低于第一季度的 1.35 和第二季度的 1.28，表明就业形势出现持续下滑。

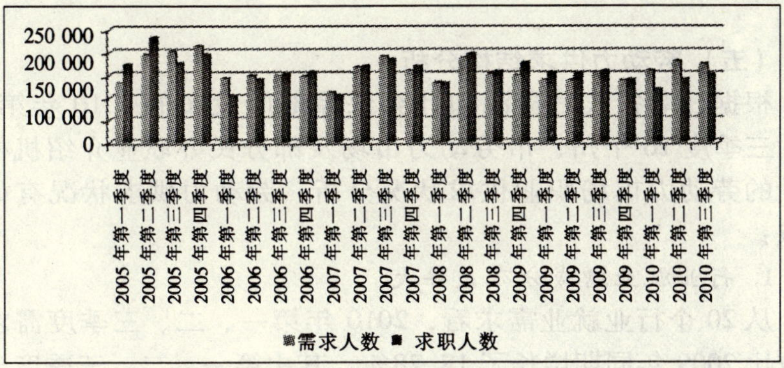


图 6　2005 年第一季度至 2010 年第三季度劳动力市场供求情况变化

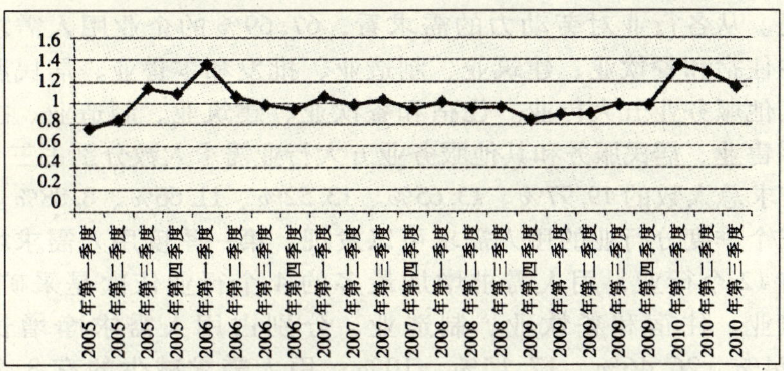


图 7　2005 年第一季度至 2010 年第三季度求人倍数变化图

资料来源：云南省人力资源和社会保障网。

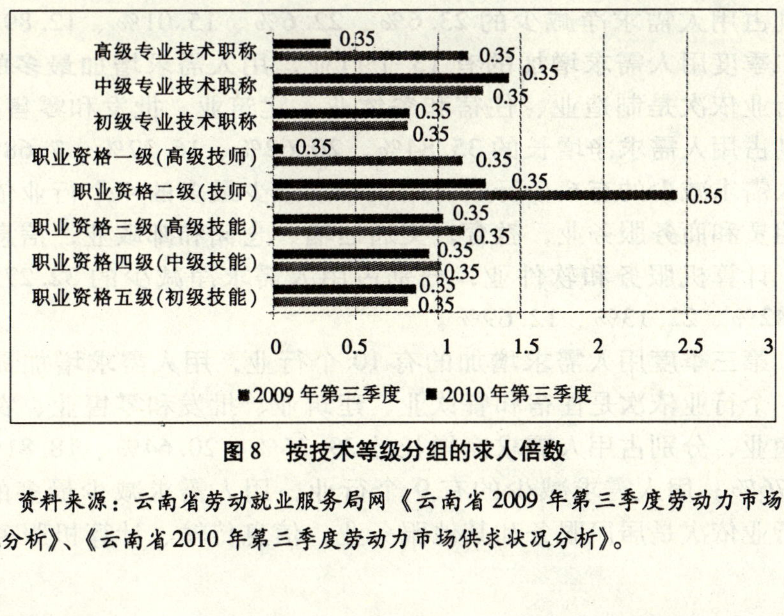


图 8　按技术等级分组的求人倍数

资料来源：云南省劳动就业服务局网《云南省2009 年第三季度劳动力市场供求状况分析》、《云南省2010 年第三季度劳动力市场供求状况分析》。

**（五）劳动力供求结构分析**

根据云南省人力资源和社会保障部门发布的2010年第一、二、三季度16个州、市劳动力市场及部分民办职业介绍机构所统计的劳动力市场职业供求状况分析，劳动力供求状况有如下特点：

1. 行业就业增减分布差异大

从20个行业就业需求看，2010年第一、二、三季度需求总人数比2009年同期增长了18.78%，其中第一、二、三季度分别比2009年同期增长15.57%、29.97%、11.68%，就业需求增长明显。从各行业对劳动力的需求看，67.69%的企业用人需求集中在住宿和餐饮业、建筑业、制造业、批发和零售业、居民服务和其他服务业五大行业。住宿和餐饮业、建筑业、制造业、批发和零售业、居民服务和其他服务业五大行业需求人数分别占三个季度需求总人数的19.97%、13.65%、13.52%、11.66%、8.88%。比较三个季度分行业的用人需求可以发现，第一季度用人需求增加的有12个行业，用人需求增加最多的4个行业依次是采矿业、建筑业、住宿和餐饮业、制造业，分别占用人需求净增长的26.74%、26.46%、17.15%、10%；用人需求减少的有8个行业，用人需求减少最多的4个行业依次是教育，卫生、社会保障和社会福利业，科学研究、技术服务和地质勘察业，房地产业，分别占用人需求净减少的23.6%、22.6%、15.01%、12.89%。第二季度用人需求增加的有13个行业，用人需求增加最多的4个行业依次是制造业、住宿和餐饮业、建筑业、批发和零售业，分别占用人需求净增长的35.84%、20.62%、16.27%、7.68%；用人需求减少的有6个行业，用人需求减少最多的4个行业依次是租赁和商务服务业，教育，交通运输、仓储和邮政业，信息传输、计算机服务和软件业，分别占用人需求净减少的32.27%、27.42%、22.13%、12.69%。

第三季度用人需求增加的有10个行业，用人需求增加最多的4个行业依次是住宿和餐饮业、建筑业、批发和零售业、农林牧渔业，分别占用人需求净增长的29.26%、20.64%、18.81%、13.76%；用人需求减少的有9个行业，用人需求减少最多的4个行业依次是居民服务和其他服务业，信息传输、计算机服务和软件业，交通运输、仓储和邮政业，制造业，分别占用人需求净减少的39.46%、17.30%、10.97%、9.58%。可见，第二季度同比增长很快，第三季度同比增长下降了18.29个百分点，制造业的就业需求大幅度增长是第二季度的就业总需求大幅上升的主要因素；制造业的就业需求下降也是第三季度就业总需求大幅下降的主要因素。

2. 近期中级技术劳动力需求量较大，高级技术劳动力需求大幅度减少

2010年第三季度的数据显示，从需求来看，70.11%的用人单位没有技术要求，劳动力需求主要集中于非技术性的岗位，仅有29.85%的单位有技术要求，主要集中在职业资格五级、职业资格四级和初级专业技术职务，其所占比重合计为25%。从求职人员的技术等级构成来看，59.52%没有技术等级或职称，有40.48%的求职者具有某种技术等级资格，主要集中在职业资格五级、职业资格四级和初级专业技术职务，其所占比重合计为33.11%。从供求对比看，各技术等级除了中级专业技术职务和职业资格二级、职业资格三级以外的求人倍率均在1以下，中级技术型劳动力需求大于供给，但是高级技术劳动力的求人倍率下降幅度很大，求人倍率起伏较大，很不稳定。其中求人倍率较高且稳定增长的是中级专业技术职务，其求人倍率为1.43，比上年同期增加了0.11；职业资格二级、职业资格三级的求人倍率较高，分别是1.29和11.03，但比上年同期分别下降了1.15和0.13。中级专业技术职务、职业资格五级的求人倍率在1以下，但略有上升且比较稳定。

3. 劳动力供不应求的职业

从各类职业的需求状况看，商业和服务业人员、生产运输设备操作工既是用人需求的主体职业，又是求职人员集中的职业，分别占用人需求和求职人员的58.08%和50.27%。从供求状况对比来看，商业和服务业人员、专业技术人员、办事人员和有关人员、生产运输设备操作工与农林牧渔水利生产人员的求人倍率均大于1，分别为1.43、1.15、1.1、1.17、1.01，劳动力需求大于供给。从具体职业看，从事一般性技术的熟练工种如话务员、秘书/打字员、财会人员、物业管理人员、行政办公人员、机动车驾驶员、营业/收银人员等供大于求。供不应求的岗位主要有

三类：一是对技术要求不高、对体力要求高的人员，如其他餐饮服务员、力工、餐厅服务员/厨工；二是有一定专业技术、对责任心要求较高的人员，如推销/展销人员、保育/家庭服务员、商业和服务业人员、办事和有关人员；三是对专业技术要求较高的人员，如农林牧渔水利水产人员、专业技术人员。

## 二、2010年积极就业政策成效显著

2010年，云南省继续实施积极的就业政策，在坚决贯彻执行中央出台的政策基础上，云南省制定了一系列促进就业的政策措施，针对当前高校毕业生、就业困难人员、农民工面临的就业压力，通过开展2010年高校毕业生就业推进行动，实施“就业服务与援助”、“创业带动就业”等，保持高校毕业生和就业困难群体的就业总体稳定；通过加强农民工培训等措施，进一步改善农村劳动力转移就业环境，努力解决农民工就业问题；通过颁布法律法规及相关文件，加强对就业权利的保障；通过开展各种形式的职业培训，建立健全面向全体劳动者的职业培训制度，提高劳动者职业技能水平，为促进就业提供人才支持。基本实现以重点对象的就业带动和促进整体就业工作，确保云南省就业局面基本稳定。

### （一）积极鼓励创业，实现了创业带就业的倍增效应

一是扩大小额担保贷款帮扶。2010年1月至12月9日，全省新增发放失业人员小额担保贷款130 876.9万元，扶持2.7万人创业；新增发放劳动密集型小企业小额担保贷款203户，2.23亿元，带动8万多人就业。二是积极推行“贷免扶补”模式。截至11月，全省通过“贷免扶补”模式实现自主创业3.48万人，发放创业小额贷款金额17.32亿元，带动了10.45万人就业，创业小额贷款还款率97.75%，达到了省政府还款率不低于95%的规定要求。

### （二）继续执行援企稳岗政策

2010年4月，为进一步做好减轻企业负担、稳定就业局势有

关工作，云南省人力资源和社会保障厅、云南省财政和云南省地方税务局联合转发《人力资源和社会保障部　财政部　国家税务总局关于进一步做好减轻企业负担稳定就业局势有关工作的通知》，将“允许困难企业在一定期限内缓缴社会保险费”、“阶段性降低四项社会保险费率”、“使用失业保险基金帮助困难企业稳定就业岗位”和“鼓励困难企业通过开展职工在岗培训等方式稳定职工队伍”等四项政策执行期限延长至2010年底。2010年内失业保险基金不出现缺口的统筹地区失业保险缴费费率统一下调为1.5%（其中单位1%，个人0.5%）。符合困难企业认定条件的企业，申请社会保险补贴（养老保险、医疗保险、失业保险）的补助标准调整为55%～80%，具体补助标准由各统筹地根据失业保险基金结存情况确定。2010年1月1日至2010年12月31日期间认定的困难企业，2010年度内给予社保补贴、岗位补贴、在岗（转岗）培训补贴，给予享受缓缴社会保险费最长期限不超过6个月，缓缴执行期限截止时间为2010年12月31日；2009年度享受社保补贴、岗位补贴未满的困难企业，2010年继续给予补贴至期满；2009年内已认定为困难企业但未享受三项补贴等政策的，可在2010年给予政策扶持。在困难企业认定工作中，同等条件下，重点向中小企业、大中型资源类企业倾斜。截至11月底，全省使用失业保险基金支付三项补贴17 033万元，帮助1 062户困难企业稳定11.61万个就业岗位。

**（三）积极实施多种就业帮扶政策，高校毕业生就业率稳中有升**

近几年，云南省高校毕业生规模大幅递增，就业压力逐年增大，云南省有关部门转变服务毕业生就业工作方式，拓展毕业生就业空间，2010年整合有效资源，加大了跟踪帮扶的力度，在就业服务、创业教育和实践等方面实现了三大转变，促进了云南省高校毕业生就业率稳中有升，[①] 省委高校工委副书记陶晴称，截至9月1日，高校毕业生就业率为82%。[②]

---

① 转引自《整合资源　拓展空间　云南省高校毕业生就业率稳中有升》，载新华网云南频道，2010年7月4日。

② 转引自李明生《云南省2010年高校毕业生就业工作目标责任制考核会在保山学院召开》，保山学院宣传部，2010年12月7日，载新华网。

一是就业服务从阶段性工作向全程化转变。从学生进校开始，就开设就业指导、职业生涯设计课；自每学期开学，学校自行组织的各类招聘会就陆续举办，省教育厅与省大中专毕业生就业服务中心主办或承办的综合类、专场类招聘会、网络招聘月也已形成系列服务模式；高校就业成为“一把手”工程，全体教职员工各尽其责、牵线搭桥。不少高校还将就业服务延续到校外，订单式培养，“双定生”服务，在对接市场中实现人才培养模式的创新。如2010年云南大学有5 100多名毕业生，就业压力增加，从2009年9月以来学校就相继举办了各类专场招聘会120多场，开通的就业网至今已发布620余家单位的招聘信息，提供就业岗位16 300余个。此外，就业联络员、QQ群和宣传栏等，都在全方位、立体化地向毕业生传递就业信息。

二是创业教育从理念引领向细化帮扶转变。按照2010年度云南省鼓励创业“贷免扶补”工作目标，全省普通高校要扶持在校大学生和大学毕业生500人实现成功创业。教育系统今年被列为落实“贷免扶补”政策的承办单位，省教育厅对各校征集到的两批500多个创业项目进行筛选评审，积极与有关部门协商，办理相关审批贷款手续。针对各高校毕业生在办理过程中面临的种种困难，还邀请省人力资源与劳动保障部门深入部分高校，面对面地与师生交流沟通，不断改进服务质量。云南大学将在校本部和呈贡校区建设创业孵化园；大理学院拨出200万元专项经费设立毕业生创业基金，专门聘请州、市工商管理部门来校介绍创业和注册公司的有关政策，组织成立“大学生创业协会”等。

三是创建基地从弥补不足向双向受益转变。尽管近年来云南省高校毕业生就业率稳定增长，但创业学子的总量一直未有较大突破，云南省2009年创新实施的“贷免扶补”政策，在所扶持的2万个创业者中，大学生仅占7.03%，远低于同期扶持的农民工和其他群体。2010年，通过深入分析和冷静思考，创业教育从仅限于创业精神层面的培养，转变到提供创造条件让学生“真枪实弹”地体验创业过程，促使高校毕业生较快完成从书本知识向实践动手能力的转型，缩短“无工作经验、缺乏操作动手能力”周期。在高校已有实习实训基地，云南省2009年建立的“百企万岗”毕业生见习基地的基础上，2010年云南省加大了学生创业基地建设，年末全省已建立的上百个大学生就业见习基地，共开发就业见习岗位2万个，有10 700名大学生到岗见习。

### （四）加大力度解决农民工就业问题

一是着力解决新生代农民工的就业问题。目前，农民工用工主体已经是新生代，2009年末，云南省农民工总数有623万人，按照2010年第三季度劳动力市场中求职人员的年龄分布16~34岁之间的求职人员占76.75%计算，目前80后、90后在外出务工的农民工中约478万人，这部分人形成了庞大的群体，其就业与发展问题成为必须关注的重大问题。2010年，中央一号文件就提出要“着力解决新生代农民工问题”，云南省加大了对新生代农民工的帮扶力度，积极开展创业帮扶和农民工培训，截至2010年5月底，全省各级团组织从提交了创业计划书和创业申请的青年中，向农信社推荐创业青年9 456名，其中6 147名青年获得创业小额贷款，贷款金额达3.096 6亿元，共吸纳就业人数16 000多人次。为帮助有创业意愿的青年更好地实现自主创业，团组织还实施了云南青年创业就业培训工程，针对农村青年、返乡农民工、“两后生”、农民工创业四类群体开展培训，共计88 299人次。针对社区青年，完成3 193人次的信息技术培训，并不断深化青年就业、创业、见习工作。①

二是多渠道加大农民工转移就业。主要是帮助农村劳动力通过异地流动就业、就地就近就业和返乡创业等渠道实现转移就业。2010年组织开展以“服务进城务工，帮助就近就业，扶持返乡创业”为主题的春风行动启动仪式暨首场招聘会，为进城务工的农村劳动力提供免费的就业服务，同时将“农村劳动力转移就业特别行动计划”与“春风行动”一同作为本次活动的主要内容，紧紧围绕抗大旱、保民生、保就业、保稳定的主题，全面开展了宣传服务、政策解答、求职登记、岗位推介、劳务对接、人员招聘、社会保障、权益维护等多层次、全方位的就业服务，认真落实了农民工进城务工和返乡创业的扶持政策，鼓励农民工就地就近就业和返乡创业。截至11月底，云南省各级人力资源社会保障部门共培训农村劳动力31.52万人，新增转移农村劳动力就业77.85万人，共组织招聘会739场。

① 转引自《云南省3亿贷款扶持6 147名青年自主创业》，载新华网云南频道，2010年6月13日。

### （五）加强对就业困难人员的就业援助

2010 年，云南省认真贯彻落实人力资源和社会保障部最近下发的《关于加强就业援助工作的指导意见》，切实完善登记认定和动态管理制度，明确援助对象身份，为政府有效实施就业援助提供扎实的基础，按照精细化的要求对就业援助各个工作环节制定服务流程和服务标准，全面落实就业援助各项服务措施，通过完善工作保障制度、信息管理制度、绩效管理制度等相关制度建立完善就业援助长效机制，进一步健全和强化就业工作基层平台，实现巩固成果、加强保障、提高素质的目标。

一是大力开发公益性岗位。从就业专项资金中安排专门资金用于开发 3.5 万个公益性岗位，扶持就业困难人员实现再就业。目前，已开发公益性岗位 3.57 万个，帮助 3.57 万名就业困难人员实现了就业。

二是鼓励灵活就业、自谋职业、自主创业。将运用社保补贴、小额担保贷款、税费减免等政策，引导鼓励更多就业困难人员灵活就业、自谋职业、自主创业。

三是加大就业援助力度。以就业困难人员和零就业家庭，以及因企业关闭、停产或裁员而失去工作的城镇新失业人员，重点是其中新出现的就业困难人员和零就业家庭为服务对象，结合就业困难人员的自身特点和市场需求情况，实施重点援助帮扶和个性化指导，通过为就业困难人员“送岗位、送培训、送政策、送社保补贴”，建立“一对一”帮扶工作机制，截止 11 月，全省共帮助 6.02 万名就业困难人员实现了再就业。

### （六）加强技能培训，提升就业能力

2010 年，继续推进“415”高技能人才培养计划（即从 2007 年到 2010 年，用四年时间新培养 15 万名高技能人才），紧紧依托技工学校和各类职业培训机构，面向城镇登记失业人员、军队退役人员和进城求职的农村劳动者，开展有针对性的技能培训，指导生产经营困难企业组织待岗人员开展技能提升或转业、转岗培训。通过发挥就业专项资金和失业保险基金作用，在确保培训质量的前提下，进一步扩大培训规模，落实培训补贴政策，提升劳动者就业能力。截至 11 月，全省共培训各类社会劳动者 36.4

万人，其中，实施特别职业技能培训计划 14.88 万人，组织 35.2 万人参加职业技能鉴定，有 31.1 万人取得职业资格证书，其中新增技师、高级技师共计 3 855 人。

### （七）不断完善社会保障制度

一是 2010 年新修订了《工伤保险条例》，云南省在现有基础上提高全省企业工伤职工伤残津贴、生活护理费及工亡职工供养亲属抚恤金待遇。这次调整已经是云南省连续第六次提高工伤待遇。待遇调整与新《工伤保险条例》同步从 2011 年 1 月 1 日起实施。据此云南省连续 6 年提高工伤保险待遇，大大提升了工伤保险制度的吸引力和服务保障能力。据统计，云南省自 2004 年实施《工伤保险条例》以来，工伤保险参保人数大幅增加，目前，全省共有 227 万人参保，已超额完成了“十一五”规划扩面指标，其中，农民工参保人数年均增长 10% 以上，2010 年底达到 67 万人。据测算，本次待遇调整后，以 2009 年享受工伤长期待遇的人次数为例，2009 年全省伤残津贴领取 9 668 人次，生活护理费 14 829 人次，供养亲属 29 105 人次，全省工伤保险基金年支出预计增加 645 万元。①

二是《社会保险法》的颁布，为了适应农民工的流动，对农民工的养老和医疗保险衔接问题作出了制度性安排，实施流动就业人员基本医疗保险关系的转移接续办法，进而解决农民工的看病问题。

## 三、2011 年就业形势展望

2010 年 10 月，中央十七届五中全会和“十二五”规划建议提出：“以科学发展为主题，以加快转变经济发展方式为主线，深化改革开放，保障和改善民生”，“以科学发展为主题，以加快转变经济发展方式为主线”，“坚持把保障和改善民生作为加快转变经济发展方式的根本出发点和落脚点。完善保障和改善民生的制度安排，把促进就业放在经济社会发展优先位置，加快发展各

① 转引自王艳君《贯彻新工伤保险条例，云南省提高工伤待遇》，《中国人事报》、中国劳动保障报驻云南记者站，2011 年 1 月 4 日，载新华网。

项社会事业，推进基本公共服务均等化，加大收入分配调节力度”，“要积极稳妥推进城镇化，大力发展服务业和中小企业，增加就业创业机会”。

“十二五”规划建议提出我国今后五年经济社会的发展目标中，强调要保持“就业持续增加”，把“就业优先”作为规划的方针和主线，意味着就业工作是我国宏观经济领域的重中之重，将把扩大就业、稳定就业形势作为保障和改善民生的头等大事，把促进就业作为经济社会发展的优先目标。这为 2011 年就业形势的不断改善提供了保障和基础。

但是，2011 年，云南省就业形势依然严峻：

### （一）现有云南产业发展拉动就业的能力减弱

制造业、建筑业、服务业、采矿业对就业的影响极大。根据 2010 年第三季度劳动力市场数据分析，对就业影响最大的行业就是制造业。2009 年份行业年末职工数中，制造业就业人数占 20 个行业总职工数的 19.42%，是云南省吸纳非农就业人口最多的行业。但是云南省的制造业技术水平较低，以低端产品为主，受国际国内市场的影响以及国内竞争的加剧，产量缩减、产品滞销，制造业的发展面临很大挑战，近期对就业需求减少。从长期发展来看，必须进行技术升级、产品结构调整，制造业对就业人员的需求将逐渐走向有一定技术的人员，这与云南省劳动力以无技术或低技能人员为主相矛盾，因此对就业的拉动能力将下降。

建筑业则是劳动力市场就业需求最主要的行业之一，2009 年份行业年末职工数中建筑业就业人员占到了 11.2%，但是国家对房地产业的紧缩政策对建筑业的影响很大。随着房地产业市场交易量下降，房地产业发展趋缓，建筑业将会导致用工规模的减少，从业人员需求减少，甚至对原有的就业人员还可能出现裁员，进一步加大非农就业的压力。

住宿和餐饮业、批发和零售业等服务业是劳动力市场就业需求比较高的行业。服务业的发展主要得益于旅游业的发展。2009 年份行业年末职工数中住宿和餐饮业、批发和零售业就业人员合计占到了 6.7%。但是旅游业和服务业的发展有季节性和不稳定的特点，很容易受到外部经济环境和突发事件如极端恶劣天气、禽流感等的影响和冲击。

采矿业是云南的重要产业，2009 年份行业年末职工数中采矿业就业人员占到了 4.7%，受国家对节能减排的刚性要求影响，采矿业的就业人数不仅不能大幅度增加，对停产、破产企业的职工分流，还将加大非农就业的压力。

因此，现有云南经济产业发展对就业的拉动难度较大。近年来因云南省有一批重点工程项目开工建设如水电、公路、铁路、机场建设等，带动了非农就业的增加。但是，要保证就业长期稳定、持续增长，必须依靠培育稳定、可持续发展的新兴产业。

### （二）劳动力供求结构性失衡依然严重

一是产业性失衡。2009 年，云南省第一产业劳动力从业人数仍然有 62.3%，第二产业劳动力从业人数占 12%，第三产业劳动力从业人数占 25.7%。现有的劳动力配置结构与经济发展、产业结构调整极不协调，这种产业结构中劳动力配置不合理的状况依然将长期存在。

二是区域性失衡。云南省各个地区经济社会发展差异显著，产业选择及发展水平、规模差异较大，造成发达地区与相对落后地区的劳动力素质及其对劳动力需求存在差异。但是地区之间、城乡之间劳动力流动依然存在障碍，如流动成本过高、就业观念不适应、价值观不同、交通不便、信息不畅等，就形成了地区性失衡，这种失衡还将长期存在。

三是职业性结构或技能性结构失衡。今后经济发展方式的转变，大力发展新兴产业，必将对传统产业提出技术升级的要求，就业市场对中、高级技术人才的需求将不断上升。但是云南省当前技能人才的培养难以满足社会经济发展的需要，必将导致劳动力技能进步滞后于社会对劳动力的要求，低技能和低文化素质的劳动力将更加难以就业，劳动力职业性结构或技能性结构失衡将更加严重。

### （三）高校毕业生就业总体形势仍然不容乐观

2010 年，云南省高校毕业生约有 10.3 万人，如果按照 2009 年的就业率计算，当年就业人数是 9.61 万人，还有 0.69 万人不能实现就业。针对高校毕业生，云南省每年公务员最多只能消化 5 000 人就业，事业单位也只能提供 1.5 万个就业岗位，因此绝大部分大学毕业生必须寻求其他就业机会。从总量来看，2003～2010年累计毕业人数达到52.56万人，就业率虽然不断增长，但是每年仍然有6%的大学生毕业生未能实现就业，到2010年预计累计未实现就业的高校毕业生达到7.16万人。

根据2010年第三季度劳动力市场数据分析，初中以下文化程度、高中、职高技术中专、大专、大学和硕士以上的求人倍率分别是1.18、1.16、1.35、0.91、0.97和1.09。比上年同期均有提高，但是高学历的求人倍率较低的状况依然没有改变，其中大专和大学学历的求人倍率不到1；硕士以上学历的求人倍率虽然达到1.09，增长较快，比上年同期增长了0.43，但仍然没有低学历的求人倍率高，尤其是职高技校中专的求人倍率达到了1.35。这说明云南省目前的产业结构还是以低端服务和低端产品为主，非常需要技术工人。这些情况一方面对云南省的教育部门和教育体制提出了挑战，如何尽快调整教育结构是目前急需解决的问题；另一方面也要求产业部门尽快实现产业结构调整和产业升级。

## 四、若干政策建议

### （一）转变经济发展方式，调整产业结构，持续稳定地带动就业增长

#### 1. 实行就业优先的发展战略，选择以就业为中心的经济发展方式，不断扩大内需，增加对劳动力的吸纳能力

一是利用水电、交通、水利等大项目的投资，带动与项目建设相关产业的发展，进而带动非农就业人员的增加，促进地方经济和就业双赢。二是利用财政政策、货币政策、产业政策、税收政策等手段，扩大内需，刺激投资需求和消费需求，增加对劳动力的需求。

#### 2. 大力发展新兴产业与传统产业升级相结合，增强产业竞争力，促进就业

创新和产业升级成为云南经济发展的必然要求，云南必须立足本身的资源优势和地域优势，抓住建设面向西南的桥头堡的契机，利用好两种资源、两个市场，改造传统产业，创新发展一些

终端劳动密集型产业，大力发展新兴产业如生物医药、生态农产品等，提高云南的产品在国内外投资和消费市场上的份额，拉动就业增长。

3. 着力提高旅游业及其相关产业的质量，增强拉动就业的持续性和稳定性

近几年云南省旅游业发展较快，同时还带动了相关产业的发展，如住宿和餐饮业、批发和零售业、旅游产品加工和销售、文化娱乐服务业等，拉动就业的效应明显。今后一方面应依托云南建设旅游大省的契机，以文化为灵魂发展旅游产业，通过实现旅游与文化的紧密结合，以云南少数民族特色实现旅游业大发展，提升景点的文化性和可观性。另一方面要整顿旅游业及相关服务业的市场，以制度规范市场行为，不断提高旅游业及其相关服务业的服务质量，创旅游品牌，吸引更多的游客，用旅游业及其相关产业的持续稳定的发展带动就业持续稳定的增长。

### （二）大力发展非公有制经济以带动就业

非公有制经济单位一直以来都是吸纳就业的最主要力量，尤其是个体和私营单位是非农就业的主体。因此，政府要大力发展非公有制经济，以带动就业持续稳定的增长。一方面，政府要继续放宽对非公有制单位的准入和管制，减少对非公有制单位的注册、市场准入和经营等的过度管制，去除对非公有制单位的歧视性政策法律条款，建立切实有效的非公有制单位的融资体系。另一方面，要为非公有制单位的发展提供良好的环境，为非公有制单位提供必要的制度保障。重视建立和完善促进非公有制单位发展的服务体系，[①] 包括有效的政府管理机构、行业的服务组织和完善的服务内容及服务手段；加大对非公有制单位发展的资金、政策等的扶持，鼓励创业带动就业的发展模式。

### （三）加快教育结构调整，加强职业培训和再就业培训

1. 以“就业优先”为导向，加快教育结构调整

一是要转变教育观念，树立正确的人才观，推行终身教育，有效推进素质教育，改革现有考试制度。二是要尽快改革高等教

① 杨艳林、娄飞鹏：《中国经济发展中的就业问题》，山东人民出版社 2010 年 1 月版，第 446 页。

育体制，从人才教育和专业课程设置方面进一步明确学历教育与职业教育的目标和定位，面向社会需要优化人才培养结构，增加劳动者就业机会，降低结构性失业。三是要合理布局各个地区的教育机构和专业，根据各个地区产业发展需求和劳动力素质状况，合理布局不同的教育机构和专业，尤其是职业教育的机构和专业，对产业发展单一、技能人才严重短缺的地区，应在政策上对相关技能人才培养给予倾斜和扶持。

2. 以扩大就业为目标，强化职业培训和再就业培训

一是要根据劳动力素质的新要求进行职业教育创新，实行人才培养目标以公民为本，教育方式灵活多样，对教育体制实现因地创新。如针对农村文化程度低的人较多、难以适应现代化农业的发展需求，就可以加强对农村小学、中学毕业生但不继续读书的人进行农村实用技术人才培训。二是实施技能型人才培训工程，既要培养大批制造业、建筑业、现代服务业、新兴产业、家庭服务业等紧缺的中、高级技能人才，又要培养一般技能型人才，以满足经济转型、产业结构调整对各类人才的需要，力求做到每个青壮年劳动力都有1~2项技能。三是建立以培训为导向的培训机制。根据社会对人才和技能的需要，不断丰富培训内容，提高培训的针对性和有效性，采取灵活多样的培训方式，如以技能培训为基础，辅之以引导性培训；提供多种专业内容的培训；坚持就业培训与创业培训相结合，创新培训方式。

**参考文献：**

1. 步德迎：《2009年就业形势分析及2010年展望》，见王长胜主编《中国与世界经济发展报告（2010）》，社会科学文献出版社2010年2月版。

2. 杨宜勇、杨亚哲：《2010—2011年中国就业形势分析及对策建议》，见陈佳贵等主编《2011年中国经济形势分析与预测》，社会科学文献出版社2010年12月版。

3. 蔡昉：《成长的烦恼——劳动力市场新特点和展望》，见陈佳贵等主编《2011年中国经济形势分析与预测》，社会科学文献出版社2010年12月版。

4. 吕召河等：《国际金融危机下云南省就业问题与对策重点研究》，见《2008中共云南省委执政纪要》，云南人民出版社

2009年12月版。

5. 杨艳林、娄飞鹏：《中国经济发展中的就业问题》，山东人民出版社2010年1月版。

6.《云南省劳动力市场供求分析》(2005年第一季度至2010年第三季度，电子版)，载云南省人力资源和社会保障厅网。

（作者单位：云南省社会科学院经济研究所）

# 产 业 篇

# 农业经济发展报告

吕素芬

2010 年，中央一号文件连续第七次聚焦“三农”。面对百年一遇的旱灾，云南省委、省政府认真贯彻中央一号文件精神，把抗大旱、保民生、抓春耕、促发展作为压倒一切的中心任务，狠抓扩大种植面积、加大农业投入、推广农业科技应用等“兴农”措施，努力做到小春损失大春补、粮食损失经济作物补、种植业损失养殖业补、农业损失非农产业补。通过全省上下齐心协力，农业生产战胜了特大旱灾的严重影响，实现了大旱之年粮食丰收，农业农村经济呈现全面发展的局面。展望 2011 年，后金融危机时期，世界经济运行中依然存在许多不稳定因素，但我国农业农村发展的有利条件和积极因素在积累增多，“十二五”开局之年，云南农业农村经济将保持平稳、较快增长。

## 一、2010 年农业农村经济运行的主要特点

### （一）农业呈恢复上升态势

前三季度，全省农业总产值达到 1 099.7 亿元，同比增长 3.4%，增幅比上半年恢复性回升了 2.6 个百分点。其中，农业产值达到 508.6 亿元，同比下降 0.9%；牧业产值达到 397.4 亿元，同比增长 7%；林业产值达到 117.7 亿元，同比增长 7.6%；渔业产值达到 25.4 亿元，同比增长 9.8%；农林牧渔服务业产值 50.6 亿元，同比增长 4.8%。农林牧渔业增加值 649.8 亿元，同

比增长3.0%，比上半年恢复性增长了2.5%。分州（市）看，除楚雄州呈现负增长外，其余15个州（市）均保持了良好发展态势，其中，农业增加值增速超过全省平均的有临沧增长6.2%，普洱、德宏均增长6%，西双版纳增长5.5%，迪庆增长5.4%，丽江增长5.1%，曲靖增长5%，大理增长4.9%，红河增长4%，昭通增长3.9%，怒江增长3.7%，保山增长3.6%。

### （二）农产品出口量增价涨

2010年以来，虽然全省农作物遭受了百年一遇的严重旱灾，但农产品出口保持了良好增长态势，农产品出口呈现量增价涨的主要特点，多种特色农产品凭借品质优势在出口市场上占有率较高。据海关统计，前三季度，云南省农产品出口9.5亿美元，较上年同期净增2.4亿美元，增幅33.8%。其中，蔬菜出口价格上涨明显，成为全省最大类出口农产品，占全省农产品出口额的1/3，出口额3.2亿美元，较上年同期净增1.2亿美元，增幅59.4%；烟草出口2.9亿美元，较上年同期净增2 100万美元，增幅7.8%。水果出口7 400万美元，较上年同期净增3 000万美元，增幅67.8%，葡萄、桃子、梅、李子单项商品出口排名全国第一；“云花”出口2 064万美元，较上年净增300万美元，增幅17.7%；“云茶”出口1 314万美元，较上年净增171万美元，增幅14.5%；“云菌”出口3 136万美元，较上年净增1 111万美元，增幅23.5%；咖啡出口8 584万美元，较上年净增2 661万美元；松香出口2 231万美元，较上年净增1 300万美元。[①]

### （三）林业生产发展良好

面对今年旱情的严峻形势，全省林业工作围绕省委、省政府提出的从林业大省向林业强省转变的战略目标，出台了建设“森林云南”的决定及一系列扶持措施，全省林业工作得到高度重视，林业生产发展良好。前三季度，林业产值达到118亿元，同比增长7.6%，占农业总产值份额达到了11%。完成造林757.01万亩，占计划579.2的130.7%，其中，人工造林599.09万亩，封山育林157.92万亩。林木种子采集量3 879吨，新育苗面积53

① 杨之辉：《云南农产品出口价涨量增前三季度累计》，载 http://www.chinadaily.com.cn。

752 亩。低效林改造 86.37 万亩，造林预整地 349.27 万亩。义务植树 6 723.92 万株。

### （四）畜牧业生产稳定发展

随着国家对畜牧养殖扶持政策的落实，特别是对畜牧疫病防治、能繁母猪补贴、冻精改良、饲养保险、规模养殖户补贴及用地优惠政策、养殖小区规范化建设等，极大地调动了广大畜牧生产者的积极性，全省畜牧业生产保持强劲发展态势。前三季度，全省畜牧业产值达到 397.4 亿元，同比增长 7%，占总产值的比重达到 36.1%。肉类总产达 344.8 万吨，同比增长 12.4%。其中，生猪肉产量 281.1 万吨，同比增长 12%；牛肉产量 25.7 万吨，同比增长 12.9%；羊肉产量 10 万吨，同比增长 11%；禽肉产量 27.8 万吨，同比增长 15.6%。牛奶产量 40.7 万吨，同比增长 7.8%；禽蛋产量 25.2 万吨，同比增长 12.6%。目前，全省仔猪、活猪、猪肉平均每公斤价格分别为 14.56 元、12.28 元、19.80 元，与上年同期相比分别增长 8.9%、13.5%、6.9%，与上月环比分别增长 4.5%、4.5%、3.8%；猪粮比价为 5.48:1，生猪价格特别是肥猪价格目前已稳定在每公斤 10～11 元，饲养农户收益明显好转。随着元旦、春节等节假日的来临，市场对畜产品的需求量将不断增加，全省畜牧业生产稳定发展。

### （五）渔业及农业服务业加快发展

云南具有生态环境优越，鱼类资源丰富，宜渔水域开发潜力大，市场空间较大，政策条件有利等优势。近几年来，云南省渔业养殖、储运、加工、科研以及进出口贸易等都取得了进展，全省渔业呈现加快发展的良好态势。前三季度，渔业产值达到 25.4 亿元，同比增长 9.8%。农林牧渔服务业产值 50.6 亿元，同比增长 4.8%。

### （六）农民收入保持良好增长

2010 年省政府特别提出：农业损失非农补，千方百计增加农民收入。前三季度，农民人均现金收入达 3 079.7 元，同比增长 11.5%。其中，工资性收入达 852.4 元，同比增长 25.6%，占现金收入比重达 27.7%；家庭经营收入达 1 824.2 元，同比增长

4.2%，占现金收入比重达59.2%；财产性收入达179元，同比增长40.9%，占现金收入的比重达5.8%；转移性收入244.1元，同比增长19%，占现金收入的比重达7.9%。分州（市）看，农民现金收入增长幅度超过全省平均的有迪庆增长38.3%，临沧增长26.8%，丽江增长20.8%，德宏增长16.3%，西双版纳增长15.9%，普洱增长14%，文山增长13%，保山增长12.9%，昆明增长12.5%，大理增长11.6%。从增加的绝对数看，农民现金收入增加400元以上的有6个州（市），分别是昆明增加704元，迪庆增加671元，西双版纳增加622元，丽江增加462元，德宏增加411元，保山增加404元。

**表1 近五年前三季度云南农民收入增长对比**

单位：元、%

| | 工资性收入 | | 家庭经营收入 | | 财产性收入 | | 转移性收入 | |
|---|---|---|---|---|---|---|---|---|
| | 增长额 | 增幅 | 增长额 | 增幅 | 增长额 | 增幅 | 增长额 | 增幅 |
| 2006年 | 37.3 | 12.7 | 154.4 | 17.6 | — | — | — | — |
| 2007年 | 56.7 | 17.1 | 302.5 | 24.9 | 9.1 | 15.2 | 25.3 | 35.9 |
| 2008年 | 123.0 | 31.7 | 278.0 | 18.4 | 25.0 | 36.0 | 81.0 | 84.8 |
| 2009年 | 167.3 | 32.7 | -17.5 | -0.9 | 32.8 | 34.8 | 28.4 | 16.1 |
| 2010年 | 173.7 | 25.6 | 73.5 | 4.2 | 52.0 | 40.9 | 39.0 | 19.0 |

资料来源：历年统计资料。

## 二、影响农业农村经济的主要因素

### （一）旱情严重，夏收粮油大幅减产

今年的干旱，发生范围之广、受旱程度之深、旱灾损失之重，均为历史同期少有。百年一遇的旱灾，致使农作物大面积受灾，夏收粮油产量大幅减产。夏粮减产44%左右，经济林果、蔬菜、茶叶、甘蔗、油料等均有不同程度减产，农业直接经济损失在170亿元左右。全省夏收粮食产量125.1万吨，比上年减产99.5万吨，下降44.3%。其中，谷物产量75.1万吨，减产63.7万吨，下降45.9%；豆类产量28.8万吨，减产26.8万吨，下降

48.2%；薯类产量21.2万吨，减产8.8万吨，下降29.3%。油料产量24.7万吨，减产15.7万吨，下降38.9%。分州（市）看，夏收粮减产超过50%的有：昆明减54.8%，曲靖减69.4%，玉溪减60.7%，楚雄减57%，红河减52.8%，文山减56%，大理减50.8%。油料除丽江、西双版纳、迪庆略有增长外，其他均有不同程度减产，其中，昆明减43.8%，曲靖减43.5%，玉溪减56.9%，楚雄减57.4%，文山减62.3%。

夏收粮油减产的主要原因：一是降水少，干旱持续时间长。据气象部门提供的资料，滇中大部、滇西北大部、滇西南局部及滇东南西部地区，形成了秋冬春夏四季连旱，全省平均累计降水量比历年同期偏少60%左右。二是库塘蓄水不足，地下水开发利用程度低。自2009年入秋以来，全省大部分地区雨季提早结束，库塘蓄量比上年同期减少了20%左右。云南省地下水开发利用量只占全省年均用水总量的4%左右，占地下水资源总量的比例不足1%。许多可灌溉的农田因为水源不足而无法及时得到补充灌溉。三是农业有效灌溉程度低，“靠天吃饭”现象普遍。全省耕地有效灌溉面积仅占耕地总量的37%，比全国平均水平低10多个百分点，60%以上耕地只能“靠天吃饭”，远不足以抗击大旱对农业的影响。四是农作物受灾、成灾、绝收面积大。据全省旱灾统计快速调查资料显示，截至3月10日，全省农作物受灾面积达2 919万亩，占农作物总播种面积的81.6%，成灾面积达2 028万亩，占播种面积的69.5%，农作物绝收面积1 235.6万亩，占农作物播种面积的60.9%。夏粮受灾面积达1 449.0万亩，占播种面积的89%。其中，成灾面积1 112万亩，占播种面积的68.3%；绝收面积801.2万亩，占播种面积的49.2%。在经济作物中，油菜受灾面积占95.3%，蔬菜受灾面积占75.5%。

### （二）措施及时，成效显著

面对全省百年一遇的旱灾，夏粮减产的严峻形势，云南省委、省政府把抗大旱、保民生、抓春耕、促发展作为压倒一切的中心任务，狠抓扩大种植面积、推广农业科技应用等“兴农”措施，努力做到小春损失大春补，粮食损失经济作物补，种植业损失养殖业补，农业损失非农产业补，极大地调动了农民的生产积极性。

实现小春损失大春补的目标。一是粮食播种面积增加。大春粮食（含晚秋）播种面积达到4 790万亩，比上年增加177.7万亩，增长3.8%。全年粮食种植面积超历史记录，可望突破6 800万亩，将比常年增长4%左右。二是加大科技推广力度。水稻和玉米良种、脱毒马铃薯、双低油菜、优质专用小麦等的种植面积均有不同程度提高。水稻、玉米、马铃薯等作物的良种覆盖率达到创纪录的80%以上，实施粮食高产万亩示范片区600个，比上年增加350个。三是加大了间套种、地膜玉米及测土配方施肥技术的推广力度。加之，大春作物生长期自然条件较好，其单产比上年有所提高。据农业厅统计预测，大春粮食将再获丰收，预计产量达1 518.6万吨，比上年增产100多万吨，全年粮食产量有望实现小春损失大春补的目标。全省粮食生产有望连续八年获得丰收。

表2　近五年云南省粮食产量情况

| | 2005 | 2006 | 2007 | 2008 | 2009 | 2010 |
|---|---|---|---|---|---|---|
| 粮食总产量（万吨） | 1 514.9 | 1 542.2 | 1 546.7 | 1 518.6 | 1 576.9 | 1 518.6（秋粮） |

资料来源：历年统计资料（2010年为预计量）。

实现粮食损失经济作物补的目标。一是扩大经济作物种植面积。各地抓住2010年市场需求比较旺盛的有利时机，充分利用降雨有效期，及时调整种植结构，扩大蔬菜等特色优势经济作物种植面积。1～9月蔬菜播种面积达1 000万亩，与上年同期相比增加50万亩。国家增加360万担烤烟种植指标，烤烟种植面积达到630多万亩，比上年同期增长近10%。油料种植面积完成500万亩，增长5%左右。二是经济作物价格普遍好于往年。2010年全国出现的洪涝灾害及南部台风影响，省外蔬菜供需失调，云南蔬菜外调量增价涨，蔬菜生产效益明显。如叶类蔬菜、茄子、四季豆、青辣椒等，价格比上年同期上涨了5%左右；蔬菜用马铃薯、青蚕豆、青玉米、青毛豆类等品种，平均价格高出同期20%以上。烤烟收购价格比上年略有提高，增加的360万担烤烟种植，净增加农业产值近30亿元。油料生产获得较好收成，增长6%。茶叶、糖料、水果类价格比上年同期高出20%左右，生产效益较好。

### （三）中低产田地林改造取得成效

云南山区、半山区面积占全省国土面积的94%，中低产田地占耕地总面积的比例高达67%，有近2/3的耕地只能靠天吃饭。省委、省政府针对云南实际，把中低产田改造作为推进“三农”工作的突破口，于2008年省委八届六次全委会作出决定：举全省之力，到2020年再完成中低产田改造2 000万亩，使全省农民人均拥有1亩以上的高稳产农田。每年省级投资30亿元，加上带动其他投资和农民投工投劳，力争每年投入100亿元，进行200万亩中低产田改造，到2020年争取改造完成2 000万亩。以此改变广大山区、半山区的农业生产条件，提高生产力，确保粮食稳定生产、农业持续增效和农民持续增收。2010年全省加大了山区、半山区中低产田地改造力度，省级预计投资达40多亿元，计划改造面积300余万亩。目前，全省高稳产田地已超过3 500万亩。完成改造的农田、农地，基本实现能排能灌，旱涝保收，达到高稳产田地标准。山区坡耕地实施中低产田地改造后，每亩可以多产粮食50～100公斤，效果十分显著。

云南是我国重点林区省份，林业用地占国土面积的63.4%。3.64亿亩的林业用地是全省最大的资源优势，农村人均林地面积达10亩以上，相当于人均常用耕地面积的6倍。云南林业却一直呈现“大资源、小产业、低效益”的状况。7 470万亩中低产林，成为制约云南林业生态建设和产业发展的瓶颈。云南集体林权制度改革以来，省委、省政府超前谋划林业的发展问题，明确指出加快农村发展、促进农民增收，最大的潜力在山，最大的希望在林，最大的活力在中低产林改造。2010年，出台了《加快推进中低产林改造的意见》，并成立了领导小组及办公室。云南省将整合资金，加大投入，举全省之力，计划用10年左右时间完成6 000万亩中低产林改造任务，使改造后的中低产林综合产值提高50%以上。中低产林改造，是云南作出的又一项强省战略，是推动“森林云南”建设、实现林业大省向林业强省转变的重大举措。目前，全省中低产林改造形成了高位推动的态势，除楚雄、丽江外，其余14个州（市）都完成了规划编制，规划改造总面积6 600多万亩。据云南省中低产林改造领导办公室的统计显示，截至2010年10月20日，全省中低产林改造已累计投入资金4.76亿元，完成中低产林改造186万亩，占年度计划200万亩的93%。昔日“远看都是树，近看不中用”的穷山，正被连片的核桃、油茶、澳洲坚果、花椒、杨梅、枇杷等特色经济林果取代。

### （四）多管齐下，农民收入逆势增加

农产品价格好于往年，农民家庭经营性收入小幅增长。2010年部分农产品如夏粮、蔬菜、油料、甘蔗、茶叶等减产，但云南农业结构调整初显成效，畜产品、花卉、蔬菜、粮食、油料、烟叶等产品价格均好于上年，少部分农产品如大蒜、三七、花椒、绿豆受市场炒作影响，价格异常。新增的烤烟收购指标可增加农民收入30亿元，相当于全省农民人均可增收100元。农产品产量与价格变动两个因素对农民家庭经营性收入的共同作用，二者冲抵后，农民家庭经营性收入保持小幅增长。

面对百年一遇的旱灾，全省各地围绕农业损失非农产业补，及时实施了“农村劳动力转移就业特别行动计划”，采取多种措施，加强培训，提高农村劳动力转移就业能力，推动农村劳动力外出务工，保证了农民工资性收入的稳定增长，农民工资性收入增长成为前三季农民现金收入增长的最大亮点。同时，各级政府进一步加大抗旱救灾力度，各种支农惠民政策力度不断加强。良种补贴、农资综合补贴、粮食直补、农机购置补贴以及农业保险费补贴等各种支农惠农政策措施落实到位，对农业、农民、农村的各项补助资金到位及时，农民转移性收入也多于往年。农村土地的有偿流转的逐步扩大，部分农民以土地作为资产参与流转，取得了部分收入，另外征地拆迁补偿，增加了农民财产性收入。

### （五）农村消费低位徘徊

2010年，中央把扩大农村需求作为拉动内需的关键举措，继续加大家电、汽车、摩托车下乡实施力度，并积极推动农村金融机构对农民购买汽车和家电等耐用消费品提供消费信贷。2010年前三季度全省实现社会消费品零售总额1 666.34亿元，同比增长18.5%，增速比全国平均水平高0.2个百分点。其中，乡村市场实现社会消费品零售总额271.99亿元，同比增长13.9%。乡村消费总额只占全社会消费总额的16.32%，增速也低于全省平均

水平4.6个百分点，比上年同期扩大了1.6个百分点。尽管国家和省已采取了许多促进农村消费的政策、措施，但云南农村的消费水平一直在低位徘徊。主要原因是云南农村居民收入水平低下，消费能力有限。云南省农民人均纯收入只及全国平均水平的2/3，而且与全国的差距在不断加大（见下表3）。2009年云南农村居民人均纯收入为3 369元，农民人均生活消费支出2 925元，两者相减仅有444元的结余，农村居民家庭恩格尔系数为48.2%。按1 196元的农村贫困标准测算，年末还有农村贫困人口540万人，居全国第二位。73个国家扶贫重点县农民人均纯收入为2 569元，只为全省平均水平的76.3%，全国平均水平的49.9%。7个人口较少民族、16个跨境民族、12个“直过区”少数民族处于整体贫困状态。与发达地区相比，云南的许多农村居民还过着入不敷出的日子，保证基本生活需求仍是云南广大农村居民的首要问题。云南扩内需，潜力在农村，难点也在农村。

表3　近五年云南农民人均纯收入与全国差距对比

| | 云南（元） | 全国（元） | 绝对差距（元） | 相对差距（%） |
|---|---|---|---|---|
| 2006年 | 2 251 | 3 587 | 1 336 | 62.7 |
| 2007年 | 2 634 | 4 140 | 1 506 | 63.6 |
| 2008年 | 3 103 | 4 761 | 1 658 | 65.2 |
| 2009年 | 3 369 | 5 153 | 1 784 | 65.4 |
| 2010前三季 | 3 080 | 4 869 | 1 789 | 63.3 |

资料来源：统计公报（说明：2010年前三季为现金收入）。

## 三、2011年农业农村经济形势预测

为适应后国际金融危机时期世界经济的新变化，保持我国经济持续、稳定和以较快的速度增长，实现国民经济又好又快发展的战略目标，十七届五中全会提出了加快经济发展方式的转变，形成消费、投资、出口协调拉动经济增长新战略。这是国家在经济发展思路上的一次重大转变。近年来，党和国家处置突发事件的能力大幅提升。2011年是“十二五”开局之年，在国家一系

列强农惠农政策的支持下以及省委、省政府的正确领导下，云南农业农村经济将保持平稳较快增长。

### （一）农业农村经济将保持平稳较快增长

“十二五”时期是全面建设小康社会的关键时期，党的十七届五中全会提出了加快经济发展方式转变，扩大内需、保持经济平稳较快发展的目标，加强和改善宏观调控，加快形成消费、投资、出口协调拉动经济增长的新局面。为保障我国农业农村的基础地位，加快农业农村发展，提出了要推进农业现代化、加快社会主义新农村建设，统筹城乡发展，加快发展现代农业，加强农村基础设施建设和公共服务，拓宽农民增收渠道，完善农村发展体制机制，建设农民幸福生活的美好家园的目标。在党和国家的关怀下，2010 年，我们战胜了百年一遇的自然灾害。目前，全省经济正朝着宏观调控的预期方向发展，处于平稳性较好、持续性较强的发展轨道上。2011 年，全省经济运行总体将趋于活跃，农业农村发展的有利条件和积极因素在积累增多，农业农村经济将保持平稳较快增长。

### （二）粮食自给率将进一步提高

2008 年的世界粮食危机，2009 年的世界金融危机，2010 年连续发生的严重自然灾害，日益严峻的气候危机和不断增加的人口，都给粮食安全再次敲响了警钟。各国政府更加重视粮食安全，采取多项措施发展农业生产，促进粮食增产，保证粮食安全。“国以民为本，民以食为天。”我国是人口大国，粮食安全面临更大挑战。鉴于此，2004 年以来，中央连续发出 7 个一号文件，进一步加强粮食安全工作，坚决守住 18 亿亩的耕地红线和 95% 的粮食自给率底线。农业部部长韩长赋近日也指出，“十二五”期间中国农业的首要目标就是保障国家粮食安全。云南省委、省政府高度重视，启动实施百亿斤粮食增产计划，农业高稳产田将进一步增加，加上各种惠农政策的实施，农民种粮积极性将保持。2011 年，尽管自然灾害的影响不可能根除，但云南粮食生产有利因素仍然较多，粮食生产出现滑坡的可能性不大，粮食自给率将进一步提高。

### （三）农特产品出口成为新亮点

近年来，云南的农产品大量出口东南亚及南亚各国，并远销欧盟、北美、日本等，农特产品凸显出口优势。2008 年，尽管国际经济形势不佳，外部需求大幅缩减，但云南农产品出口依然实现了稳步增长，全年农产品出口 7.99 亿美元，同比增长 20.2%。2009 年在全球金融危机冲击下，云南特色农产品逆势而上跃，成为全省第一大宗出口商品，出口 9.7 亿美元，同比增长 21.6%。2010 年前三季度，云南农产品出口 9.5 亿美元，较上年同期净增 2.4 亿美元，增幅 33.8%。云南农产品出口总额连年居西部省份前列。云南地处边疆，区位优势明显。云南的农产品与东盟国家具有较强的互补性。随着全球经济回暖，云南特色农产品口形势将进一步好转。未来 5～10 年，云南农业将加快发展方式的转变，大力发展现代农业，加快特色优势产业发展，支持建设出口基地和发展农产品加工贸易。云南将建成特色鲜明的优质烟叶、天然橡胶、木本油料、蔬菜瓜果、花卉、蔗糖、咖啡和畜牧水产等特色农产品的生产加工和出口基地，支持优势农产品扩大出口。优质的产业结构和优势产业支撑着云南农产品出口的高速增长，云南省农产品的出口将成为全省商品出口的最大亮点。

### （四）农民收入将稳步增长

中央强调，2011 年强农惠农的思想认识只能增强不能削弱，强农惠农的政策力度只能加大不能减小。要千方百计确保主要农产品供给安全，稳定粮食播种面积，增加农业生产补贴，稳步提高粮食最低收购价，加大粮食主产区投入和利益补偿力度。近期国家发改委也提出："千方百计促进农民持续增收，统筹城乡发展，不断缩小城乡收入的差距。"面对日益严峻的城乡差距、贫富差距加大，农民收入偏低的现状，云南省也确定了未来 5～10 年，全省高度重视农民增收动力不足、渠道不宽的严峻现实，将以转变发展方式、促进农民增收为核心，采取多种措施，加大力度促进农民收入持续快速增长。以家庭经营收入为基础，以工资性收入、财产性和转移性收入为重点打造新的增长极，促进农民收入继续快速增长，进一步缩小与全国农民平均收入的差距。在国家及省一系列惠农政策的支持下，预计 2011 年农民人均纯收入将保持稳步增长。

**（五）农田水利设施将得到进一步改善**

近期，中央经济工作会议指出：2011 年将把水利作为农村基础设施建设的重点，多方筹集资金，切实增加投入。受 2010 年百年一遇的特大干旱的警示，全省上下更加重视农田水利基本设施建设。省长秦光荣就强调："在当前和今后一个时期，全省要把解决水的问题作为云南发展的头等大事，迅速扭转供水保障水平低的局面，促进社会和谐稳定发展。"① 副省长孔垂柱表示，必须高度重视水利对全省经济社会发展的瓶颈制约，痛下决心加快以水利为重点的农业基础设施建设。将水利建设从"农业的命脉"提升到"国民经济血液"的战略高度，把解决水的问题作为全省经济社会发展的头等大事，以更加有力的措施，努力从根本上破解水利对经济社会发展的瓶颈制约。2010 至 2015 年，云南计划多渠道投入资金 1 000 亿元左右，新开工建设 200 件以上骨干水源工程和 200 万件以上"五小水利"工程，完成国家规划内 541 件病险水库除险加固。全省新增蓄水库容 30 亿立方米，相当于新增库容近 30%，水资源开发利用率提高至 9%。云南农田水利设施将进一步改善。

**（六）民生问题将得到较大改善**

十七届五中全会提出："把统筹城乡发展作为全面建设小康社会的根本要求，把改善农村民生作为调整国民收入分配格局的重要内容。"中央经济工作会议也提出，2011 年在改善民生方面，要扎扎实实办教育、就业、社会保障、医疗、住房保障等几件实事。加强教育重点领域建设，重视发展学前教育，扩大涉农中等职业教育免费范围。坚持更加积极的就业政策，把促进充分就业作为经济社会发展的优先目标。加快建设覆盖城乡居民的社会保障体系，扩大新型农村社会养老保险试点范围，建立健全城乡居民低保标准正常调整机制。扎实推进医药卫生体制五项重点改革，突出抓好健全基本药物制度和加快公立医院改革试点工作，为群众提供满意的基本医疗卫生服务。要加快推进住房保障

① 邓久翔、李自良等：《云南：重旱倒逼农业发展转方式》，载新华每日电讯，2010 年 5 月 28 日。

体系建设，加快农村危房改造，缓解群众在居住方面遇到的困难。加大扶贫开发工作力度。改善民生是2011年中国经济政策的着力点。“十二五”开局之年，民生问题将得到较大改善。

## 四、促进农业农村经济发展的几点建议

农业兴，基础牢；农村稳，天下安。2011年是“十二五”的开局之年，如何开局、怎样起步，关系到未来5年能否为全面建成小康社会打下具有决定性意义的基础。科学发展是中国经济社会发展的主题，转变经济发展方式是经济工作的主线。2011年中央将实施积极的财政政策和稳健的货币政策，加强宏观调控，保持经济平稳较快发展，促进社会和谐稳定。云南是农业大省，农业农村发展相对滞后，云南应抓住机遇，促进农业农村经济快速健康发展。

### （一）加快农业发展方式转变，推进农业产业化

转变经济发展方式是国家经济工作的主线。在加快全省经济发展方式转变中，云南省委、省政府明确提出“调优一产”的战略思路。一个“优”字，概括了云南农业转变发展方式的题中之意。云南农业人口多，人均占有耕地少，以家庭为单位的农业生产一直占据农业经济发展的主导地位。加快农业发展方式转变，首先要推进农业产业化经营。农业产业化经营是现代农业普遍采用的经营方式，它能够把以农户为单位的小规模经营引入社会化大生产的轨道，实现资源和生产要素的优化组合，是转变农业增长方式的一项重要举措。加快土地承包经营权流转，积极推进农村土地向种植大户、经营能手和龙头企业集中，推进规模化经营，形成龙头企业带动、主导产业拉动的产业化发展新局面，推进农业产业化。其次要推进特色产业提质增效。云南农业特色产业发展中，农产品基地建设滞后、优质原料供给不足、产品精深开发不够、科技研发创新能力较弱、合作组织建设滞后等问题依然存在，特色优势产业面临提质增效的压力。要以转变农业发展方式为突破口，按照高产、优质、高效、集约、生态、安全的要求，加快优质高产原料基地和标准现代农业示范区建设，形成以

基地为基础、原料为依托、以加工增效益，实施品牌战略，推进特色优势产业标准化和品牌化，推进特色产业提质增效，推动传统农业向现代农业转变。

### （二）抓住桥头堡建设的机遇，推进农产品出口

云南的农产品与东南亚、南亚国家具有较大的互补性，出口潜力很大，市场前景广阔。2009年7月，胡锦涛总书记在云南考察时指出："要充分发挥云南作为我国通往东南亚、南亚重要陆上通道的优势，深化同东南亚、南亚和大湄公河次区域的交流合作，不断提升沿边开放质量和水平，使云南成为我国向西南开放的重要桥头堡。"云南应抓住桥头堡建设的战略机遇，构筑云南农产品出口新优势，推动云南省农产品出口再上新台阶。继续推动农产品生产加工和出口创汇基地建设。按照片区开发思路，重点提升马铃薯、蔬菜、核桃、油菜子、烤烟、茶叶、甘蔗、天然橡胶、咖啡、蔬菜、水果、花卉、中草药、生猪、牛羊、家禽等产业，推动农产品生产加工和出口创汇基地建设，进一步壮大出口集群规模。加大对出口型龙头企业的扶持力度。采取多种措施，积极引导、鼓励和支持龙头企业将云南的优势农产品大量出口东南亚、南亚国家。大力实施"走出去"战略，构建云南农业对外开放新格局。利用云南与周边国家山水相连、人文相近、习俗相通，经济联系越来越紧密的有利条件，实施"走出去"战略，搞好境外种植业和农产品加工。

### （三）争取中央支持，发展政策性农业保险

农业是国民经济的基础产业，农业丰则基础强，农民富则国家盛，农村稳则社会安。云南省地处复杂的地质地理背景和特殊的气候环境，历来就是一个多灾、重灾的省份。气象灾害、地震灾害、地质灾害、农业生物灾害、环境灾害是云南省面临的主要灾害。加之生产方式比较落后，农业农村经济对自然因素的依赖较大，对自然灾害的承受能力较弱。与全国的大部分地区相比，云南农业是典型的高风险行业。2010年的云南大旱，农业直接经济损失达170多亿元，给农民的生产生活带来了严重影响。面对频繁的旱灾，不少有识之士多次呼吁"积极发展政策性农业保险"。农业保险是世界各国普遍实行的一种农业保障方式，是农

业风险保障体系中的重要内容。目前，云南政策性农业保险尚处于探索阶段。中国人民保险公司云南分公司2007年承保中央政策性能繁母猪保险。根据国家规定，能繁母猪保险金额赔付定为每头1 000元，保费费率为6%，每头60元。其中，中央财政补助50%，地方财政配套30%，农户承担20%。2009年又承保了奶牛保险，每头保险金额赔付为6 000元，缴纳保险费360元。其中，中央财政承担30%，省级财政承担6%，市、县财政承担24%，养殖户自己承担40%。2010年度，财政部将青稞、玉米、水稻、油菜、牦牛、藏系羊、森林火灾等7个农业保险品种纳入中央财政保费补贴试点地区之一，至此，云南共有9个农业保险品种获中央财政保费补贴扶持政策。2010年，全省各地计划投保441万头能繁母猪保险、14万头奶牛保险、8万亩青稞保险、200万亩玉米保险、300万亩水稻保险、100万亩油菜保险、4.7万头牦牛保险、22.7万头藏系羊保险和12 777万亩森林火灾保险，预计全省将获得中央财政保费补贴资金2亿多元，投保农户将获得585亿元的风险保障。[①] 政策性农业保险为广大农民从事农业生产提供了风险保障，深受农民喜爱。目前，云南农业政策性保险覆盖面窄，种类少，不能适应云南农业发展的需要。农业保险属准公共物品。2004年中央就明确规定："加快建立政策性农业保险制度，选择部分产品和部分地区率先试点，有条件的地方可对参加种养业保险的农户给予一定的保费补贴。"建议云南抓住这次大旱的机遇，积极争取中央支持，加大政策支持力度，通过财政补贴等多项优惠政策，积极支持云南大力发展政策性农业保险，逐步将农业所有领域都纳入农业政策性保险的范围，以减轻农民因灾带来的损失，实现农业农村的健康持续发展。

### （四）抓住国家扩大消费的机遇，促进农民增收

中央提出"形成消费、投资、出口协调拉动经济增长新局面"。这和以往强调的"投资、消费、出口"三驾马车有了新的变化，这是首次将消费放在投资的前面，反映了国家在经济发展思路上的一次重大转变，更加强调了消费的重要性。今后，促进经济发展由主要依靠投资、出口拉动向依靠消费、投资、出口协

① 赵大春：《云南新增7个农业保险品种纳入中央财政保费补贴》，载新华网，2010年9月7日。

调拉动转变。加快经济发展方式的转变，是关系我国国民经济全局紧迫而重大的战略任务。云南要完成这项战略任务，必须按照中央有关精神，以扩大居民消费需求为着力点，增强消费对经济发展的推动力。云南70%的人口在农村，扩大消费的重点和潜力都在农村。由于受收入水平的限制，目前，农村的消费还很有限。但与全国许多地方相比云南的大部分农村还相当落后，农民生产生活条件还不容乐观，拓展农村消费的空间还比较大。这其中最关键的就是增加农民收入。云南要充分抓住国家实施扩大消费，拉动内需的机遇，千方百计增加农民收入。

### （五）夯实基础，增强发展后劲

遭遇一次特大干旱，受到一次警示，也获得一次新的发展机遇。农田水利设施是农业发展的基础，也是经济社会发展的基础之基础。2010年的特大干旱带来的损失，充分暴露出云南农田水利设施欠账多、基础薄弱，抵御自然灾害能力低下的现状。以水利为重点的农业基础设施薄弱，是制约云南农业发展的主要瓶颈。加强农田水利基础设施建设，夯实发展基础，增强发展后劲已迫在眉睫。云南要借助这次特大干旱发生后，国家对云南水利工程建设投入大幅度增加的有利时机，利用各方面的支持资金，通过科学规划，修建各类大中型水库、提灌站等水源工程，建设能灌能排的中小型灌区，提高农田灌溉保证程度，大幅度提高农田生产力，为未来农业的持续稳定发展打下良好的基础。高标准农田农地建设是农业抵御自然灾害的第一保障，是建设现代农业的首要着力点。结合中低产田改造工程的实施，加大中低产田地改造工程力度，加大坡改梯的力度，加快中低产田地改造向山区、半山区推进延伸，支持小型、微型水利工程的建设，对小山塘、小水库、小泵站、蓄水池和水窖等“五小”工程的建设予以政策和资金扶持，大幅度地提高拦蓄利用自然降水的能力，提高旱地农业生产的保障程度。彻底改变云南农业靠天吃饭的局面。

### （六）加快农村信息服务体系建设，为农民提供服务

完善的农村信息体系建设与运用，对于农业生产的产前、产中、产后操作具有重要的指导作用，对于促进农业农村经济发展具有重要意义。目前，云南广大农业仍以农户分散经营为主，农

民的组织化程度不高，农民很难全面而准确地把握市场。随着通信科技和计算机技术的日趋完善，现代通信、互联网等已经覆盖农村，为服务农业提供了良好的平台。加快农村信息服务体系建设，及时为农民提供相关信息服务。一要进一步完善"数字乡村"信息载体，促进农业和农村信息工作再上新台阶，加大对农业农村工作的指导力度。二是多种形式，广泛开展农业信息咨询业务，为农民选择项目提供咨询意见。三是加强价格政策宣传，及时向群众发布农产品价格及供求信息，积极引导农民调整产业结构，推广农业科技，提高农业效益，确保农业增效，农民增收。

经济发展是全面建设小康社会的物质基础。按照2020年全面实现小康社会的目标要求，云南农业农村经济发展距离全面建设小康目标，还有很艰难且漫长的路程要走。加快农业农村经济发展，是当前最迫切的任务。

**参考文献：**

1. 孔垂柱：《云南农业农村经济发展思路的探索与思考》，载云南网。

2. 云南省统计局：《大旱之年粮食丰收　云南农村经济全面发展》，载 http//：www. stats. gov. cn。

3. 伍晓阳：《云南农业特色产业崛起　农业现代化仍需提速》，载 http：//qcyn. sina. com. cn。

4. 云南省统计局：《2010年上半年全省农业农村经济运行情况分析》。

5. 转引自国家林业局网站《实现林业大省向林业强省转变的重大举措—云南省大力推进中低产林改造》，载《中国绿色时报》。

6. 转引自中央政府门户网站《云南多种模式探路　为中低产林地改造拓展新天地》，载《云南日报》。

（作者单位：云南省社会科学院经济研究所）

# 工业经济发展报告

宋 立

2010 年是实施“十一五”规划的最后一年，是巩固经济企稳回升态势的关键一年，也是加快云南产业结构调整、优化产业升级的重要的一年。2010 年，云南工业经济在电力、烟草、钢铁及化工行业的带动下，总体上朝着宏观调控的预期方向发展，呈现平稳增长、增速稍有回落的运行态势。

## 一、2010 年云南工业运行基本情况

经过 2009 年的恢复期，全省经济从全球金融危机阴影中逐步走出。今年 1～2 月，云南规模以上工业增加值以同比增长 23.2% 的增幅高开。随后，随着 2009 年低基数效应的逐渐减退，工业累计完成增加值同比增长幅度有所回落，上半年基本保持在 20% 以上，下半年开始回落到 20% 以下，工业经济总体呈现平稳较快的发展态势。

### （一）2010 年全省工业经济运行高开回落

从 1～10 月份工业经济数据来看，云南工业经济总体呈现快速平稳的运行态势。全省规模以上工业累计完成增加值 1 817 亿元，同比增长 15.7%，增长速度较 2009 年同期的 6.9% 提高 8.8 个百分点，比我国西部省区平均增速高 0.1 个百分点，比全国平均增速低 0.4 个百分点。

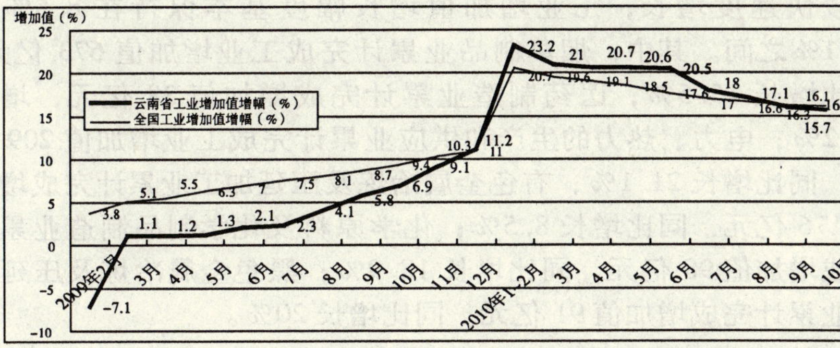


图1　2009年2月至2010年10月云南与全国规模以上工业增加值增幅比较图

### （二）2010年全省轻重工业快速增长，轻工业平稳，重工业增速下降

1~10月，在烟草制品业的带动下，全省轻工业生产快速增长，累计完成增加值861.6亿元，同比增长15%，增速比2009年同期提高5.8个百分点，较全国平均增长幅度高出1.4个百分点，全年保持平稳运行态势。

1~10月，全省重工业累计完成增加值955.3亿元，增长17%，增速比2009年同期提高11.9个百分点。前3个季度，重工业增速一路走低，呈持续下降趋势，10月较今年1~2月增速下降了一半。

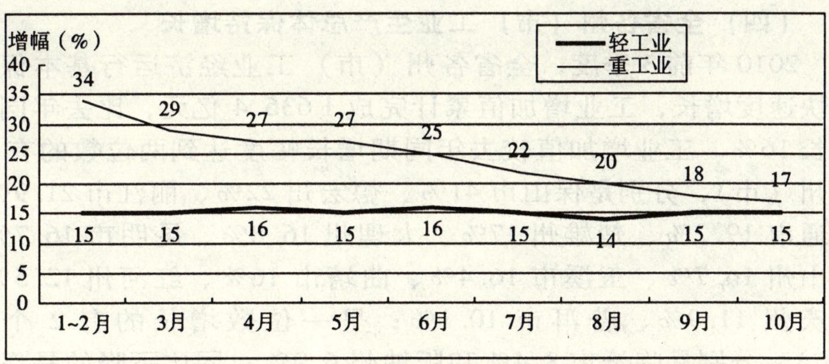


图2　2010年1~10月云南轻重工业完成增加值增速示意图

### （三）6个主要工业行业生产均保持较快速度增长

2010年1~10月，云南主要的6个工业行业，工业生产均保

持较快速度增长，工业增加值增长幅度基本保持在 8.5% ~ 21.1%之间。其中，烟草制品业累计完成工业增加值 673 亿元，同比增长 15.5%；医药制造业累计完成增加值 38 亿元，增长 14.2%；电力、热力的生产和供应业累计完成工业增加值 209 亿元，同比增长 21.1%；有色金属冶炼及压延加工业累计完成增加值 176 亿元，同比增长 8.5%；化学原料及化学制品制造业累计完成增加值 98 亿元，同比增长 18.9%；黑色金属冶炼及压延加工业累计完成增加值 91 亿元，同比增长 20%。

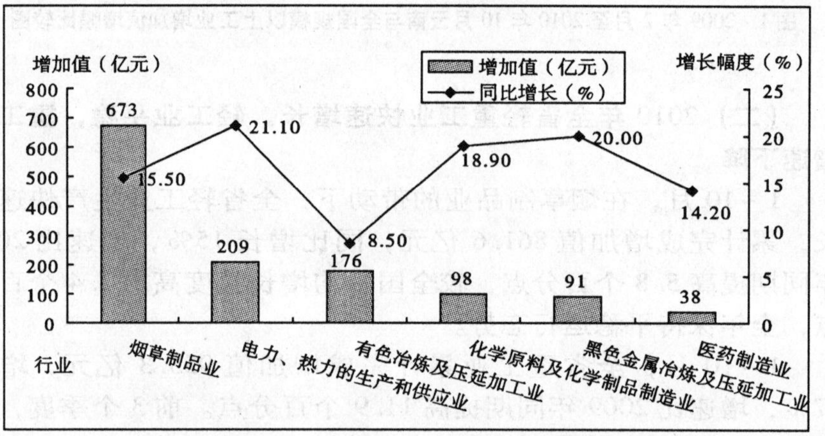


图 3　6 个主要工业 1~10 月份完成工业增加值同比增长幅度图

### （四）全省各州（市）工业生产总体保持增长

2010 年前 3 季度，全省各州（市）工业经济运行基本保持较快速度增长，工业增加值累计完成 1 636.4 亿元，比去年同期增长 16%。工业增加值较去年同期增长幅度达到两位数的有 12 个州（市），分别是保山市 41%、德宏州 22%、丽江市 21.9%、昭通市 19.2%、楚雄州 17%、大理州 16.8%、昆明市 16.7%、文山州 16.7%、玉溪市 16.4%、曲靖市 16%、红河州 12.5%、迪庆州 11.9%、普洱市 10.1%；呈一位数增长的有 2 个州（市），分别是临沧市 8.4% 和版纳州 6.9%；同比下降的是怒江州 -15.8%。

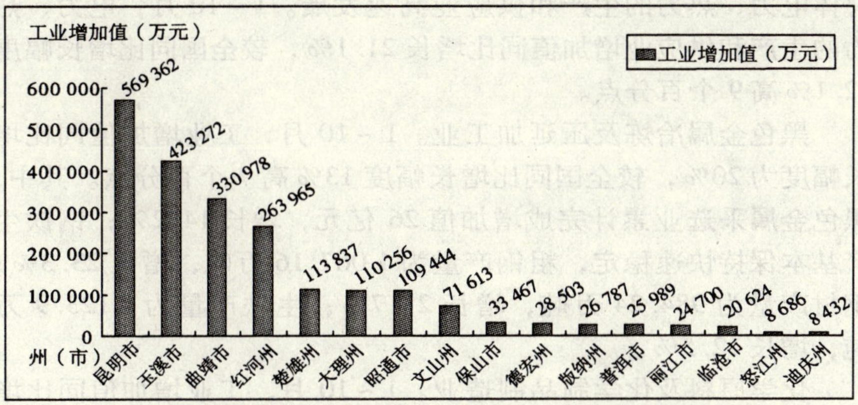


**图 4　2010 年前 3 季度全省分州（市）工业增加值统计图表**

## 二、2010 年云南工业运行特点

### （一）工业经济运行平衡，与全国平均水平同步

2010 年，在省委、省政府的坚强领导下，云南不断组织实施产业调整与振兴方案，努力克服后金融危机和百年一遇的特大旱灾对工业发展的不利影响，全省工业经济在 2009 年工业经济增幅稳步回升的基础上，1～2 月份工业增加值以 23.2% 的增幅高开，上半年全省工业增加值增长幅度保持在 20% 以上。下半年在国际经济形势起伏跌宕，人民币升值压力加大，国内 CPI 高企、国家货币政策收紧，宏观调控力度不断增强的形势下，云南工业经济高速增长的势头受到抑制，工业增加值增幅回落到 20% 以下。从 1～10 月的数据可以看出，全年累计完成工业增加值 15% 已成定局，持续呈现回升向好、高位运行的态势，工业经济运行走势基本与全国同步。

### （二）重点行业发展势头强劲，支撑作用明显

重点行业仍然保持强劲的发展势头，支撑作用明显。

电力、热力的生产和供应业。在全省工业年初高开的拉动下，对电力的需求同比大幅增长。尽管由于今年上半年云南遭遇百年不遇的特大干旱，全省来水不够，水电出力不足，但火电发电量大增，进入雨季后，来水基本正常，加之小湾水电站投产，

总体电力、热力的生产和供应业高速发展。1～10月，电力、热力的生产和供应业增加值同比增长21.1%，较全国同比增长幅度12.1%高9个百分点。

黑色金属冶炼及压延加工业。1～10月，工业增加值同比增长幅度为20%，较全国同比增长幅度13%高7个百分点。其中，黑色金属采选业累计完成增加值26亿元，增长14.2%；钢铁生产基本保持快速稳定，粗钢产量为1 067.16万吨，增长23.3%；钢材产量为984.24万吨，增长21.7%；生铁产量为1 123.9万吨，增长12.5%。

化学原料及化学制品制造业。1～10月，工业增加值同比增长18.9%，较全国同比增长幅度16.4%高2.5个百分点。其中，累计生产化肥300万吨，增长6.4%（氮肥104万吨，下降9.5%；磷肥195.5万吨，增长17.4%；黄磷35万吨，增长2.9%）。

烟草制品业。烟草工业运行平稳，卷烟产销增长，结构稳定提高，实现利税保持增长。1～10月，全省共生产卷烟607.16万箱，同比增长3.7%；销售卷烟612.71万箱，增长4.4%。全省烟草制品业工业增加值同比增长15.5%；实现利税604.33亿元，增长11.2%；实现利润82亿元，下降19.6%。

医药制造业。1～10月，全省医药制造业工业增加值增长14.2%。其中，累计生产化学医药产品3 607.27吨，增长120%；中成药1 661.88吨，增长15.8%。

有色金属冶炼及压延加工业。1～10月，全省有色冶炼及压延加工业工业增加值同比增长8.5%；有色金属采选业累计完成增加值46.61亿元，增长21.9%；主要10种有色金属累计生产195.3万吨，增长16.1%。其中，铜29.49万吨，增长24.1%；原铝56.6万吨，增长16.7%；锌71.62万吨，增长13.6%；铅29.36万吨，增长17.6%；锡6.29万吨，增长1.6%。

### （三）州（市）工业增长成效显著，产业聚集效应增强

大多数州市工业保持较快增长，昆明、曲靖、玉溪、楚雄、红河、昭通等主要工业地区工业生产增幅均超过20%，有力地支持了全省工业生产。

从收集的资料看，昆明市、玉溪市、曲靖市和红河州工业经

济在全省工业经济发展中仍占据主要优势，前三季度工业增加值占全省工业增加值的份额达到70%以上，分别为26.1%、19.41%、15.17%和12.1%。上述4个州（市）为云南重要的工业基地。工业经济处于第二梯队的州（市）有楚雄州、大理州、昭通市和文山州，工业增加值占全省工业增加值的18.57%，分别为5.22%、5.05%、5.02%和3.28%。此4个州（市）目前具有一定规模的工业产业，尚处于起步阶段。其余8个州（市）工业增加值占全省工业增加值不到10%，工业基础较为落后。

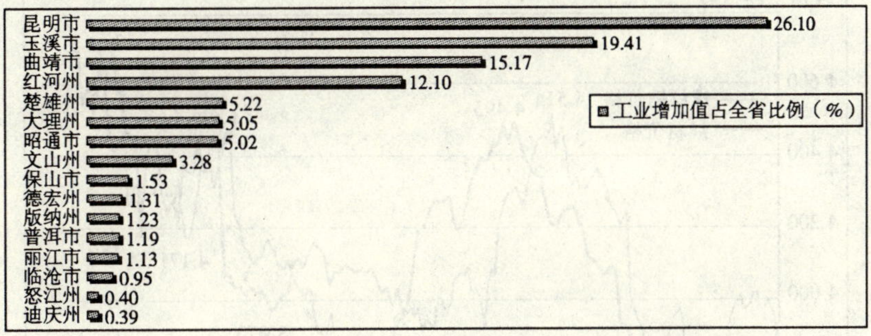


图5　2010年前三季度各州（市）工业增加值占全省比例

### （四）主要工业产品产量平稳增长，出厂价格普遍上涨

从1～10月的数据看，主要工业产品产量增长平稳。全省发电量为1 126.58亿千瓦时，同比增长14.7%。其中，水电677.81亿千瓦时，同比增长22.9%；火电445.65亿千瓦时，增长3.9%。电力行业累计完成增加值209.16亿元，增长21.1%；钢铁行业生产基本保持快速稳定，全省钢材累计生产984.24万吨，增长21.7%；铁矿石原矿产量为1 906.63万吨，增长9.3%；10种有色金属为195.3万吨，增长16.1%；硫酸产量为883.79万吨，增长15.6%；水泥产量为4 606.87万吨，增长16.9%；化肥产量为299.73万吨，增长6.4%；汽车产量为82 526辆，下降7.4%。

工业品出厂价格普高上涨。1～10月，工业品出厂价格同比上涨9.5%，涨幅比上月回落0.5个百分点。原燃料及动力购进价格同比上涨9%，与上月持平。其中，钢材价格震荡向上，至10月末，炼铁、炼钢产品价格持续上涨，生铁上涨17.7%，线材、薄钢板、钢带分别上涨4%、5.4%和25.7%（钢铁行业价格变化的线材和螺纹钢期货走势见图 6）。有色金属价格总体呈波动向上趋势，一季度向上，二季度回落，三季度及 10 月份再度向上，目前有回落趋势（主要有色金属品种价格期货走势见图 7）。水泥产品价格呈上涨趋势，10 月末，32.5#矿渣硅酸盐水泥均价为 320 元/吨，比上月末每吨上涨 10 元。化肥价格总体上涨，10 月末，尿素价格为 1 880 元/吨，比上月上涨 80 元/吨；磷酸二铵 2 950 元/吨，比上月上涨 150 元/吨。

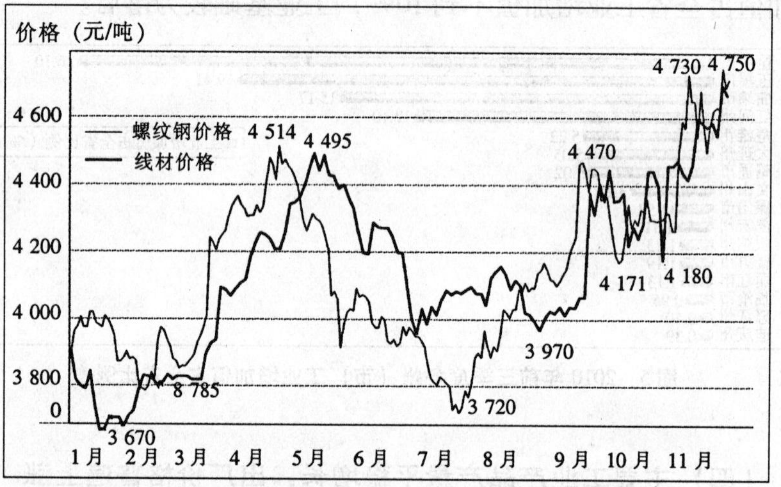


图 6　2010 年上海期货沪期螺纹钢、线村价格走势图

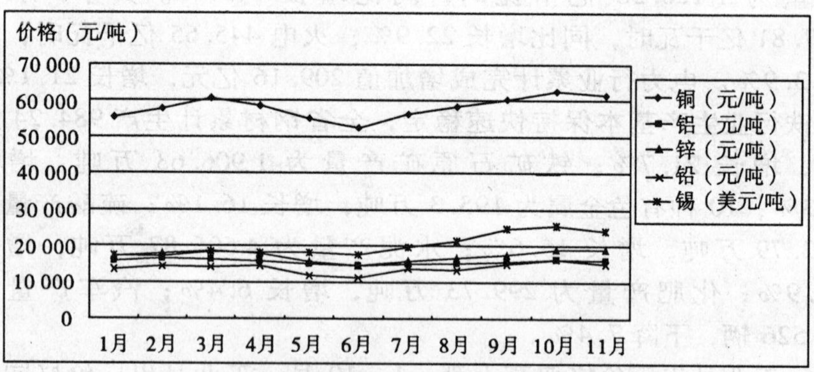


图 7　2010 年主要有色金属期货走势图

注：铜、铝、锌为上海期货沪铜、铝、锌连续月收盘价。铅、锡为伦敦期货现货价，铅以 11 月 25 日 1:6.6495 兑换人民币折算，锡以美元计。

## 三、2011年云南工业运行态势分析

从1~10月份工业经济运行情况看，在电力、烟草、钢铁及化工行业的带动下，工业经济呈现平稳增长、增速稍有回落的运行态势。随着CPI数据高位运行，国家进一步加强宏观调控的预期成为大概率事件，受政策影响，预计明年上半年，云南工业经济增长速度将回落到15%以下。明年下半年，随着国家宏观经济调控措施效果显现，通胀压力减小，有望小幅攀升。2011年，云南工业经济总体为前低后略高的运行趋势，工业增加值增长幅度将保持在15%~16%之间。

### （一）电力、热力的生产和供应业

2011年，随着金安桥电站投产和糯扎渡电站将要投产的预期，以及一批中小水电站的建成投产，如果不再出现特大干旱，电力供应紧张的局面将会改变，电力、热力的生产和供应业的增长速度将有较大幅度上升，预计将以18%以上的增幅保持稳定增长。

### （二）化学原料及化学制品制造业

2011年，随着国家不断出台稳定物价政策，继续推进"菜篮子工程"，化肥产量有望大幅增长。此外，国内外货币流动性泛滥，不断推高资源制品价格上涨，复合肥所需钾肥价格亦将上涨，预计2011年，化工行业应维持较好发展势头，增幅应可达到15%左右。

### （三）黑色金属冶炼及压延加工业

2011年，由于国家继续推进新一轮西部大开发和限制房地产行业过快增长，实施货币有所收紧的政策预期，黑色金属冶炼及压延加工业受重大机遇的促进作用和宏观调控政策制约双重影响，云南钢铁行业将继续保持强劲增长势头，预计仍会以20%以上的增幅保持增长。

### （四）化学原料及化学制品制造业

由于今年上半年干旱，农业播种面积减少，造成化肥销售需求不振，导致化肥生产减产。随着下半年国际市场价格上扬、出口增加，国家不断推出惠农政策以及节能减排等因素影响，化肥价格持续上涨，但由于PPI高位运行，化工原料国际价格不断攀升，化学原料及化学制品制造业受上下游产品价格双双涨价的影响，总体呈现稳中有升的格局。预计2011年，化学原料及化学制品制造业工业增加值增幅将保持在18%左右。

### （五）烟草制品业

2010年，受特大干旱的影响，云南烤烟种植面积大幅减少，严重影响了烟草产业的增长。2011年，随着烤烟种植面积的恢复，同时在国家和省委、省政府的正确领导和大力支持下，云南烟草制品业将在一系列重振辉煌的政策支持下，有望使烟草工业继续保持快速发展的势头，卷烟工业平稳运行，卷烟产量稳步增加。预计2011年，卷烟产品将超过800万箱，烟草制品业工业增加值增幅保持在12%水平。

### （六）医药制造业

今年以来，医药制造业增长明显加快，预计2011年，在云南新型工业化发展规划的指导下，医药制造业将继续保持快速增长势头，工业增加值有望保持15%左右。

### （七）有色金属冶炼及压延加工业

作为工业原材料的提供商，有色金属行业与经济周期性密切相关，2010年有色金属受流动性过剩和通胀预期推动，价格出现大幅波动。但由于经济持续向好、需求复苏和供给受限等因素影响，2011年，预测有色金属冶炼及压延加工业经过一轮调整后将维持上升趋势，工业增加值以10%左右的增幅上行。

## 四、2011年云南工业运行的几点建议

2011年，作为“十二五”开局年，云南工业经济在国家实

施桥头堡战略和新一轮西部大开发的良好机遇条件下，工业经济只要坚持走新型工业化道路，以转变发展方式为主线，大力推进结构调整，培育新的工业经济增长点，提升优势产业的效益和质量，抓好大项目，工业经济将呈现良好发展态势。

### （一）开好“十二五”开局年，保持工业经济持续增长

抓住新一轮西部大开发和建设桥头堡战略的机遇，秉承2010年应对金融危机全面实现企稳回升的良好势头，在全面总结“十一五”工业发展经验教训，完成“十二五”规划编制的基础上，大力宣传和贯彻落实“新型工业化‘十二五’规划”及其各种专项规划。按照国家给西部及其云南的“差别化”产业政策，利用电力保障能力大为提升、CPI上涨过猛有所遏制的有利时机，大力推进工业发展，争取今年工业的发展势头不掉、骨干行业发展趋势不变、主要增长州市不弱，下大力气，确保全年工业经济平稳运行。

### （二）加快结构调整步伐，转变发展方式

转变工业发展方式，调整工业经济结构，是云南“十二五”的发展主题和发展主线，也是2011年工业经济发展的主线和重要任务。要认真贯彻中央十七届五中全会精神，在面对云南工业发展层次低、效益和质量不高、产能不足与产能过剩并存、能耗高、科技装备水平低、人才不足等严峻挑战面前，采取切实措施，从起步年开始，下大力气抓结构调整。建议主要从培育新的经济增长点，建设林浆纸、清洁载能产业、石化产业等潜在优势产业，发展生物、光电子、先进制造、新能源、环保等战略性新兴产业。同时，通过优化提升现有化工、冶金、有色等传统矿业，烟草、制糖等轻工业，提高传统优势产业的效益和质量。

### （三）承接产业转移，强化工业集聚发展平台

经过金融危机的“大浪淘沙”，以及“十二五”规划的引领，在国家调整产业结构机制的压制下，迫使东部地区加快产业转移步伐，或下决心转移一些原来“舍不得”的产业。因此，云南应积极采取有效措施，尽快制定年度承接产业转移措施，形成到“珠三角”、“长三角”“接”产业的梯次工作模式，各级政府

和相关部门齐心推进，真正把符合云南规划的清洁节能产业，家电、电子、日用品等劳动密集型及面向东南亚、南亚的产业引进来，通过建立和强化承接产业转移园区，使转进来的产业能成项目，落地进园，生根开花，使承接产业转移落到实处。同时，也发展壮大了工业园区，引凤的巢筑得更具吸引力。

### （四）着力推进重点项目建设，以大项目落实发展任务

重点工业发展项目是工业经济发展的核心，是落实工作任务的“抓手”，也是实现全省经济发展的重要载体。要继续落实“212”重点工业项目建设计划，推进实施昆明烟厂、楚雄烟厂搬迁，云南白药改造升级，三七产业提升，林浆纸等轻工项目，建设OLED新型平板显示器、太阳能电池、新型钛材、锗材料、单晶硅等新能源材料等重大工业项目建设，认真解决工业项目需要的土地、道路和电力等配套设施，以抓项目促投资，通过项目的实施，落实工业发展任务。在实施项目的同时，要在“十二五”规划指导下，谋划一批新的工业项目，做好项目储备，认真开展前期工作，以项目引入战略性投资者，对应项目培养人才，使项目培育得到全方位保障。

### （五）抓好煤电油运的保障，为工业发展创造基础条件

从目前来看，尽管进入枯季，但云南电力供应能力依然保持较高水平。11月，水电发电量同比增长超过80%，火电的电煤存煤量维持在500万吨以上，预计到2011年雨季前，电力供应形势远远好于上一个枯季同期。煤炭生产自春节后停工复产转入正常运转后，生产持续增长。同时，运输形势也在国家铁路网更多线路建成运营，总体运力提高，调度管理水平不断进步，公路运输井然有序、平稳，都为冶金、化工、有色等骨干行业发展创造了良好条件。尽管当前柴油供应紧张，对云南公路为主的运输格局造成显著影响，但预计年底到明年初供应将会改观，转为正常供应。因此，建议继续抓好电力需求侧管理，做好错峰填谷等调度运行，保持煤炭行业安全生产、稳定运行，尽力克服柴油供应紧张的问题，以煤电油运的平稳保工业经济平稳开局。

**参考文献：**

1. 云南省发展和改革委员会：《云南省经济形势分析报告》，2010 年第 12 期。

2. 中华人民共和国工业和信息化部：《2010 年 1 ~4 月云南省工业经济运行情况》（http：//www. miit. gov. cn/）。

3. 《2010 年上半年云南省工业经济较快增长》，载中国机经网（http：//www. mei. net. cn/）。

（作者单位：云南省社会科学院经济研究所）

# 矿产业发展报告

赵果庆　付　辉　李　岚

## 一、2010 年云南矿业基本情况

### （一）有色金属板块

1. 有色金属矿采选业

2010 年 2~9 月的月度统计数据表明，各类有色金属采选业产品的各月生产数量均不稳定，先表现出明显的波动式上升特点，后表现出趋降趋势（见表 1）。锌金属产量 2 月份是 28 257.26 吨，到 6 月份达到 62 154.41 吨，但 7 月份降低至 40 150.56 吨，8 月份继续增长，9 月份又出现回落。铜金属含量、铅金属含量和锡金属含量各月的产量与锌金属含量的波动情况相似，只是 9 月份没有出现回落的情况，而是继续增长。锡金属与锌金属在 3 月份达到最高点之后开始下降，这种下降趋势一直持续到 9 月份，而且 9 月份的产量为 0。钨精矿折合量和钼精矿折合量呈现出相似的非常不稳定的升降波动变化，其中，钨精矿折合量 6 月份的产量为 1 124 吨，是其他月份的四五倍；二者在 9 月份的产量分别为 42 吨和 15 吨，是各自在其他月份产量的1/4左右。总的来说，2010 年中前期，云南省有色金属矿采选业的生产情况表现出以稳步增长为主，6 月份以后整体呈现出下降势头。因此，为了保证正常的市场供求及市场价格的稳定，在今年最后一个季度有色金属的生产开采工作将要承担一定的压力。

表1 2010年2~9月份云南省7种有色金属采选业产品产量

单位：吨

| 指标名称＼月份 | 2 | 3 | 4 | 5 | 6 | 7 | 8 | 9 |
|---|---|---|---|---|---|---|---|---|
| 铜金属含量 | 9 569.58 | 13 786.59 | 14 483.5 | 19 188.44 | 14 737.18 | 14 564.93 | 17 936.36 | 19 502.53 |
| 铅金属含量 | 6 862.1 | 8 292.6 | 8 355.44 | 9 197.03 | 13 541.17 | 9 214.98 | 10 928.3 | 8 849.03 |
| 锌金属含量 | 28 257.26 | 43 638 | 38 964.67 | 42 894.1 | 62 154.41 | 40 150.56 | 47 025.42 | 36 706.46 |
| 锡金属含量 | 2 270.9 | 2 312 | 2 361 | 2 470 | 2 966.6 | 2 404 | 2 671 | 2 804 |
| 锑金属含量 | 153 | 173 | 392 | 282 | 280 | 200 | 185 | 0 |
| 钨精矿折合量 | 253 | 291 | 169 | 232 | 1 124 | 300 | 307 | 42 |
| 钼精矿折合量 | 62 | 40 | 61.76 | 57 | 36.09 | 51 | 60 | 15 |

## 2. 有色金属冶炼及压延业

从表2中看出，云南9种有色金属冶炼及压延产品的产量跨越3个数量级，镍的产量为百吨级，锡、铝合金、铜材的产量为千吨级，精炼铜、铅、锌、原铝、铝材的产量为十万吨级。

表2 2010年2~9月份云南省主要有色金属冶炼及压延产品各产量

单位：吨

| 指标名称＼月份 | 2 | 3 | 4 | 5 | 6 | 7 | 8 | 9 |
|---|---|---|---|---|---|---|---|---|
| 精炼铜 | 28 161.72 | 25 081.24 | 27 446.28 | 29 980.67 | 32 466.1 | 28 548.21 | 37 134.26 | 41 479.65 |
| 铅 | 21 617 | 21 555.17 | 24 756.31 | 29 854.52 | 26 754 | 35 149 | 37 431 | 40 100 |
| 锌 | 56 240 | 66 002.48 | 66 208.82 | 71 245.67 | 71 679 | 70 586 | 71 212 | 87 938.41 |
| 镍 | 230.77 | 313.5 | 334.55 | 356.04 | 248.31 | 395.36 | 464.98 | 372.86 |
| 锡 | 5 223 | 6 651 | 6 828 | 7 278 | 7 494 | 6 247 | 6 007 | 6 466 |
| 原铝 | 53 305 | 54 032.06 | 54 041.23 | 59 121.18 | 65 418.25 | 68 800.04 | 45 467 | 48 084 |
| 铝合金 | 2 884 | 63 | 199 | 13 747 | 3 476 | 3 783 | 3 691 | 3 517 |
| 铜材 | 4 312 | 4 414 | 1 515 | 796 | 749 | 660 | 1 096 | 747 |
| 铝材 | 15 697 | 15 490 | 18 531 | 21 955 | 23 488 | 22 229 | 21 711 | 21 037 |

从趋势看：（1）从2月份到9月份，镍的产量除了在6月份和9月份相对于整个发展趋势呈现出低谷状态之外，整体上基本是快速上升的发展形势；（2）铜材的产量在2、3月份在4 000吨的高位运行，之后几个月份跌落在1 000吨左右的低水平上呈微弱的波动；（3）铝合金的产量变化非常剧烈，2月份产量为2 884吨，3月份产量突然急剧跌落到63吨，4月份上升到199吨的低位，而到5月份却又突然飙升到13 747吨的极高水平，之后几个月相对稳定在3 500吨左右的正常水平；（4）锡的产量在2月份到6月份逐步上升，之后回落并呈现出逐渐回升之态（见表2）。

从表2可以进一步看出，铝材、铅、精炼铜、原铝、锌的产量整体上呈现出增长的趋势。其中，锌的产量在2月份到8月份缓慢增长，7个月总共只增长了26.6%，但在9月份出现急剧增长，仅一个月就增长了23.5%。原铝的产量在2月份到7月份迅速增长，在8、9月份呈先跌后升之势。铅、精炼铜和铝材的产量都是相对稳定的逐步增长的趋势，只是铅在6月份的产量相对其整体增长的态势显现出低谷之态，精炼铜在7月份的产量也是如此。此外，需要指出的是，铝材的增长态势相对比较特别，其产量在2月份到6月份的增长态势之后，7、8、9月份产量水平显现出增长停滞且产量缓慢回落的趋势。

### （二）黑色金属板块

黑色金属矿产包括铁矿、锰矿、铬矿、钒矿、钛矿，在云南都有分布。云南省的铁矿保有储量居全国第六位，富铁矿储量3.2亿吨，占全国总量的24.7%，居首位，云南滇中铁矿区、云南大勐龙铁矿都是国家级的大型或特大型铁矿区；锰矿保有储量居全国第六位，富矿占全国总量的52.6%，居首位；钛砂矿保有储量居全国第四位。进入“十一五”以来，云南省黑色金属行业快速发展，已形成以昆钢、德钢两大钢铁集团为主体，矿山采选、钢铁生产、铁合金加工等较为完整的产业体系。

*1. 黑色金属矿采选业*

表3显示，云南省2010年黑色金属矿采选业铁矿石原矿产量从2月份的94.99吨迅速增长至3月份的162.47吨，从4月份开始继续保持高位的水平，直到6月份达到最高值180.61吨，

但7、8月份持续跌至132.17吨，而9月份又回升至162.29吨。与2008相比，2010年云南省的黑色金属矿采选业铁矿石原矿产量在高位运行；与2009年相比，今年的黑色金属矿产量相对略高且更稳定。

表3 2008~2010年2~9月份云南省黑色金属矿采选业铁矿石原矿产量

单位：万吨

| 年份＼月份 | 2 | 3 | 4 | 5 | 6 | 7 | 8 | 9 |
|---|---|---|---|---|---|---|---|---|
| 2008 | 77.16 | 94.18 | 110.94 | 104.71 | 100.65 | 100.70 | 93.78 | 142.82 |
| 2009 | 101.76 | 170.08 | 159.85 | 132.06 | 133.17 | 117.03 | 127.99 | 142.95 |
| 2010 | 94.99 | 162.47 | 164.56 | 155.18 | 180.61 | 142.99 | 132.17 | 162.29 |

2. 黑金属冶炼及压延业

从表4中可以看出，2008~2010年三年间3种金属冶炼及压延产品2~9月的产量是比较相近的，只是钢材略显偏低。

表4 2008~2010年2~9月份云南省主要黑色金属冶炼及压延产品各产量

单位：万吨

| 各类 | 年份＼月份 | 2 | 3 | 4 | 5 | 6 | 7 | 8 | 9 |
|---|---|---|---|---|---|---|---|---|---|
| 生铁 | 2008 | 98.22 | 98.04 | 99.18 | 99.8 | 102.65 | 106.64 | 109.5 | 88.39 |
| | 2009 | 88.31 | 91.81 | 102.86 | 105.2 | 103.46 | 108.11 | 122.2 | 122.43 |
| | 2010 | 104.11 | 105.02 | 104.53 | 112.49 | 117.71 | 115.92 | 119.22 | 118.04 |
| 粗钢 | 2008 | 72.89 | 75.56 | 71.5 | 75.04 | 77.82 | 80.82 | 81.62 | 68.03 |
| | 2009 | 66.27 | 75.98 | 85.06 | 85.88 | 86.94 | 91.89 | 96.94 | 95.9 |
| | 2010 | 100.19 | 98.38 | 99.22 | 107.48 | 103.87 | 108.68 | 113.86 | 108.02 |
| 钢材 | 2008 | 71.26 | 73.69 | 67.28 | 69.51 | 76.19 | 79.3 | 70.55 | 59.52 |
| | 2009 | 60.66 | 66.9 | 75.74 | 81.57 | 81.87 | 91.86 | 91.19 | 84.75 |
| | 2010 | 83.59 | 91.69 | 101.93 | 101.34 | 90.07 | 98.42 | 98.92 | 103.62 |

（1）生铁。云南省黑色金属冶炼及压延产品中生铁的产量在2010年从2~9月份整体上显现出逐渐稳步上升趋势（见表4），实质上可以分为三个阶段：第一个阶段，2、3、4月份的产量稳定缓升阶段；第二阶段，5、6月份的产量连续跃升阶段；第三阶

段，7、8、9 月份的产量稳定缓升阶段。因此，在 2010 年 2～9 月份除 5、6 月份的产量跃升之外，其余各月产量基本稳定。2010 年的生铁产量增长情况并未超过去年。2008 年的产量先增加后降低以及 2009 年产量逐步增加明显的趋势，与 2008 年世界金融危机对全球的冲击影响以及 2009 年经济恢复的全球经济环境形势的变化相一致。

（2）粗钢。云南省黑色金属冶炼及压延产品中粗钢的产量在 2010 年 2～9 月份整体上与生铁的变化情况类似（见表 4）。相应地，粗钢的产量发展情况也可以分为三个阶段，这与生铁的三个阶段类似，除了粗钢的第二阶段维稳趋降的形势异于生铁的维稳上升之外，另外两个阶段一致。今年粗钢产量比去年有了明显的增长。前两年的粗钢产量变化情况与生铁基本一致，也反映出金融危机的冲击作用以及经济恢复促进生产的推动效应。

（3）钢材。云南省黑色金属冶炼及压延产品中钢材的产量在 2010 年 2～9 月份整体上显现出先上升再跌落后维稳缓升的趋势（见表 4），总体上产量情况相对稳定，这一点与生铁、粗钢的产量变化情况不同。也可以将钢材的产量发展情况分为三个阶段：第一阶段，2、3、4 月份的产量快速增长阶段；第二阶段，5、6 月份的产量先维稳再快速跌落阶段；第三阶段，7、8、9 月份的产量上升维稳阶段。今年钢材产量相比去年有了明显的增长。前两年的钢材产量变化情况与生铁、粗钢基本一致，也反映出金融危机的冲击作用以及经济恢复促进生产的推动效应。

总体上，2010 年云南省黑色金属冶炼及压延产品中生铁、粗钢、钢材从 2010 年 2～9 月份的产量趋势（见表 4）显示出生铁和粗钢的产量变化情况基本一致，钢材的产量变化情况异于二者。从产量水平来看，生铁产量最高，粗钢产量第二，钢材产量最低。生铁是粗钢和钢材的原材料，而生铁和粗钢也是钢材的原材料，三者在工业品中的角色地位可以解释三者产量的水平状况。需要指出的是，从三种金属产品产量在 2008、2009 年先陷入低迷后复苏的情况来看，钢材的生产率先在金融危机中复苏，而生铁和粗钢的生产复苏时间整整晚了一个月的时间。其主要原因是生铁、粗钢是钢材的生产原材料，宏观经济复苏和企业生产扩容先直接导致对钢材的过度需求，之后才会进一步导致对钢材生产的原材料生铁、粗钢的过度需求。这也是生铁、粗钢在 2010

年的产量发展情况相似，而钢材与二者迥异的本质原因。

## （三）非金属板块

尽管云南省各种非金属矿的储量在全国所占的比重并未达到有色金属的水平，但云南省的非金属矿种类丰富，是云南省矿产业的重要组成部分。

从表5可初步看出，三种非金属产品的产量是有差距的，磷矿石产量相对较大，原盐和硫铁矿石的产量相对较低。

**表5　2008~2010年2~9月份云南省非金属矿采选产量**

单位：万吨

| 种类 | 年份＼月份 | 2 | 3 | 4 | 5 | 6 | 7 | 8 | 9 |
|---|---|---|---|---|---|---|---|---|---|
| 硫铁矿石 | 2008 | 4.27 | 3.15 | 5.38 | 6.89 | 4.32 | 3.66 | 3.25 | 3.00 |
| | 2009 | 2.84 | 2.90 | 4.68 | 3.47 | 2.13 | 2.23 | 2.70 | 2.74 |
| | 2010 | 4.39 | 4.53 | 4.17 | 4.49 | 3.42 | 3.96 | 4.46 | 4.18 |
| 磷矿石 | 2008 | 119.37 | 172.24 | 164.44 | 179.08 | 142.93 | 144.92 | 155.24 | 142.86 |
| | 2009 | 135.41 | 151.60 | 211.94 | 239.59 | 188.46 | 75.78 | 101.01 | 221.47 |
| | 2010 | 121.10 | 209.38 | 233.25 | 221.54 | 186.37 | 158.67 | 134.74 | 165.04 |
| 原盐 | 2008 | 9.26 | 8.94 | 8.45 | 4.34 | 6.37 | 6.79 | 8.44 | 9.53 |
| | 2009 | 4.65 | 6.14 | 9.45 | 5.67 | 6.75 | 7.27 | 8.26 | 8.13 |
| | 2010 | 9.58 | 6.87 | 11.33 | 7.95 | 10.42 | 9.64 | 11.47 | 9.82 |

（1）硫铁矿。云南省非金属矿采选业中硫铁矿的产量（见表5）在2010年2~9月份没有出现明显波动，产量情况稳定，除了在6月份产量小幅降低之外，其他各月份的产量基本稳定。2008~2009两年的产量水平发展情况比较类似，都有生产的高峰时期，该时期的产量是正常时期的数倍，产量的波动变化比较剧烈。在2008~2010年三年间，2009年的产量相对最低，可以看出在遭受金融危机之后硫铁矿的生产并未随着经济复苏而迅速恢复正常，产量水平停留在比金融危机时更低的水平，因此可以认定2008年的金融危机对硫铁矿的生产情况影响并不显著，而2008年的产量在经过剧烈波动之后持续下跌可以看做是其生产周期的原因而非金融危机所致。2010年的生产恢复及产量水平的相对稳定可以认定为主要是生产管理与科学规划的有效实施。

（2）磷矿石。云南省非金属矿采选业中硫铁矿的产量在2010年从2～9月份经历了先增长后降低的发展变化，并展现出回升的趋势（见表5），且整个发展变化的趋势比较连贯明显，波动比较温和。2008年的产量整体上非常稳定，波动也比较小，而2009年的产量发展趋势比较紊乱，波动剧烈。由此可以看出，磷矿石的生产对当时的金融危机是免疫的，究其原因是由于磷矿石主要用于生产在农业中大量使用的化肥，而此次金融危机持续的时间和作用的范围都对农业影响甚微。

（3）原盐。云南省非金属矿采选业中原盐的产量（见表5）在2010年从2～9月份经历了非常明显的升降交替的发展变化，并在交替变化中呈现出上升趋稳的趋势。原盐在2008年和2009年的产量变化具有一定相似性，都在5月份出现产量的低谷，之后逐渐回升。非常明显，原盐的生产受2008年金融危机的影响不明显。原因在于，原盐是食用盐的生产原材料，食用盐是日常生活必需品，原盐的生产对经济波动的依赖性较小。

### （四）煤炭板块

2010年，云南省原煤产量稳步增长，增长趋势也比较稳定，反映出社会经济运行对煤炭需求的持续有序，也说明了煤炭市场供求的平衡。与前两年的原煤产量情况对比可以发现，2008年与2009年的原煤产量明显受到当时金融危机的影响，在2008年8月份原煤产量剧减，之后有所回升，但2009年的原煤产量仍然低于2008年的同期水平，直到2009年8月份才基本追平。

**表6　2008～2010年2～9月份云南省累积原煤产量**

单位：万吨

| 年份＼月份 | 2 | 3 | 4 | 5 | 6 | 7 | 8 | 9 |
|---|---|---|---|---|---|---|---|---|
| 2010 | 1 174.78 | 1 853.24 | 2 728.31 | 3 596.4 | 4 484.62 | 5 316.46 | 6 120.67 | 7 015.75 |
| 2009 | 752.19 | 1 369.07 | 2 297.8 | 3 070.05 | 3 845.36 | 4 591.98 | 5 351.24 | 6 286.17 |
| 2008 | 1 028.78 | 1 712.32 | 2 529.92 | 3 326.87 | 4 139.25 | 4 843.5 | 4 356.8 | 6 265.85 |

## 二、趋势分析

### （一）云南矿产业面临的问题与挑战

1. 节能减排的挑战

科学家预测，随着温室效应不断加剧，到本世纪末全球升温范围将在1.1～6.4度之间。2009年底在丹麦哥本哈根召开的国际气候大会，制定具有约束力的各国减排义务成为会议的中心议题。此次会议再一次敲响了全球气候变暖的警钟以及激发了人们应该为气候问题积极行动的忧患意识。

2010年8月5日，工业和信息化部对2010年全国炼铁、炼钢、焦炭、铁合金、电石、电解铝、铜冶炼、铅冶炼、锌冶炼、水泥、玻璃、造纸、酒精、味精、柠檬酸、制革、印染和化纤等18个工业行业淘汰落后产能企业名单予以公告。云南省矿产业涉及淘汰落后产能企业163家，其中，炼铁落后产能企业14家，炼钢落后产能企业1家，煤炭落后产能企业73家，铁合金落后产能企业9家，电石落后产能企业1家，铜冶炼落后产能企业1家，水泥落后产能企业61家，锌冶炼落后产能企业1家，铅冶炼落后产能企业2家。根据公告要求，政府部门要采取有效措施，确保列入名单的落后产能企业在2010年9月底前关停。

矿产业生产在社会生产中相对来说是一个高耗能、高污染的产业。在如此形势下，云南矿产业的长期稳定发展，需要依托于节能减排的核心要义，走科学发展之路。这是一个艰巨而漫长的任务，是云南矿产业面临的一个长期挑战，也将是决定云南矿产业生死的关隘。因此，云南矿产业长期稳定而富有生机的发展必须跨越“节能减排”之槛。

2. 矿产资源整合与企业重组

2009年3月，工业与信息化部颁布了《钢铁产业调整和振兴规划》，力争到2011年，全国形成宝钢集团、鞍本集团、武钢集团等几个5 000万吨以上的特大型钢铁集团以及若干个1 000万至3 000万吨级的大型钢铁集团。这主要规定了未来三年钢铁业发展的目标及发展的主体框架，而对于如何在机制层面推动兼并重组并未有政策出台。2010年10月，《钢铁企业兼并重组条例》、《促进钢铁企业兼并重组指导意见》、《国务院办公厅关于进一步加大节能减排力度加快钢铁工业结构调整的若干意见》、《国务院关于促进企业兼并重组的意见》等一系列国家公告掀起了钢铁企业兼并重组的风潮。其中《国务院办公厅关于进一步加大节能减排力度　加快钢铁工业结构调整的若干意见》更是明确指出，2009 年钢产量在 100 万吨以下的小型钢铁企业出路有二：引导其兼并重组或彻底淘汰。由此，钢铁企业必须寻找出企业兼并重组的出路。

2010 年 10 月 21 日，国务院办公厅转发国家发改委《关于加快推进煤矿企业兼并重组若干意见的通知》（以下简称《通知》），指出通过兼并重组，全国将形成一批年产 5 000 万吨以上的特大型煤矿企业，全国煤矿企业年均产能将升至 80 万吨以上，特大型煤企煤炭产量占全国总产量的比例将达到 50% 以上。《通知》还特别提到，黑龙江、湖南、四川、贵州、云南等省，要加大兼并重组力度，切实减少煤矿企业数量。按照《通知》的要求，接下来煤炭企业兼并重组工作的主旋律将由各省区内部煤企间并购行为转为跨地区、跨行业、跨所有制兼并重组，煤炭资源整合进入深水区。在 2010 年 8 月，云南省被关闭的落后产能企业中煤炭企业就有 73 家，这反映出煤炭企业兼并重组、淘汰的总趋势。

由国土资源部正式批复的《云南省矿产资源总体规划（2008—2015 年）》（以下简称《规划》）在 2010 年 8 月 31 日由云南省政府发布实施。《规划》指出：到 2015 年，云南省将新发现矿产地 95 处；矿山总数控制在 6 500 个以内；矿山企业的采、选回收率分别提高 2 ~ 3 个百分点；共伴生矿产的综合利用率从 20% 提高到 40%；新建和生产矿山的地质环境恢复治理与土地复垦基本不欠新账，历史遗留矿山及废弃土地的恢复治理率与土地复垦率分别达到 40% 和 35% 以上。同时，云南还将划分不同功能的地质勘察规划区，重点勘察区 74 个（其中国家级重点勘察区 10 个）、鼓励勘察区 33 个、限制勘察区 33 个、禁止勘察区 64 个；划定重点开采区 52 个（其中国家级重点开采区 18 个）、鼓励开采区 12 个、限制开采区 22 个、禁止开采区 95 个，规划新设置采矿权 433 个；制定 43 种主要矿产的矿山最低开采规模标准，划分 7 个矿业经济区，即昆明—玉溪矿业经济区、兰坪—维西矿业经济区、个旧—文山矿业经济区、曲靖—昭通矿业经济区、鹤庆—弥渡矿业经济区、保山—镇康矿业经济区、澜沧—景洪矿业经济区，其中前4个为国家级矿业经济区。这一切都将有利于节约资源、保护环境，促进资源利用方式和管理方式转变，以及提高矿产资源可持续发展保障能力。

3. *矿山的老龄化趋势*

云南省虽然是一个矿产资源大省，但是矿产资源毕竟是有限的且是非可再生资源，矿山随着开采的持续而逐渐耗尽。因此，为了保证矿产资源的可持续发展，必须关注矿山的老龄化问题。根据《中国矿业城市基础数据库（云南）》显示，云南省有13个国家级大型矿点，其中，处于老年发展阶段的矿点有4个，处于中年发展阶段的有8个，幼年发展阶段的只有1个。不难看出，如果继续保持这种情况，云南省的国家级大型矿点将呈现出老龄化趋势。这将直接影响云南省矿产业发展的可持续性以及经济发展的稳定。

### （二）新形势对云南矿产业发展的影响

在当前的矿产业行业布局之下，云南矿产业的发展自然会遭遇发展滞缓的情况。2010年的坎昆联合国气候大会围绕推进全球减排和建设资金技术援助机制等问题达成共识。坎昆会议期间发布的研究结果强调，为将全球升温限制在2℃以内，避免人类气候灾难，需要削减近60%的排放。在“十二五”期间我国应对气候变化，还会继续坚持、完善一些新的经济政策，更多地采用鼓励性、刺激性政策，鼓励节能减排。可以预期，在“十二五”期间，云南矿业面临节能减排、产能落后淘汰的考验。

在2010年8月31日颁布实施的《云南省矿产资源总体规划（2008—2015）》明确提出，将进一步加大矿产业对外开放的步伐，促进云南外向型大矿业的发展。随着中国—东盟自贸区的逐步完善和大湄公河次区域经济合作的不断深化，云南矿产业的国际合作愈加活跃。目前，云铜、云锡、云南冶金、昆钢等多家云南矿业企业，在东南亚、南亚及东亚的十多个国家通过合作勘察、投资设厂、技术投资等多种渠道开展矿业项目合作。截至目前，云南与加拿大、日本、澳大利亚、英国、南非等国家的一大批知名矿业公司开展风险地质勘察合作，依法签订风险地质勘察项目 50 多个，划定勘察面积 4 000 多平方公里，累计引进国外矿业公司风险地质勘察资金 1 亿多元人民币。当然，必须清楚地认识到，云南矿产业“走出去”战略既面临着各种机遇与挑战，也面临着各种问题与困难。

### （三）2011 年矿产业生产预测

基于云南省矿产业的历史产量数据，我们期望对云南省矿产业的生产情况进行预测。为了预测的精确性与科学性，采用云南省具有代表性的几种矿产资源的年总产量的历史数据，分别对相应的矿产资源年产量进行预测；同时，限于历史数据的样本数及数据本身的变化趋势特征，我们采用灰色系统中的 Verhulst 模型进行预测。灰色 Verhulst 模型为：

$$\hat{x}(k+1)=\frac{ax^{1}(0)}{bx^{1}(0)+[a-bx^{1}(0)]e^{-at}}$$

在 Verhulst 模型中，$a$ 为发展系数（增长率），$b$ 为阻滞系数。Verhulst 模型是主要用来描述饱和增长或阻滞增长过程的模型，呈现出 S 形的趋势。

为此，选取了 10 种有色金属、成品钢材、原盐、原煤从 2005 年到 2009 年的年度生产总量数据（见表 7）。

表 7　云南省部分矿产业产品年度数据

单位：万吨

| 项目＼年份 | 2005 | 2006 | 2007 | 2008 | 2009 |
|---|---|---|---|---|---|
| 原煤 | 6 462.14 | 7 339.08 | 7 755.19 | 8 657.43 | 8 921.02 |
| 成品钢材 | 486.93 | 588.06 | 789.99 | 836.62 | 973.3 |
| 10 种有色金属 | 147.44 | 207.33 | 233.77 | 216.75 | 215.8 |
| 原盐 | 67.78 | 79.55 | 82.87 | 93.33 | 89.19 |

以表 7 中的数据，分别对原煤、成品钢材、10 种有色金属和原盐的年度生产总量数据建立 Verhulst 模型，并完成参数估计之后得到估计模型（见表 8）。

表 8 云南省部分矿产业产品年度预测

| 预测 / 项目 | 参数估计结果 | Verhulst 模型 |
|---|---|---|
| 原煤 | $a=-0.3730, b=-3.7194\times10^{-5}$ | $\hat{x}(t+1)=\dfrac{2410.1}{0.2404+0.1326e^{0.3730t}}$ |
| 成品钢材 | $a=-0.4066, b=-3.1639\times10^{-4}$ | $\hat{x}(t+1)=\dfrac{197.9810}{0.1541+0.2525e^{0.4066t}}$ |
| 10 种有色金属 | $a=-1.6787, b=-0.0075$ | $\hat{x}(t+1)=\dfrac{247.5002}{1.1129+0.5657e^{1.6787t}}$ |
| 原盐 | $a=-0.7531, b=-0.0082$ | $\hat{x}^1(t+1)=\dfrac{51.0476}{0.5553+0.1978e^{0.7531t}}$ |

在这里，$t$ 取值为 0，1，2…，$\hat{x}(t+1)$，表示通过 Verhulst 模型预测的第$(t+1)$年的产量。当 $t=0$ 时，$\hat{x}^1(1)$表示第一年的预测产量，即通过 Verhulst 模型预测的 2005 年的产量。

以表 8 中 Verhulst 模型分别预测原煤、成品钢材、10 种有色金属和原盐在 2005 年到 2011 年的年度总产量，预测结果见表 9。

表 9 原煤、成品钢材、十种有色金属和原盐年度产量的预测结果

单位：万吨

| 年份 / 项目 | 2005 | 2006 | 2007 | 2008 | 2009 | 2010 | 2011 |
|---|---|---|---|---|---|---|---|
| 原煤 | 6 462.14 | 7 266.50 | 7 947.70 | 8 496.30 | 8 920.40 | 9 237.90 | 9 470.10 |
| 成品钢材 | 486.93 | 614.40 | 744.20 | 865.90 | 971.80 | 1 058.00 | 1 124.40 |
| 10 种有色金属 | 147.44 | 203.12 | 218.51 | 221.65 | 222.25 | 222.36 | 222.38 |
| 原盐 | 67.78 | 78.72 | 85.20 | 88.63 | 90.35 | 91.18 | 91.57 |

Verhulst 模型的相对预测误差见表 10。

表 10 云南矿业年产量的历史预测精度

单位：%

| 预测对象 \ 年份 | 2006 | 2007 | 2008 | 2009 | 平均相对误差 |
|---|---|---|---|---|---|
| 原煤 | -0.99 | 2.48 | -1.86 | -0.01 | 1.33 |
| 成品钢材 | 4.48 | -5.80 | 3.50 | -0.15 | 3.48 |
| 10 种有色金属 | -2.03 | -6.53 | 2.26 | 2.99 | 3.45 |
| 原盐 | -1.04 | 2.81 | -5.03 | 1.30 | 2.55 |

从表 10 可以看出，原煤的预测精度最高，最大预测相对误差为 2.48%；成品钢材、10 种有色金属和原盐的预测精度稍逊于原煤，最大预测相对误差分别为 -5.80%、-6.53% 和 -5.03%。从 2006 年到 2009 年原煤、成品钢材、10 种有色金属、原盐的平均相对预测误差分别为 1.33%、3.48%、3.45%、2.55%。由此可以看出，Verhulst 模型对矿产品的年度产量的预测效果有较高的精度。

## 三、措 施

### （一）实现地质找矿的新突破

在 2009 年初云南省制订了 2009—2012 年找矿行动计划，以实现全省新的地质找矿重大突破，提供一批可作为矿山资源接替基地建设的矿产地。根据矿产资源的分布情况，云南省在全省范围内共优选了 10 个重要成矿带，并设立了 5 个亿的地质勘察项目基金。“找矿行动”开展以来，已在大理、保山、耿马、楚雄、麻栗坡等地发现矿产多处，种类涉及金矿、铅锌矿、铁矿和钨矿等，其中大型金矿和铅锌矿各 3 座。据业内人士分析，云南目前的找矿成果还只是初露端倪，预计两年后还将会有更大的地质找矿成果涌现。为此，云南还要加大矿产资源的勘探工作，为矿业发展提供充足的资源保证。

### （二）努力调整矿产业结构与产业结构升级

从钢铁企业兼并重组、煤炭企业兼并重组到 2010 年 8 月的淘汰产能落后企业，涉及云南 163 家矿产业企业，都清楚地昭示着云南矿产业的结构调整与升级的势在必行。这不仅是避免被市场或者国家政策强制性淘汰，更是立足于云南矿产业资源优势，着眼于云南矿产业可持续发展的需要。因此，加大云南矿产业结构的优化力度已迫在眉睫，要继续深化矿产行业布局升级。云南要加大矿产业产业链向深加工延伸的步伐，努力建设有色金属、以铁矿为重点的黑色金属、以钾盐为主的化工原料非金属及金属矿产品深加工等基地，加大高附加值加工能力，提升和优化产业结构。此外，还需积极发展云南省具有优势自然禀赋的非优势矿产行业，使得云南矿产业行业布局更加具有科学性以及可持续发展性。

### （三）推动矿产业资本化与企业上市

2010 年 9 月 10 日在“2010 滇港金融合作研讨会”上，香港交易及结算所有限公司（港交所）北京代表处首席代表任光明率先向云南企业赴港上市抛出“橄榄枝”。任光明专门介绍港交所对云南矿业公司在 H 股上市的优惠条件，只要云南矿业企业拥有明晰的矿权、15 个月的流动资金、专业公司出具的分析报告等条件，香港证券交易所即允许公司申请上市。

云南矿业要充分利用资本市场，走矿业发展的新模式，如推动矿业企业上市、发展专业性的中介机构和矿业服务公司。此外，云南矿业还要充分利用资本市场，保障矿业发展的资金持续供给，引入透明的管理新机制，从由政府监管扩展到由投资者和专业性中介机构的共同监管，确保矿业的健康发展。

### （四）加强政府部门作用

云南矿产业的发展还面临着各种各样的问题与挑战，如资金、产权、环境、生产安全、资源浪费、工艺技术落后、产能过剩等一系列的复杂问题。解决好这些问题是云南矿产业健康可持续发展的必要条件，也是云南省国民经济长期稳定快速发展的重要前提。这些问题的解决是一个漫长的过程，依赖于各级政府各个相关职能部门发挥积极有效的监管、服务与引导的作用。

### （五）加速推进“走出去”战略

云南矿产业要立足本省，扩大开放，实施“请进来、走出去”战略，大力改善投资环境，吸引国内外企业到云南投资矿产资源勘查、开发；同时，积极推进云南与周边国家及世界其他地区矿产资源的勘查开发合作，建立全方位的资源供应体系。

根据云南矿业发展现状和趋势，认真贯彻落实省委、省政府“走出去”战略，以政府为主导，以企业为主体，以项目为载体，充分利用国内外“两种资源、两个市场”，建立安全、稳定、可靠的国外矿产供应来源，增强云南矿业在国内外矿产品市场和资本市场的竞争力，为云南省矿业经济可持续发展作出贡献。

## 四、结 语

可持续发展将成为云南矿产业发展的永恒主题。云南矿产资源禀赋优势铸就了矿产业在云南国民经济中不可撼动的支柱产业地位。云南矿产业的发展一直以来都主要依托于丰富的矿产资源。经过几十年的发展，云南传统矿产行业具有的资源禀赋优势在不断地消耗降低。“有色金属王国”的头衔并不是永久的，它随着有色金属资源的不断消耗而受到挑战。矿产业在云南国民经济中极其重要的地位与作用的现实状况，对云南矿产业提出了可持续性发展的必然要求。云南要保持国民经济的稳定增长就必须保证矿产业发展的可持续性。然而，云南省矿产业可持续发展不仅仅要建立在自然资源禀赋优势基础之上，也不仅仅要充分利用各种自然资源禀赋优势使得矿产业结构与布局更加优化与合理，更应该基于可以使得矿产业可持续发展的各种非自然资源因素的充分利用。自然资源禀赋成就了现在的云南矿产业，而云南矿产业在未来可以依托的却不可能还是自然资源禀赋。因此，云南矿产业在未来的可持续发展必须基于整个云南省经济发展的战略规划，紧紧依托于科学发展观的核心思想，牢固立足于现实的优势与困境，准确着眼于未来的趋势与导向，迅速把握发展中的机遇与挑战，才能够以乘风破浪之势在云南未来的经济发展中继续发挥更加重要和富有特色的支柱产业作用。

**参考文献：**

1. 牛晓冬：《基于循环经济下的云南矿业可持续发展战略》，

载《中国高新技术企业》，2008 年第 8 期。

2. 欧玲：《云南矿业产业经济发展分析》，载《资源与产业》，2008 年第 1 期。

3. 王小马：《全球矿业发展趋势和格局分析》，载《中国矿业》，2009 年第 10 期。

4. 匡恭彧：《金融危机下如何推进矿业发展》，载《资源与人居环境》，2009 年第 19 期。

5. 吴强：《金融危机下的我国矿业发展形势》，载《中国矿业》，2009 年第 1 期。

6. 曾绍金：《中国矿业发展和资本市场》，载《中国矿业》，2009 年第 7 期。

7. 干飞：《国际矿业发展趋势与资源战略》，载《现代矿业》，2010 年第 10 期。

8. 本书数据来源：中宏产业数据库（http：//mcid. macrochina. com. cn）。

（作者单位：赵果庆、付辉，云南财经大学区域发展研究所；李岚，云南省社会科学院经济研究所）

# 旅游业发展报告

马建宇　李耀芬

云南旅游业自20世纪80年代起步以来，目前云南已经成为我国重要的旅游大省，在全国旅游业发展格局中占有特殊而重要的地位。2010年是实施“十一五”规划的最后一年，也是云南深入推进旅游改革发展最为关键的一年，旅游“二次创业”和旅游改革发展的任务依然十分艰巨。我们全力以赴推进旅游改革发展工作的深入实施，在旱灾等自然灾害的困难形势下完成了“十一五”期间全省旅游工作的各项目标任务。

## 一、2010年云南旅游业发展情况

### （一）受国际金融危机的影响，国际国内旅游业增长低于预计

2010年，云南旅游发展的目标是：接待海外旅游者313万人次，同比增长10%；旅游外汇收入12.9亿美元，同比增长10%；国内旅游者1.32亿人次，同比增长10%；国内旅游收入812亿元，同比增长11.1%；旅游总收入达到900亿元，同比增长11%以上，力争增幅达15%以上。而事实上，1~3季度，全省实现旅游业总收入670.22亿元，增长15.3%，与计划相比相差近230亿元。在此期间，接待海外入境游客463.32万人次，仅实现外汇收入9.69亿美元，分别比上年同期增加9.9%和8.8%。接待海外游客人数尽管超过了预计数，但是由于受金融危机的影响，

旅游有市无价，创汇能力不如前两年，仅为计划数的75%。接待国内游客10 439.83万人次，增长14.8%；实现国内游收入604亿元，增长16.4%，与计划相比相差208亿元。

2010年云南旅游业各项数据指标

| 指标名称 | 1~9月 | 同比增长% |
|---|---|---|
| 接待海外入境游客（万人次） | 463.22 | 9.9 |
| 旅游外汇收入（亿美元） | 9.69 | 8.8 |
| 接待国内游客（万人次） | 10 439.83 | 14.8 |
| 国内旅游收入（亿元） | 604.00 | 16.4 |
| 旅游业总收入（亿元） | 670.22 | 15.3 |

数据来源：省统计局。

## （二）采取各种手段推进旅游业持续发展

2010年，云南将深入推进《云南省旅游产业发展和改革规划纲要》的综合试点工作，同时全面启动跨境旅游、企业改革、投融资机制、旅游循环经济、旅游与城乡统筹等专项改革工作。全力推进重大项目建设，力争年内完成投资达到120亿元。继续推进10个国家公园、40个旅游重点城市、60个旅游小镇和200个旅游特色村建设，争取年内有3~5个国家公园开工。争取出台《云南省人民政府关于加快旅游重大（重点）项目建设的指导意见》，破解旅游重大项目在土地、融资、项目审批等方面的政策性难题。力争玉溪江川仙湖锦绣、西双版纳国际会议展览中心等30个重大项目开工建设。

云南旅游以科学发展观为指导，紧紧抓住云南作为国家推进旅游产业综合改革试点省份的重大机遇，以建设创新型旅游目的地为统领，实施政府主导、社会投资型旅游发展战略，以改革和创新为动力，以拓宽融资渠道、引进社会资本为手段，以完善旅游业发展政策和支撑体系为保障，促进旅游与文化更紧密的结合，继续巩固旅游目的地地位，进一步完善各旅游集散地功能，全面提升云南省旅游国际化水平，推动旅游增长方式从粗放型向集约型转变，实现云南省旅游从单一观光型向观光、休闲、度假、康体、会展、商务复合型转变，全面提升旅游业的整体吸引力和综合竞争力，为实现云南省跨越式发展目标作出更大贡献。

### （三）2010 年旅游产业已经具备了发展成为云南支柱产业的实力和基础

经过多年努力，旅游业对云南省经济的引导和推动作用越来越重要，已经具备培育成国民经济战略性支柱产业的基本内涵和特征。其表现为对全省经济的拉动作用日益突出，对促进全省经济发展方式转变的作用日益明显，对统筹城乡发展的作用日益重要。仅 2010 年，全省实现旅游业总收入 670 多亿元，增加值 380 亿元，旅游业拉动全社会总收入超过 1 000 亿元，旅游消费对餐饮、交通的拉动作用均在 150 亿左右；对娱乐和旅游购物的拉动也达到 30 亿元和 70 亿元左右；全年旅游业增加值占第三产业增加值的 15% 以上，有力地带动了第三产业增加值的增长。目前，全省旅游行业共吸纳就业人数超过 100 万人，有 72 万人直接从事旅游产品的生产与服务，不少边疆民族贫困地区依靠发展旅游业走上了脱贫致富道路。

受国际金融危机影响，2008 年和 2009 年的云南旅游业的入境人数发展十分缓慢，而国民旅游（国内和出境旅游）热度不退，可见国民旅游的消费潜力巨大。因此，云南旅游业发展重心也发生了变化，由过去外向型的“创汇产业”向以扩大内需为主的“战略性支柱产业”和“人民群众更加满意的现代服务业”转型。

### （四）受旱灾影响，云南旅游旺季不旺

今年 3 月份以后，随着云南省旱情的加重以及新闻媒体对抗旱救灾宣传力度的加大，在一定程度上使游客对云南的旅游条件产生了顾虑。特别是 4 月份干旱最严重的时候恰逢传统泼水节旺季，由于很多泼水活动缩小了活动规模或改变了活动形式，加之一些游客支持抗旱节约用水的心理，主动放弃了泼水节的旅游线路等因素，更加重了云南省旅游旺季不旺的现象。

## 二、成绩和亮点

### （一）领导重视，组织保障

“十一五”以来，云南累计接待海外旅游者1 250万人次，实现旅游外汇收入50亿美元；接待国内旅游者5.2亿人次，实现国内旅游收入3 079亿元；旅游总收入达3 433亿元，比“十五”期间增长107%。旅游产业的快速发展对拉动云南经济增长，带动群众脱贫致富，增加就业渠道，扩大对内对外开放，促进云南经济社会发展作出了重要贡献。

实践证明，省委、省政府坚持不懈地把旅游产业作为重要支柱产业来抓，通过抓旅游业带动相关产业发展，拉动就业增长，促进城乡统筹发展，加强生态文明建设的决策是完全正确的，符合科学发展观要求，符合产业发展方向，符合云南实际。对云南来说，抓旅游产业就是抓科学发展观的贯彻落实，就是抓经济发展方式的转变，就是抓城乡统筹发展和民生改善，就是抓生态建设和环境保护。我们要倍加珍惜云南旅游产业发展的大好局面，任何时候、任何情况下，加快旅游产业发展的信心决不能动摇，力度决不能减弱，支持决不能减少。

### （二）旅游转型初见成效

云南旅游产业经过20多年的发展，经历了从“接待事业型”到“一般产业型”，再到“支柱产业型”的转变和升级。云南旅游业规模不是最大，但是特色鲜明、体系较完善、基础较好。不论是产品培育、市场推广，还是旅游业对相关产业的带动等方面，对全国都有一定的借鉴作用。目前，云南省旅游业增加值占到全省GDP的6.16%。从这一指标看，旅游业实际上已经成为云南国民经济的支柱产业。因此，云南有条件在发挥旅游业综合功能、突出旅游业战略性作用、将旅游业培育成现代服务业等方面走在全国前列。

### （三）积极争取国家给予落地签证的优惠政策

泰国是一个旅游业大国，其国内生产总值的60%左右来源于旅游业的发展，每年来自欧洲等地的外国游客达3 000多万人次。如果能将泰国外国游客的20%、600万人经“金三角”，沿湄公河黄金水道吸引到云南旅游，将会创造20亿美元的旅游外汇收入。

目前大家认为，影响云南入境旅游，乃至云南旅游业发展的主要因素是通关不便、手续繁杂等。大湄公河次区域国家近年来发起了“单一签证”的构想，泰、老、柬、越方面推行较好，第三国游客进入其他五国旅游的签证手续大为简化。而我国是以云南省和广西壮族自治区为单位加入次区域合作的，简化签证手续十分困难，因此流失了许多国际游客。为此，要积极争取国家给予落地签证的优惠政策。在遵循国家相关法规、保障边境安全的前提下，给予从泰国与老挝进入我国的第三国旅游者落地签证的政策，逐步扩大云南边境地区旅游开放范围和各方共同认可的有效证件使用范围。

### （四）“滇派”温泉逐渐形成

云南有着全国最丰富的温泉资源，共有温泉泉眼1 400余处，约占全国总数的1/3。昆明安宁、寻甸的温泉，腾冲的温泉，红河弥勒的温泉已经建立起较高的游客认知度，温泉心景、柏联更是将温泉旅游开发运营到了重庆。云南已逐步形成“滇派温泉SPA”——将云南独有的少数民族医学精华与SPA服务结合，即将形成独树一帜的温泉产品。

### （五）低碳旅游崭露头角

云南省率先在大理巍山的巍宝山景区建设了旅游生态示范公路，引进电瓶车作为巍山古城主要的旅游交通方式，为探索低碳旅游交通模式作出了典范。在旅游开发中，巍山县实施最严格的环境保护措施，使巍山优美的自然风貌、良好的田园风光得到了最大限度的保护和提升，人文巍山、风情巍山、低碳巍山正被越来越多的游客关注和青睐。通过旅游接待设施的不断完善和中国彝族祭祖节、南诏文化节等重大旅游节庆活动的成功举办，巍山旅游品牌的知名度、美誉度逐步攀升，吸引力显著增强。2009年，全县共接待海内外游客达50万人次，实现旅游社会总收入3.3亿元，同比分别增长42%和27%。今年上半年，该县共接待海内外游客32万人次，实现旅游社会总收入2.2亿元，增幅分别达到了61%和65%。巍山旅游产业正呈现出稳定较快增长的良好发展态势。

云南众多的旅游资源是全方位的原生态组合，但由于各地发展的不平衡或急功近利思想，在开发中存在粗放开发和盲目利用现象，致使一些自然风景区遭受到建设性的破坏，因此要加大低碳旅游宣传指导力度，在项目规划前明确低碳要求，注重低碳体系构建，科学开发资源，重视环境保护。要借鉴国外实施低碳经济的模式和经验，根据旅游地的生态环境和资源特点，以“十一五”规划的六大旅游区为核心，因地制宜，结合社会、经济和文化的发展趋势，合理规划生态承载量，对旅游资源进行优化配置，分散出各具特色的低碳旅游小区，扩大生态旅游、民族文化和农业旅游，充分发挥云南旅游资源独特的多样性优势，引导旅游者进入低碳旅游方式。

## 三、存在的问题和不足

### （一）第三产业比重不足

长期以来，云南经济增长主要依靠投资和外贸拉动，消费不足，服务业比重过低，第三产业占经济总量比重仅为40%左右，不仅低于发达国家70%左右的水平，低于64%的世界平均水平，还低于印度50%左右的水平。在我国近30年的巨大发展、即将迎来“十二五”规划的时候，我们对如何保持经济健康较快发展有了新的认识，已经把转变经济发展方式，调整经济结构，确立为当前和今后我国的重大战略任务。而发展旅游业是扩大内需、调整经济结构的必然选择，必须加快推动我国经济增长由主要依靠投资、出口拉动向依靠消费、投资和出口协调拉动的转变。而老百姓的旅游活动正是消费中的最终消费，旅游业作为现代服务业的龙头，将成为拉动第三产业快速发展的战略性支柱产业。所以从国家经济社会发展的层面上看，发展旅游业理所应当地成为国家经济社会发展的一项重要战略选择。

### （二）政府机制亟待形成

旅游业要拥有符合国民经济战略性支柱产业地位的政府机

制。在现行的国民经济行业分类中，在“社会服务业”大类别中有“旅游业”，但在各级发改部门和财政部门项目类别中，没有独立的“旅游项目”这一科目，致使旅游业发展难以获得国家重大投资项目和资金的支持。在政府工作中旅游还没有真正摆上国民经济的重要议程，还停留在党政领导的个体认识差异上。

### （三）旅游产品供给总量不足、结构性短缺

旅游产品供给总量不足、结构性短缺是发展云南省旅游业在相当长的时期内的客观存在。大众旅游需要大众化产品，当前大众消费的热点正在由观光旅游向观光与休闲度假并重转变，消费方式灵活多变。但长期以来，云南的旅游产品以观光景区为主，全省具有国家级风景名胜区 12 个，其中，具有休闲度假功能的景区和景点不足 1/4，还满足不了大众休闲的需要，这就需要在产品体系建设上千方百计开动脑筋。

### （四）旅游营销还大有文章可做

从 2009 开始，云南省提出从“宣传云南”转向“营销云南”。然而，还存在政府宣传与企业营销的统筹不够、营销策划新意不够、创新营销的办法不多等问题。今年 9 月，国家旅游局局长邵琪伟在云南旅游产业发展大会上强调，云南要进一步扩大旅游业对外开放，加强与世界各国和地区的交流与合作，特别是要与旅游发达的国家和地区建立双边、多边关系，建立不同层次的旅游合作机制，搭建多种合作平台。当前尤其要注重同周边国家和次区域国家的合作，通过对外交流与合作营销云南旅游，这是作为中国面向西南开放桥头堡的云南最好的旅游营销创意。

## 四、思考和建议

### （一）坚决把旅游业培育成云南省战略性支柱产业

必须坚持用现代旅游的理念来谋划和推动。随着需求的多样化发展，传统的旅游，即一般化的、以单一形态出现的景观旅游，已远远不能满足游客的需求，游客迫切需要的是集娱乐性、体验性、享受性等为一体的多重满足。相对于传统旅游业而言，

现代旅游是以旅游景点独特化、文化多元化、设施便利化、消费低碳化、管理国际化、服务人性化为基础的，适应不同人群需求的国际性旅游形态，其国际背景是科技现代化、经济全球化、区域一体化和文化多元化，国内基础是经济现代化、社会城市化、服务体验化和休闲大众化。现代旅游业是对传统旅游业的继承、创新和提升，顺应了人们的多样化需求，注重生态、文化、休闲、度假、体验、参与，具有基础设施完善、生态环境优美、民族文化独特、信息咨询便捷、管理服务优质、国际化程度高、社会文化祥和等鲜明的特征。云南旅游资源丰富独特，旅游景观具有多样性、不可替代性和原始神秘性，是亚洲乃至世界最适宜全天候观光、休闲、度假、商务会展的旅游胜地和旅游目的地，具有开拓康体休闲、旅游度假、体育健身、商务会展、生态旅游等高中端旅游消费产品的基础条件。大力发展现代旅游业，是云南省培育旅游战略性支柱产业的必由之路。

**（二）坚持开拓创新，为加快发展现代旅游业提供产业支撑**

在新的起点上推进旅游业发展，一定要有大气魄、大手笔，没有大项目、大品牌，就难以满足现代旅游业发展的需要。必须适应新的形势，由规模扩张向质量提升转变，由低端建设向高端建设转变，由粗放经营向集约发展转变，把特色做优、精品做强、品牌做响。要优化旅游产业布局。按照注重特色、差异发展、强化功能、突出重点、协调发展的原则，进一步优化旅游产业区域布局，尽可能集中连片开发，努力把重点旅游区打造成特色鲜明、功能配套互补、互赢发展的旅游目的地。还必须促进旅游产业集群发展，以做大做强优势产品为主攻方向，推动资金、资源、人才、技术向优势景区、优势地区集中，推动建设一批布局合理、要素集聚、功能完善、特色突出的品牌旅游区，不断放大旅游产业的规模效应和辐射效应。实施集团化发展战略，加快组建一批跨地区、跨行业、跨所有制的大型旅游集团，鼓励旅游企业开拓国际市场，向品牌化、国际化方向发展，增强旅游企业在国内外市场的开拓能力和竞争能力。要不断完善旅游产品体系，在巩固发展传统大众旅游产品的同时，重点开拓休闲度假、体育健身、商务会展、生态旅游、自驾游等休闲度假产品，大力发展野外拓展训练、户外露营等新型业态，规范发展高尔夫旅游、大型主题公园，努力形成多元化、系列化、适应不同层次需求的旅游项目群和产品体系。森林覆盖率高、生态环境好、区位优势独特、交通便利的地方，要高位推动、高起点谋划、高层次开发、高质量服务，不断提高旅游经济的质量和效益，加大客源市场开拓力度。要强化云南整体旅游形象的宣传促销，推出“休闲度假云南”、“健康旅游云南”、“宜居云南”、“文化云南”、“生态云南”等更多受国内外市场欢迎的品牌产品，增强云南旅游的国际知名度和吸引力，让世界知道中国有云南，云南有丰富的旅游产品，大量吸引不同需求层次的人群特别是高端游客。

### （三）加大政策支持，强化规划指导

加快现代旅游业发展，必须有好的政策支持。要结合西部大开发、桥头堡建设和国务院加快发展旅游业的意见，研究出台云南省支持旅游业发展的相关配套政策和具体贯彻实施意见。加快推进国家旅游局与云南省旅游局合作和《规划纲要》政策的落实，争取国家进一步加大对云南旅游业的支持力度。各级政府要逐年加大对旅游基础设施建设、旅游宣传促销、旅游人才培养等方面的财政投入力度，加大对困难较多地区旅游发展的扶持力度。发改委、财政、建设、交通等有关部门，在安排专项资金的使用时，要充分考虑旅游业的发展需要，对涉旅项目予以一定的支持。

旅游业的发展离不开科学的规划。要把旅游基础设施和旅游重大项目建设纳入全省“十二五”规划。要在国家发改委批准的《规划纲要》基础上，着眼科学发展，体现现代旅游业特征，进一步细化和编制好全省“十二五”旅游产业发展规划，加强与其他规划的衔接，重点做好产业布局、产业聚集、新型业态融合发展以及产品开发、目的地体系建设等规划，统筹考虑产品定位、功能布局、线路安排、要素配置，力求突出特色、体现个性；还要编制好重点区域、重点线路、重点产品等各项专项规划，形成完整的规划体系。并同时强化规划的执行力度，重大项目建设必须在规划的指导下进行，确保全省旅游资源和产品开发及产业建设科学发展。还要加强对项目的监督检查，坚决防止“跑马圈地”、“占而不开”的情况出现。

### （四）加强全国领先的“数字旅游”管理服务平台的打造

以实现旅游市场动态监管和准确掌握市场运行状况为主要目的，全面整合旅游车辆 GPS 管理系统、导游 IC 卡管理系统、旅行社年检系统等各旅游业务管理系统以及相关部门信息资源，建立全国领先的数字旅游管理服务平台，使之成为旅游企业的业务操作和资源调度平台、旅游行政管理部门的旅游管理和执法平台、旅游安全生产的事故防范和责任追溯平台，并最终成为各级领导的旅游决策信息支撑平台。

### （五）积极促进文化与旅游地完美融合

文化是旅游之魂，云南要依托自身丰富的民族文化资源和深厚的历史文化底蕴，深入挖掘文化内涵，创作一批体现当地旅游特色、吸引国内外游客的名歌，或编排一批满足不同层次游客品味的节目和创作一批有利于提升知名度、底蕴深厚的影视作品。同时，要处理好世界优秀文化和云南民族传统文化的关系，使之相互促进、相得益彰，不断丰富旅游的文化内涵，使文化与旅游不断关联互动，协调发展。

### （六）继续实施人才强旅战略

云南要全面实施旅游人力资源保障计划，把引进高层次人才与加强从业人员教育培训结合起来，提高旅游从业者整体素质。其中，重点引进旅游规划与创意、旅游投融资、旅游企业管理、国际会展组织、旅游营销等方面的专业人才，建立高、中、低层次结构合理的旅游人才队伍。采取多种形式，每年举办培训班，加大导游等旅游服务人员培训力度，做到 100% 全覆盖，持证上岗，充分发挥第一窗口作用，提高旅游服务质量。全省各旅游院校要在旅游小语种教育、旅游新业态开发、高尔夫管理等领域引进学科带头人，开设专业课程，培养专业人才，采取科学灵活的教育培训机制，全面推行旅游从业人员职业资格认证制度，加强服务技能培训和服务礼仪培训，为云南旅游发展与改革奠定坚实的人才基础。

### （七）在保护好生态环境的同时做大做强旅游业

旅游产业是依赖性很强的产业，它依赖自然资源，依赖民族资源，依赖当地人民保护自然与民族文化的具体行动，依赖社会进步与稳定，依赖基础设施，依赖舆论宣传……这一切构建了旅游大环境系统。大环境保护与建设必须和全省政治、社会、经济、文化各方面协调结合起来，做到物质文明建设与精神文明建设的有机结合，自然环境保护与民族历史文化保护的有机结合，现代文明与传统文明的有机结合，总体规划与局部利益的有机结合，依法保护与学习教育的有机结合，发展与保护的有机结合，旅游业提升与当地居民综合素质提高的有机结合。只有这种全面结合，全面互为支撑、互为联动，才能最好地保护建设和完善全省自然环境与人文环境，才能让做大做强旅游业有坚实的基础和无穷的后劲。

**（八）抓住桥头堡建设机遇，促进旅游事业的发展**

旅游先行优势独具“桥头堡建设内涵十分丰富，涵盖了经济发展、社会和谐、民族团结、边防巩固等方方面面的内容，在这个过程中，旅游业作为云南的支柱产业之一，在桥头堡建设中能得到率先发展，发挥先导作用”。云南省旅游局副局长何池康认为，桥头堡建设的核心是更大程度地对外开放，对外开放离不开建立更为紧密的合作关系。云南与东南亚、南亚的旅游合作，除了起步早、旅游合作基础良好、贸易壁垒和政治障碍少之外，在桥头堡建设中，还具有国内其他省区、其他行业无可比拟的优势：云南与东南亚国家江河同源，许多同宗民族跨境而居，社会文化互相融合；云南还拥有神奇美丽的自然景观、独具特色的民族风情、源远流长的历史文化等优势。

**参考文献：**

1. 邹雅卉、古静：《旅游业发展报告》，载《2009—2010 云南经济发展报告》。

2. 中国社科院旅游研究中心：《2009—2010 年中国旅游发展的形势分析与未来发展预测》，载《2010 年中国旅游发展与分析绿皮书》。

3. 中国社科院旅游研究中心：《2009，全球视野下的中国旅游竞争力》，载《2010 年中国旅游发展与分析绿皮书》。

4. 于杨、王艳平：《中国温泉休闲度假业的新发展》，载

《2010年中国休闲发展报告绿皮书》。

5. 李鹏、冯艳斌：《春城无处不飞花，昆明四季好休闲》，载《2010年中国休闲发展报告绿皮书》。

6. 秦蒙琳：《云南巍山荣获“中国低碳旅游示范区”称号》，见新华网。

（作者单位：马建宇，云南省社会科学院经济研究所；李耀芬，云南省统计局）

# 生物产业发展报告

秦 伟

## 一、云南生物产业发展现状

### （一）原料基地建设进一步加强

2010 年以来，农业产业化的带动能力不断提升，推动了全省特色优势农业进一步发展，形成了一批有较大影响的原料基地和产业带，如玉溪烟草、斗南花卉、元谋蔬菜、普洱茶叶、德宏咖啡、西双版纳橡胶、文山三七、昭通天麻等。全省初步形成了以滇中、滇东北为主的烟草、畜牧、花卉、中药材、马铃薯产业区，以滇南、滇西南为主的优质稻米、甘蔗、茶叶、橡胶、咖啡产业区，以滇西、滇西北为主的畜牧、药材产业区，以滇南、滇东南为主的热果、药材产业区。目前，云南茶叶种植面积全国第一，烟草产量全国第一，咖啡产量全国第一，花卉种植面积、产量全国第一，鲜切花产量全国第一，核桃产量全国第一，茶叶产量全国第二，糖产量全国第二，马铃薯产量全国第三。据统计，今年烟叶种植面积达到 630 多万亩，比上年同期增长近 10%，预计全年烟叶产量将达 110 万吨，烟叶产值将达 160 亿元；国家增加了 360 万担烤烟种植指标，将净增加农业产值近 30 亿元。今年 1~9 月份，蔬菜播种面积达 1 000 万亩，比上年同期增加 50 万亩（其中，春播蔬菜 512.8 万亩，比上年同期增加 30 多万亩）；生产总量 1 200 万吨，与上年同期比增 60 万吨。由于国家对油料种植实行补贴，极大地调动了农民种植积极性，今年油料面积达到 500 万亩，增长 5% 左右，预计油料产量 53 万吨，增长 6%。上半年，蚕桑面积达到 130 万亩，比去年增加 10 万亩。甘蔗全省累计种植面积为 457.8 万亩，与上年基本持平。

### （二）特色生物产业稳步发展

由于年初大旱，云南的部分特色生物产业受到一定的影响，但总体来看，依然保持了良好的发展势头。今年前三季度，云南生物医药工业产品出口交货值达 33 677 万元，同比增长 46.59%，出口值和增幅均创下历史新高。全省畜牧业产值达到 397.4 亿元，同比增长 7%；畜产品（猪、牛、羊、禽及牛奶和禽蛋）产量比上年同期有所增长，其中肉类总产达 344.8 万吨，比上年同期增长 12.4%。全省出栏肉猪达 3 000 多万头，比上年同期增长 11.7%，生猪肉产量 280 万吨，比上年同期增长 12%；出售和自宰的肉用牛 214 万头，比上年同期增长 12.9%，牛肉产量 25.7 万吨，比上年同期增长 12.9%；出售和自宰的肉用羊 481 万只，比上年同期增长 8.3%，羊肉产量 10 万吨，比上年同期增长 11%；出售和自宰的肉用家禽 1.6 亿只，比上年同期增长 15.1%；禽肉产量 27.8 万吨，比上年同期增长 15.6%；牛奶产量 40.7 万吨，比上年同期增长 7.8%；禽蛋产量 25.2 万吨，比上年同期增长 12.6%。截至 2010 年 10 月 20 日，全省共销售食糖 168 万吨，产销率 94.8%，比去年同期提高 2.04 个百分点；食糖工业库存 9.2 万吨。

### （三）农产品外贸进出口值不断提高

今年以来，虽然云南蔬菜、咖啡、烟草、春茶等农作物遭受百年一遇的严重干旱影响，但全省农产品出口依然保持了整体同比增长的良好态势，多种特色农产品凭借品质优势及在出口市场上的较高占有率，实现了出口价格的快速上涨，创汇效益明显提升，有效弥补了因出口量增幅回落造成的影响。据统计，今年前 10 个月，云南省累计出口各类农产品 59.2 万吨，较上年同期增长 4.6%；实现创汇 10.95 亿美元，同比增长 34.4%；首次突破 10 亿美元大关，创全省农产品出口历史新高，农产品占全省外贸出口总额的比重为 17.1%。其中，蔬菜成为全省最大类出口农产品，各品种累计出口 26 万吨，同比增长 4.3%；实现创汇 3.8 亿美元，同比增长 57.3%，占全省农产品出口额的1/3。烟草及制品出口“量价齐增”，出口量7.7万吨，实现创汇3.04亿美元，同比分别增长4.9%和6.1%。其中，烤烟出口价格同比增长6%；各类水果累计出口11.1万吨，创汇9 026万美元，同比增长58.7%。今年前三季度，云南省咖啡、茶叶等传统特色农产品出口呈现增长态势。“云花”出口2 064万美元，较上年净增300万美元，增幅17.7%；“云茶”出口1 314万美元，较上年净增171万美元，增幅14.5%；“云菌”出口3 136万美元，较上年净增1 111万美元，增幅23.5%；咖啡出口8 584万美元，较上年净增2 661万美元；松香出口2 231万美元，较上年净增1 300万美元。

### （四）龙头生物企业和知名品牌不断涌现

经过多年发展，全省生物产业龙头企业已发展到2 000余家，固定资产总值和销售收入都突破了200亿元，利润超过30亿元。销售收入上亿元的达50家，经国家和省认定的重点龙头企业96家。目前，云南共有4家生物产业类企业在沪深股市成功上市，分别为云南白药集团股份有限公司、昆明制药集团股份有限公司、云南绿大地生物科技股份有限公司、云南景谷林业股份有限公司。2010年11月，云南高科技生物医药企业云南沃森生物技术股份有限公司在创业板成功上市，发行股票数量2 500万股，募集资金数量达23.7亿元。除上市企业外，全省还涌现出一批生物产业类骨干企业，如云南龙升医药科技有限公司、云南龙润集团有限公司、云南盘龙云海药业公司、昆明滇红药业公司、云南丽都花卉发展有限公司、昆明锦苑花卉产业有限责任公司、昆明杨月季园艺有限责任公司、云南红酒业集团有限公司、云南大山饮品有限公司、云南绿A生物工程公司、后谷咖啡有限公司等企业。随着龙头生物企业规模的不断壮大，一批有竞争优势的产品和品牌也不断涌现，如云南红、龙润茶、猫哆哩、云南山泉、珍茗金龙水、承龙、贡润祥、德和、雪兰、欧亚、蝶泉等品牌，云南红酒、斗南花卉、晨农蔬菜、云南白药、排毒养颜胶囊、昭通天麻、绿A螺旋藻等一批知名品牌产品，文山三七、呈贡宝珠梨、普洱茶和宣威火腿相继获准地理标志证明商标注册。截至2009年7月，云南共有8个生物产业类中国驰名商标，分别是红塔山、云烟、云南白药、红河、康王、蝶泉、斗南和宣威火腿。

2010年4月，云南红酒业发展有限责任公司正式拿到国家工商行政管理总局商标局颁发的云南红中国驰名商标证书，成为云南酒业首个荣获中国驰名商标的企业。至此，云南共获得中国驰名商标13个，而云南生物产业类中国驰名商标就有9个。另外，截至今年5月底，全省生物产业获得“地理标志证明商标”10个，“云南省著名商标”314个，占全省著名商标的50%。

### （五）招商引资与产业园区建设进展显著

自2010年10月以来，昆明高新开发区一举开工10个重大项目，总投资34.5亿元，其中涉及生物医药产业的项目有4个。其中，云南昊邦制药有限公司制药生产基地选址新城高新技术产业基地，建筑面积约7.6万平方米，总投资4.9亿元，建设达到国家GMP标准的7个车间共12条生产线，成为云南本土及面向东南亚的多产品、大规模、低成本的制药生产基地；云南理想药业有限公司药品生产基地建设项目总投资2.8亿元，投资强度为861.3万元/亩，新建肾衰宁胶囊、血尿安胶囊、表热清颗粒等符合QS标准的功能性食品生产线共9条；云南医药工业股份有限公司医药、生产、周转基地项目总投资1亿元，竣工投产后预计每年可增加利税20%；云南省食品药品监督管理局检测实验中心综合项目在科发路与海源北路的交叉口北部，总投资约为1.6亿元。

## 二、云南生物产业发展的支撑体系建设

### （一）产业发展的政策环境进一步改善

省委、省政府高度重视生物产业发展，把发展生物产业作为培育战略性新兴产业、加快经济发展方式转变的重要工作来抓。2010年11月30日，省委常委会审议并原则通过了《中共云南省委、云南省人民政府关于推进农业产业化发展扶持农业龙头企业的意见》，明确把培育壮大农业龙头企业作为推进农业产业化的关键举措。“十二五”期间，每年新增2亿元省级专项资金，重点扶持畜牧、果蔬、茶叶、薯类、生物制药、蔗糖、花卉、木本油料、橡胶、林产业、咖啡、桑蚕12类特色优势产业发展，加

快云南传统农业向现代农业转变。省政府第 47 次常务会议专题研究促进云南茶产业、酒产业、生物医药产业发展的有关工作，强调要高度重视“云茶”、“云酒”、“云药”产业发展的重要意义，进一步做强做大“云茶”、“云酒”、“云药”产业，为推动云南绿色经济强省建设作出更大贡献。

### （二）将采取措施进一步推进农业产业化和扶持龙头企业

“十二五”期间，云南省将着力培育壮大一批起点高、规模大、带动力强、成长潜力大的重点龙头企业，并设农业产业化扶持专项贷款200 亿元帮助企业解决资金难题，推进农业产业化发展。根据规划，到 2015 年，云南省乡镇企业增加值达到 2 200 亿元，比2010 年增长60%，年均增长12%。培育10 个销售收入超50 亿元的农产品加工业大县，培育 10 个年综合产值超 50 亿元特色优势产业集群，培育 10 个年销售收入超 20 亿元龙头企业集团。省级重点龙头企业达到 500 家，比“十一五”末增加 200 家。全省有集体经济收入的村达到 70% 以上，农民专业合作社达到7 000 个，加入农民专业合作社的农户比重达 30% 以上。省级农业产业化专项资金在现有基础上每年新增 2 亿元，重点用于 12 类优势特色产业原料基地建设、龙头企业技改扩能和科技研发、产品市场开拓和品牌培育的扶持，建设一批专业化、规模化、标准化的农业产业化原料基地，做强做大一批农业产业化龙头企业。

### （三）更加强调提高生物产业融资能力和科技创新水平

《中共云南省委、云南省人民政府关于推进农业产业化发展扶持农业龙头企业的意见》指出，在省内几家金融机构设立支持农业产业化扶持龙头企业专项贷款 200 亿元，银行和政府给予适当的利息优惠和贴息，重点用于农副产品收储、加工、销售和支持龙头企业的技术研发、基地建设；加快创建云南政策性农业保险公司，扩大政策性农业保险覆盖面，形成更加强有力的政策支撑体系。省政府第 47 次常务会议强调将研究建立产业发展基金和股权投资基金，积极引进社会资本，加大财政投入力度。今明两年，省财政对茶、酒、生物医药等产业各安排 5 000 万元资金，支持“云茶”、“云酒”、“云药”三个产业发展。另外，还将积极建立企业与高校、科研院所的产学研联合与技术创新联盟，全面推进产品技术标准、企业管理标准和工作标准体系建设，加大对名牌产品的知识产权保护力度。

### （四）招商引资与对外合作力度加大

随着云南生物产业整体品牌效应的提升，云南生物产业招商引资与对外合作的步伐正在逐步加大。在第六届泛珠大会上，云南签署协议的58个招商引资项目中，以畜产品、蔬菜、生物菜、薯类、木竹加工及浆纸为主的生物产业开发项目达16个，占27.6%，预示着生物资源开发将成为今后泛珠合作的一个重点。总投资32亿元、规划用地600亩、建筑面积60万平方米的中国昆明众天国际生物医药总部基地一期工程，已于2010年6月5日正式开建。建成后，项目将成为全国管理最规范，面向国内、南亚、东南亚及欧洲的中成药、西药及各种医疗卫生设备、器械、器材物流、交易、批发、配送及信息中心。昆明众天国际生物医药总部基地项目包括交易、配送、物流、仓储、名医工作室、药用植物园中医文化康体中心、药膳理疗中心、电子信息、电子交易及特色观光区等。位于石林县的中种集团云南种子加工中心由中国种子集团有限公司投资建设，项目计划总投资1.93亿元，年加工种子能力2万吨。2010年11月24日，省政府与中国中信集团公司战略合作框架协议签字仪式昨日在昆明举行，中信集团将在传统产业改造、现代农业和林业产业化等相关生物产业领域内与云南省展开紧密合作。

## 三、云南生物产业发展中面临的问题

### （一）生物产业产品仍以原料和初加工产品为主

云南目前生物产业产品开发领域不宽、深度不够，产业链短，仍以原料产生和初加工为主。云南现在主要发展的橡胶、茶叶、蔬菜、花卉、水果等生物产业依然以传统原料产品生产为主，产业规模不大、集聚度不高、企业小散弱、创新能力不足、竞争力不强。云南优势生物产业仍集中在资源型传统产业，高端产品、高附加值产品少，粗加工产品的比重较大，生物产业技术水平和产品结构还处于产品链、技术链和价值链的低端。云南产业面临升级的迫切需求，提高生物产业产品附加值和延长产业链是未来生物产业发展的必由之路。

### （二）龙头企业的带动辐射作用不明显

尽管云南农产品整体品牌效果已经逐步显现，但农业龙头企业的带动效应仍不明显。由于资金、信息、科技服务等因素的制约，云南龙头企业整体竞争能力弱，全省农业生产仍以千家万户的小规模、分散经营为主，小生产与大市场的矛盾日益突出。云南目前每年扶持农业产业化龙头企业省级财政专项资金仅为 4 500 万元，远远低于全国 8 500 万元的平均水平。由于龙头企业总量不足，其对周边农户的带动辐射能力不强，农业的产业化、服务化滞后。

### （三）科技创新与成果转化能力有待提高

云南拥有较强的生物科技研究力量，但依然存在科技创新不足、科技成果的转化能力弱、科研机构与企业脱节、科研人员与市场脱节等问题。不少地方生物产业的开发仍然停留在传统的生产模式上，种植、加工粗放，原料综合利用率低，市场化、信息化和产业化程度低，除烟草等少数产业外，产业自主创新能力弱，缺少核心技术，科技成果转化率低，生物产业企业远未成为自主创新的主体。在品牌创新方面，具有自主知识产权的新专利、新技术、新品种较为缺乏。目前，云南生物产业加工增值能力不强，除烤烟、蔗糖、茶叶等少数产业外，农产品大多数为原料性产品销售，深加工比例仅为 15%，低于全国 10 多个百分点。

### （四）生物企业融资困难

云南生物企业发展面临着投融资体制不健全、多元化投入渠道不畅、金融创新不足等制约产业发展的问题。大量中小型生物企业由于没有相应的固定资产作抵押或担保，很难得到银行贷款。由于金融创新不足，风险投资不发达，云南生物企业也很难得到风险投资的支持。由于政策引导与政府投入不足，外商与民营资金参与生物产业开发创新的积极性还没有充分调动起来，多元化投资渠道尚未形成。

### （五）缺乏高层次产业发展人才

培育高附加值的生物产业离不开高层次的人才队伍，云南地处西南边疆，经济发展水平低，社会发育程度不高，属于欠发达地区，生物产业高层次人才短缺问题更加突出。具体表现为高层次创新型人才匮乏，人才创新创业能力不强，人才总量相对还不足，结构分布不尽合理，人才发展的体制机制障碍仍然存在，人才资源开发投入不足等，与云南将生物产业建设成为支柱产业的战略目标不相适应。

## 四、云南生物产业发展的对策和建议

### （一）利用云南建设桥头堡等机遇，扩大生物产业对外开放合作

利用云南建设面向东南亚、南亚桥头堡的机遇，云南省从对外开放的末端走到了前沿。生物产业作为云南外向度高、吸引外资潜力大的新领域，一方面，可以不断引进外来资金和项目。针对云南优势生物产业的特点，设计和包装一批带动面大、关联性强、有吸引力的大项目，争取全省每个优势生物产业都有一家以上世界知名企业参与合作开发，借助这些企业在资金、技术、人才、市场营销等方面的雄厚实力，推动优势生物产业开发。另一方面，可以扩大“走出去”的步伐。东南亚的越南、缅甸、老挝三国土地资源丰富、雨量充沛、农业生产条件好、劳动力充足，是开展生物产业对外合作的理想地区。为此，可以首先利用省内外较为领先的生物技术开展高层次的对外合作，建设效益好、环境影响小的生物产业项目，抢占生物产业发展的战略制高点，形成“走出去”战略的技术优势，将云南建成中国面向南亚、东南亚的生物技术输出基地。另外，应充分发挥生物产业的聚集效应，促进全省生物产业在更宽领域、更高层次上融入全球分工与合作，积极组织参与重大国际合作计划，提升云南生物产业的技术创新能力和国际化水平，提高云南生物产业在东盟区域经济合作中的影响力。

### （二）加大发展力度，壮大龙头企业，扩大龙头企业的带动辐射作用

云南生物企业总体上呈现数量多、规模小、分布散的局面，能真正在全省有影响力、发挥龙头带动作用的企业非常少。要从政策、工作各个方面加大扶持力度，突出以下几个方面的工作：一是增加对龙头企业的政策和资金支持。制定省级生物产业基地及重点企业认定标准和运行监测管理办法，对认定为省级重点生物产品的生产企业，给予贷款贴息、建设用地等方面的优惠政策扶持。二是促进民营和中小企业发展。要全面落实好国家和云南对非公有制经济和中小企业发展的各项扶持政策，加大科技型中小企业技术创新基金对符合条件的中小生物企业的支持力度。支持各州市建立生物产业孵化器和创业服务中心，并引导民营企业、中小企业与龙头企业实现协调发展。三是大力推进生物产业基地发展，鼓励与生物产业相关的企业、人才、资金等向生物产业基地集聚，促进生物产业基地向专业化、特色化、集群化方向发展，形成比较完善的产业链。在基础条件好、创业环境优良的区域，可以考虑逐步建立省级、州市级生物产业基地。四是不断提高生物技术与创新成果的转化能力。切实做好生物技术成果转移服务等工作，加快生物技术知识产权的审查，强化生物技术科研成果的登记和转移工作，完善生物技术成果的评价体系和转让机制。组织实施生物技术产业化专项，大力推进拥有自主知识产权的重大生物技术成果转化，加速规模化生产和应用。积极开展生物产品相关标准的研究制订与实施工作，加强生物标样的研制和产业化。

### （三）着力创新投融资机制，努力破解生物产业发展资金难题

云南生物产业要不断拓宽融资渠道，加快形成以政府投入为导向、企业投入为主体、社会资本广泛参与的多元化投入机制，为产业的快速发展提供良好的资金保障。一要加大投资的力度。省级财政生物产业发展专项资金自 2008 年开始已经增加到 5 000 万元，以后还将根据财力增长逐步增加。同时，抓好生物产业相关项目资金的整合，重点支持生物产业基地建设、精深加工、品

牌培育、市场开拓和科技成果转化、关键技术研发等方面的工作。二要为生物企业提供优惠的税收政策。对被认定为高新技术企业的生物企业，按照规定减15%的税率征收企业所得税。对国家需要重点扶持和鼓励发展的生物农业、生物医药、生物能源、生物林业等生产企业，根据现代生物产业的特点，有关部门要结合国家税收政策方向进一步研究制定税收优惠政策。三要引导更多的信贷资本和民间资本投向生物产业。要利用好资本市场，鼓励、支持和培育符合条件的生物企业在境内外资本市场上市融资，如积极支持符合条件的中小企业在中小企业板或创业板上市，或通过联合发行债券融资，提高直接融资比重。鼓励各级政府设立生物产业融资担保机构，完善生物产业融资担保体系，支持企业以专利技术等无形资产作为担保向银行贷款，加大对生物产业发展的资金支持。

### （四）加强科技创新，打造良好的生物产业支撑平台

云南目前在140个科研机构中有76个从事生物资源研发工作，研究人员3 700多名，其中有4名院士。全省已建成国家重点实验室1个，在建国家工程技术中心1个，建设和认定省部级重点实验室14个，占省级重点实验室总数的70%，在全国有较大影响的植物病理重点实验室、工业微生物发酵工程重点实验室等已成为生物产业研发基地。良好的研究机构和队伍为云南生物产业的科技创新打下了一定的基础，但要发挥生物科技对生物产业的支撑作用，还必须做好以下几个方面的工作：一要加强知识产权的保护，完善生物产业相关知识产权保护机制，加强知识产权执法队伍建设，加大对知识产权侵权的惩处力度，依法保障生物产业相关知识产权所有者的权益。二要加强生物产业研发的基础设施建设，支持各类生物企业、研究机构、检测机构的科研基础设施建设。在充分整合和利用现有科研基础设施的基础上，加强生物科学基础研究和应用技术开发，支持生物技术工程中心、工程实验室、产品质检中心等建设，争取形成若干个具有国际先进水平的生物科学研究基地。三要建设一批生物产业基地，充分发挥生物企业在创新研发中的主体地位。除建设好昆明国家生物产业基地外，重点支持基础条件好、创业环境优良的州市建设生物产业科技园区。昆明石林台湾农民创业园、曲靖现代农业科技

示范园、红河现代农业科技园，以及玉溪、楚雄等地与生物产业相关的科技园区建设要加快推进。

### （五）要培育一批高素质的人才队伍

加大省内科研院所生物类学科专业建设力度，支持科研机构、企业和高校联合建立生物技术人才培养基地，加强硕士、博士等高级专门人才的培养，加强产业创新型人才、高级实用型人才和生物企业管理人才的培养。支持职业院校加快培养生物产业发展急需的技能型人才，以丰富的资源、优良的创业环境，吸引国内、海外优秀人才到云南从事生物技术研究和生物产业开发。加大向关键岗位和优秀人才的收入分配倾斜力度，完善技术参股、入股等产权激励机制。

**参考文献：**

1. 秦光荣：《培育壮大生物产业　推动云南科学发展》，载《云南日报》，2009 年 6 月 5 日。

2. 《国务院办公厅关于印发促进生物产业加快发展若干政策的通知》，载中国政府网，2009 年 6 月 2 日。

3. 程猛：《促进云南经济结构实现战略调整的思考》，载《云南农业科技》，2009 年第 5 期。

4. 《大旱之年粮食丰收　云南农村经济全面发展》，载国家统计局网，2010 年 11 月 8 日。

（作者单位：云南省社会科学院信息中心）

# 云南烟草产业发展报告

邹雅卉 于素哲

今年以来，围绕“卷烟上水平”一系列政策的实施，烟草行业总体经济运行态势良好，发展基础不断夯实，各项改革继续深化，队伍建设得以加强，但外部环境制约逐步增强，仍处于高位，烟叶生产继续发展难度加大，品牌优化面临一系列困难。2011 年是“十二五”的开局之年，行业外部发展环境会更加严峻，预计在“卷烟上水平”的推动下，全年税利将保持合理的增长率。全系统要保持稳定发展，应积极推进“卷烟上水平”，围绕品牌结构优化和发展方式转变，为推动烟草系统持续稳定健康发展奠定良好基础。

## 一、云南烟草产业发展现状及特点

### （一）经济总量继续扩大

云南烟草在全国和云南经济中的地位首屈一指。2010 年，云南烟草计划种植面积 568 万亩，比 2009 年计划种植增加了 1.1%，占全国烤烟种植面积的 33.7%；收购量 1 877.59 万担，比 2009 年增长了 6.17%，占全国收购量的 36.6%。1～10 月，完成卷烟产量 646 万箱，同比增长 4%；工业销量累计完成 651 万箱，增长 4.7%；一、二、三类烟累计产量 401 万箱，同比增长 18%。云南省内销售卷烟 165 万箱，单箱含税收入 18 500 元。

### （二）发展后劲强劲

云南烟草发展后劲不断增强。在“卷烟上水平”的指引下，云南烟叶生产受到中央、国务院、国家烟草局、云南省委、省政府的高度重视，2010 年增加新烟区开发 60 万担和抗旱 300 万担，进一步巩固了云南烟叶的地位，提高了云南烟叶的竞争力。以知名品牌培育为核心的烟草行业发展战略，进一步推动了云南烟草的发展。云烟、红塔山、玉溪和红河的产值分别排在全国第 2、4、8、10 位，红塔山、红河、云烟的产量分别排在全国第 1、4、7 位。在“卷烟上水平”政策实施初期，云南各项工作已经处于全国领先地位。

### （三）品牌结构继续优化

云南烟草结构不断优化，成为稳定增加税利的保障。2010 年，预计玉溪、红塔山、云烟和红河销量分别达到 68 万箱、272 万箱、168 万箱和 217 万箱，平均牌号产量 70 万箱，生产集中度接近 80%。云南省内销售“20 + 10”重点骨干品牌集中度提高到 69.6%，经营品牌数量减少到 62 个，经营规格减少到 270 个。1～10 月，一、二类烟销售有所增加，一类烟比去年增加 55.43%，二类烟增加 50.83%，但总体水平不高；四、五类烟销售比例不断降低，分别比去年降低了 8% 和 25.87%。

### （四）减害降焦工作取得新突破

完善科技创新和技术推广体系，推进原料差异化战略，综合减害降焦技术、特殊加料工业和烟梗膨胀工艺及特殊香料开放，在减害降焦技术、加工新工艺、原料差异化和特色薄片开发方面取得重大突破。推进完善降焦核心技术体系，培育以“低焦油、低危害、高香气、高品质”为主导的卷烟品牌体系，平均卷烟焦油含量有所下降。同时，不断完善创新机制，健全创新体系，规范项目管理，科研项目质量明显提升，效果突出。

### （五）“卷烟上水平”深入推进

“卷烟上水平”是当前和今后一个时期烟草工作的基本方针和战略任务，也是烟草行业的“十二五”规划的总指导。云南烟草贯彻“卷烟上水平”的总体规划，围绕培育“532”、“461”知名品牌为重点，加快转变发展方式。具体包括五个内容：品牌发展上水平、原料保障上水平、技术创新上水平、市场营销上水平和基础管理上水平。云南烟草工业围绕品牌培育，增强品牌集中度，实现云南烟草品牌成为“532”、“461”的品牌。云南烟草商业继续推动现代烟草农业建设，稳定烟叶生产；做好省内卷烟销售工作，优化销售结构，保持税利稳定增长。

## 二、云南烟草产业对经济增长的贡献

### （一）税收贡献

云南烟草税利对于省财政的贡献较大，处于缓慢降低趋势。按照10%的省财政增速来看，2010年烟草税利占省财政的比例与去年持平，保持在52.5%。但烟草税利占财政的比例整体处于下降趋势，“十二五”初期为59.1%，降低了7个百分点。烟草税利不断增加，“十二五”期间增加了约338亿元，增加了64.4%；税利增速不断降低，从2007年的23.7%降低到2010年的9.9%，降低了13.8个百分点。

云南烟草税利与财政关系

| 指标 \ 年份 | 2006 | 2007 | 2008 | 2009 | 2010 |
|---|---|---|---|---|---|
| 烟草利税（亿元） | 523.8 | 647.9 | 717.1 | 783.1 | 861.0 |
| 增幅（%） | — | 23.7 | 10.7 | 9.2 | 9.9 |
| 省财政收入（亿元） | 887 | 1 111 | 1 360.2 | 1 490.8 | 1 640 |
| 增速（%） | 16 | 25.3 | 22.4 | 9.6 | 10 |
| 占云南财政比例（%） | 59.1 | 58.3 | 52.7 | 52.5 | 52.5 |

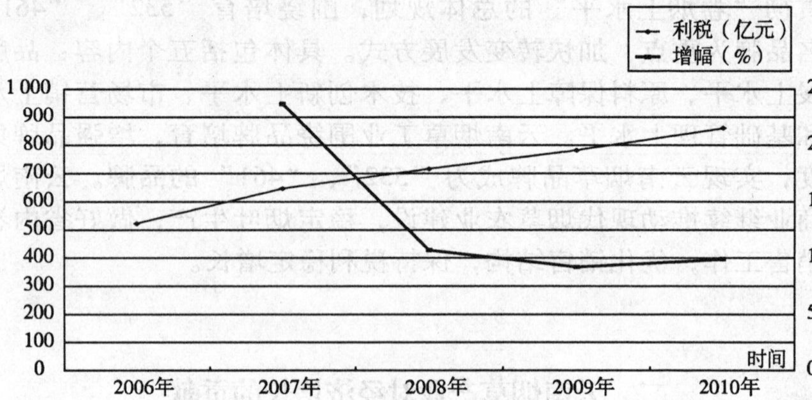


云南烟草税利变化

### （二）产业结构优化贡献

烟草对于云南产业结构优化的贡献表现在两个方面：一是推进实施现代烟草农业，改进了农田基础设施，农户种植结构发生变化，不再局限于单一粮食种植，可以增加经济作物种植；另外，农户增加种植烟叶面积，同样达到经济作物种植比重的增加；最终达到经济作物在农民收入中的比重增加，以促进云南农业产业结构调整。二是烟草轻工业产值增加，优化了云南三次产业结构。烟草工业产值的不断增加，且增速高于全省 GDP 增速和工业发展增速，有利于扩大二次产业规模，调整产业结构，促进传统产业结构转型。

### （三）促进烟农增收贡献

烟叶种植对于农民的增收贡献逐渐凸显。推行现代烟草农业，达到了减工增效的目的；减工促进烟农从事其他创收活动，增加烟农收入。2010 年，云南烟农烟叶种植收入比去年增加 4 亿元，达到 138.3 亿元。烟草行业对烟草种植进行大量补贴，包括中低产田改造、"一基四化"建设、烟叶种植保险等，降低了农民投入成本，稳定了农民效益。

## 三、烟草产业发展的影响因素

### （一）政策支持力度大

云南烟草对于云南经济的支柱作用仍然较突出，占我国烟叶总产量比重的近1/3。云南烟草受到各级政府的重视，各种政策的优惠。在国家烟草局“卷烟上水平”政策的引领下，云南原料、卷烟将会获得更大的收益。云南省委、省政府及各级部门也非常重视烟草工作。在未来的一段时间内，云南烟草的地位不会动摇，但是云南将政策发挥好的压力也是存在的。

### （二）现代烟草农业政策实施

云南是烟叶大省，以品牌为需求的烟叶生产将成为未来主流，适应品牌生产才是生存和发展的根本。未来烟叶的需求更强调技术含量、特色、标准。云南烟叶的生产能否体现品牌需求特点，需要进一步完善现代烟草农业建设。在云南现代烟草农业建设过程中，坚持“一基四化”的基本方向，将基地单元建设、特色烟叶开放相结合，有效地推进了现代烟草农业建设。未来能否更加有效实施现代烟草农业的关键在于：一是推进的力度和广度；二是保持现代烟草农业土地种植烟叶；三是科技含量能否提高。这些将是检验现代烟草农业和原料保障上水平的决定因素。

### （三）品牌生产结构优化

未来一段时期内，烟草将围绕品牌结构优化，以提高企业竞争力。包括烟叶生产、卷烟销售、科技创新，都将以品牌为核心开展相关工作，云南卷烟品牌结构优化程度将决定能否进入“532”、“461”规划蓝图。影响卷烟品牌的关键因素在于品牌的市场影响力。云南卷烟一直处于全国领先地位，在当前形势下，利用各种有效手段扩大市场力量是关键。部分省市卷烟品牌已经进入实质性贴牌、技改等程序，云南烟草要采取积极的态度，进一步促进品牌培育。

### （四）粮经、劳动力等价格提高

烟农选择种烟存在比较效益，即衡量种烟与种粮食、经济作物，甚至打工的综合测算。当前价格情况下，种烟存在一定的利润，但是烟草行业的烟叶收购价格已经多年没有发生变化，随着种粮补贴、经济作物和劳务输出收入的增加，种烟与其他的比较效益在逐渐缩小，受到的挑战也在不断增加。根据我国 2010 年第四季度的经济进展，一定程度上会决定第二年种烟的积极性。一是云南消费指数快速增加，前三季度同比上涨 3.8%，涨幅高于全国，可见云南消费在增加，需要更多的收入支持。但是，劳务输出价格在不断增加，且粮食价格出现了一定的上浮，11 月份 36 个城市蔬菜价格同比上涨 62.4%。在增收压力下，如果烟叶价格不能表现出较好的预期，那么烟农转移种植粮食、蔬菜将会获取更好的收益，则烟叶生产将会受到很大的挑战。

### （五）《控烟条约》执行

《控烟条约》实施以来，我国积极参与控烟工作，初步取得了一定的成效。在当前情况下，我国经济处于增长阶段，人民收入增加，对于卷烟的需求也在发生一定的变化；同时，对于健康的需求也在逐步升级。综合二者来看，对于卷烟的需求更大。因此，控烟工作仍然很困难。但是，由于世卫组织《控烟条约》进程的不断加大，对于卷烟的包装、烟标等卷烟控制的要求增加，烟草行业面临的不确定性也在增加，作为烟草大省的云南无疑将会受到更多的不确定性影响。

## 四、“卷烟上水平”与云南烟草产业发展

### （一）推进现代烟草农业，保障原料供应

国家烟草局在“卷烟上水平”中明确提出，原料保障上水平是实现卷烟上水平的重要基础。扎实推进现代烟草农业建设，完善基础设施，加强烟水工程、机耕路、密集烤房、育苗工场、农机具和防灾减灾体系建设。发展种植专业户、家庭农场和专业合作社，提高集约化经营水平。云南省作为烟叶生产大省，坚持“一基四化”的方向，将现代烟草农业和基地建设、特色烟叶开发相结合，提高现代烟草农业建设标准和综合推广示范。新烟区建设突出优化布局，彰显烟叶特色。加大特色新品种选育和自主

选育力度，满足卷烟品牌的特色优质烟叶需求。转变烟叶生产方式，加大先进实用技术推广，促进烟叶质量提升。以优化资源配置为手段，以满足品牌需求为重点，加快烟叶种植的市场化改革。

**（二）优化品牌结构，提高企业竞争力**

“卷烟上水平”的提出，加速了卷烟品牌优化整合。围绕“532”、“461”品牌培育目标，云南红塔集团、红云红河集团分别围绕制定的目标开展实施相关营销策略。根据品牌发展需要，细化年度营销目标，提高销售掌控能力。突出品牌发展重点，合理安排生产布局，促进云南知名品牌扩张。以支持知名品牌发展为目的，整合集团内部品牌，提高骨干企业知名度，完善品牌准入退出机制。根据市场需要，合理安排不同档次卷烟生产，探索卷烟市场需求动态反应机制，提高市场适应能力，优化卷烟生产品牌。

**（三）科技创新，培育新品种和减害降焦**

科技创新是发展的原动力，云南烟草紧紧围绕科技创新，不断推动烟草发展。云南的科技创新主要包括两大内容：一是良种培育；二是减害降焦。关键是做好科技体制改革，建立以企业为主体、市场为主导、产学研结合的科技创新体系，优化科技资源配置。加强科技人才队伍建设，推进科技制度创新，调动科技人才积极性。加快实施重大科技专项工作，带动重点课题，取得重点领域和关键技术的重大突破。发挥科技创新体系服务功能，完善推广机制，强化科技服务。加强科技合作与交流，创新合作方式，提高合作成效。

**（四）《控烟条约》应对举措**

控烟行动不断升级，云南烟草行业也要积极应对。要及时掌握国际控烟进展与动态，分析可能态势，及时制定应对方案。对国内相关政府部门、控烟组织的动态，要更好地了解形势发展。总结分析烟草行业各级部门、单位对控烟的观点，及时作出分析、归纳和总结。针对《控烟条约》涉及的如诉讼、财税、农业转产、烟草科技、烟草广告等一些焦点问题进行专题研究，探索烟草在控烟环境中应重视的问题和对策、建议。

**参考文献：**

1. 姜成康：《统一思想　坚定实现“卷烟上水平”战略目标任务的信心和决心》，载《东方烟草报》，2011 年 1 月 20 日。

2. 姜成康：《紧紧围绕“卷烟上水平”努力推动全年各项工作取得新进展》，载《东方烟草报》，2010 年 7 月 18 日。

3. 李保江：《专卖、竞争与烟草发展：真实世界的烟草经济学》，上海远东出版社 2009 年版。

4. 刘虹：《控制烟草消费的税收政策研究》，中山大学出版社 2009 年版。

5. 赵顺利：《我国烟草专卖体制存废及发展前景研究》，载《中国集体经济》，2010 年第 1 期。

6. 王一洁：《立法禁烟的理论探究》，载《大家》，2010 年第 2 期。

7. 张变莉、贾峰等：《用序贯博弈理论探讨烟叶生产和卷烟工业的发展》，载《农机服务》，2010 年第 4 期。

8. 《白恩培、秦光荣批示要求全力推进现代烟草农业建设》，载《云南日报》，2010 年 12 月 3 日第 1 版。

9. 《科学谋划求发展·推动“两烟”上水平》，载《云南日报》，2011 年 1 月 27 日第 1 版。

10. 《实现烟叶增产烟农增收》，载《云南日报》，2010 年 11 月 15 日第 1 版。

（作者单位：邹雅卉，云南省社会科学院经济研究所；于素哲，云南师范大学附中）

# 云南房地产发展报告

邹雅卉

## 一、2010年云南省房地产市场发展情况

### （一）房地产开发投资保持平稳增长，投资结构调整明显

2010年前3个季度，云南省共计完成房地产开发投资595.2168亿元，比去年同期增长15.3%。其中，来源于国内的投资为567.0856亿元，占全部房地产开发投资的比重高达95.3%，同比增长16.5%；来源于港澳台商人的投资为24.8510亿元，来源于外商的投资为3.2802亿元，分别占全部房地产开发投资的4.2%和0.6%，其中来源于外商的投资上升比较迅速，比去年同期增长35.1%。在国内投资结构中，国有投资同比减少28.8%，而国有独资投资同比增长520.4%，投资结构调整明显。

**表1　按登记注册类型分的房地产开发投资情况**

报告期：2010年9月

| 指标名称 | 实际完成（万元）2010年 | 比重（%）2010年 | 实际完成（万元）2009年 | 增长（%） |
|---|---|---|---|---|
| 总计 | 5 952 168 | 100 | 5 161 341 | 15.3 |
| 一、内资 | 5 670 856 | 95.3 | 4 866 842 | 16.5 |
| 国有投资 | 352 837 | 5.9 | 495 405 | -28.8 |
| 集体投资 | 43 986 | 0.7 | 43 514 | 1.1 |

续 表

| 指标名称 | 实际完成（万元） | 比重（%） | 实际完成（万元） | 增长（%） |
|---|---|---|---|---|
| | 2010 年 | 2010 年 | 2009 年 | |
| 股份合作 | 27 320 | 0.5 | 27 169 | 0.6 |
| 有限责任公司 | 2 460 516 | 41.3 | 1 923 359 | 27.9 |
| 国有独资公司 | 118 621 | 2 | 19 121 | 520.4 |
| 其他有限责任公司 | 2 341 895 | 39.3 | 1 904 238 | 23 |
| 股份有限公司 | 248 067 | 4.2 | 237 320 | 4.5 |
| 私营企业 | 2 470 798 | 41.5 | 2 041 930 | 21 |
| 其他企业 | 67 332 | 1.1 | 97 812 | -31.2 |
| 二、港澳台商投资 | 248 510 | 4.2 | 270 219 | -8 |
| 合资 | 74 774 | 1.3 | 109 209 | -31.5 |
| 独资 | 173 736 | 2.9 | 161 010 | 7.9 |
| 三、外商投资 | 32 802 | 0.6 | 24 280 | 35.1 |
| 合资 | 17 102 | 0.3 | 21 277.5 | 80 |
| 独资 | 15 700 | 0.3 | 24 200 | -35.1 |

注：表格数据由云南省统计局投资处提供，如非特别说明，以下表格数据来源相同。

### （二）住宅开发减缓，商业营业开发迅速增长

2010 年前 3 个季度，云南省房地产开发企业房屋施工面积达 7 437.36 万平方米，同比增长 26.81%；房屋竣工面积 862.44 万平方米，同比减少 14.76%，其中，住宅竣工面积 697.22 万平方米，减少 18.89%。总的来说，受土地价格、房地产管理制度和宏观政策调整的影响，住宅的供给明显减少，商业营业用房和其他用途用房大量增加。

表2 房地产开发投资情况

报告期：2010年9月

| 指标名称 | 实际完成 | 比重（%） | 实际完成 | 比重（%） | 增长（%） |
|---|---|---|---|---|---|
| | 2010年 | 2010年 | 2009年 | 2009年 | |
| 一、投资完成额（万元） | 5 952 168 | 100 | 5 161 341 | 100 | 15.32 |
| 其中：国有控股 | 780 969 | 13.1 | 848 935 | 16.4 | -8.01 |
| 1. 按工程用途分 | | | | | |
| 住宅 | 4 259 635 | 71.6 | 3 865 699 | 74.9 | 10.19 |
| 其中：经济适用房 | 96 163 | 1.6 | 122 516 | 2.4 | -21.51 |
| 其中：90平方米以下 | 746 183 | 12.5 | 606 809 | 11.8 | 22.97 |
| 其中：别墅、高档公寓 | 534 043 | 9 | 538 846 | 10.4 | -0.89 |
| 办公楼 | 123 620 | 2.1 | 115 749 | 2.2 | 6.8 |
| 商业营业用房 | 667 000 | 11.2 | 546 365 | 10.6 | 22.08 |
| 其他 | 901 913 | 15.2 | 633 528 | 12.3 | 42.36 |
| 2. 按构成分 | | | | | |
| 建筑工程 | 4 292 135 | 72.1 | 3 574 518 | 69.3 | 20.08 |
| 安装工程 | 223 946 | 3.8 | 203 500 | 3.9 | 10.05 |
| 设备工器具购置 | 47 279 | 0.8 | 42 948 | 0.8 | 10.08 |
| 二、房屋面积（万平方米） | | | | | |
| 施工面积 | 7 437.36 | — | 5 865.08 | — | 26.81 |
| 其中：住宅 | 5 954.28 | — | 4 827.03 | — | 23.35 |
| 竣工面积 | 862.44 | — | 1 011.76 | — | -14.76 |
| 其中：住宅 | 697.22 | — | 859.61 | — | -18.89 |
| 三、土地购置费 | 884 693 | — | 1 021 817 | — | -13.42 |
| 购置土地面积（万平方米） | 797.32 | — | 1 069.5 | — | -25.45 |
| 四、土地开发投资 | 443 501 | — | 386 194 | — | 14.84 |
| 开发土地面积（万平方米） | 312.84 | — | 791.47 | — | -60.47 |
| 五、土地成交价款（万元） | 901 972 | — | 816 927 | — | 10.41 |

2010 年前 3 个季度，全省房地产开发企业完成土地购置面积 797.32 万平方米，同比减少 25.45%；花费土地购置费 88.4693 亿元，同比减少 13.42%。

## （三）商品房销售量价齐升

从商品房销售的有关指标来看，2010 年前 3 个季度，全省商品房销售面积为 1 924.07 万平方米，比去年同期增长 34.2%。其中，商品住宅销售面积为 1 721.88 万平方米，同比增长 32.1%。商品房销售额 591.1548 亿元，同比增长 45.6%。其中，商品住宅销售额 478.3345 亿元，同比增长 40.8%。

表 3　商品房销售情况

报告期：2010 年 9 月

| 指标名称 | 2010 年 | | 2009 年 | | 增长（%） | |
|---|---|---|---|---|---|---|
| | 合计 | #：住宅 | 合计 | #：住宅 | 合计 | #：住宅 |
| 一、房屋面积(万平方米) | | | | | | |
| 1. 房屋施工面积 | 7 437.36 | 5 954.28 | 5 865.08 | 4 827.03 | 26.8 | 23.4 |
| #：新开工 | 2 456.11 | 1 932.74 | 1 670.27 | 1 343.01 | 47.0 | 43.9 |
| 2. 竣工面积 | 862.44 | 697.22 | 1 011.76 | 859.61 | -14.8 | -18.9 |
| 3. 销售面积 | 1 924.07 | 1 721.88 | 1 433.29 | 1 303.7 | 34.2 | 32.1 |
| 二、竣工价值（万元） | 1 897 401 | 1 460 834 | 1 985 398 | 1 614 061 | -4.4 | -9.5 |
| 三、销售额（万元） | 5 911 548 | 4 783 345 | 4 059 190 | 3 396 691 | 45.6 | 40.8 |

注：#表示其中。

## （四）楼市调控政策效果不明显

2010 年一季度以来，伴随着房价的迅猛上涨，中央和云南省陆续出台了多项政策以平抑房地产市场过热的局面。如国务院办公厅于 2010 年 1 月 10 日发出《国务院办公厅关于促进房地产市场平稳健康发展的通知》，随后云南省政府于 1 月 20 日迅速出台了《云南省人民政府关于促进房地产市场平稳健康发展的实施意见》。这些有关的文件均提出要通过优化土地供应、加快保障性住房建设、控制住房贷款发放等各种措施来促进“房地产市场平稳健康发展”。2010 年 4 月，中央政府出台了号称“史上最严厉”的楼市调控“组合拳”——“国十条”和“限购令”，9月29日再次出台的“新国五条”，加上近两个月各部委密集出台的一系列政策文件。截至11月底，已有15个城市陆续出台了落实国家二次调控的实施细则，就限购、执行差别化房贷、加大住房供应和保障房建设等多个方面作出规定，但全国商品房价依旧在缓缓爬坡。近一段时间，各种版本的统计数据均表明，在楼市二轮调控下，主要城市楼市成交量均出现了明显上升，有些城市甚至回升到了今年春季调控之前的水平；成交均价也显示有所上升。例如，中国国家统计局公布的数据显示，8月份中国70个大中城市的房屋销售价格环比持平，但同比上升了9.3%；昆明市2010年9月份的房屋价格销售指数同比上升5.3%，环比上升1.2%。房价依旧没有丝毫动摇，甚至全国都逆势上涨，楼市调控收效甚微。

### （五）房价逆市上扬

昆明（含呈贡新区），作为云南唯一的一个百万级中型城市，由于受前3个季度土地供应偏紧政策的影响，房产供应量较上年减少，加之有部分开发商惜售捂盘的行为，今年房价呈现出全线飘红的上涨态势。

年初，主城区还能看到6 000多元的房子；一个月以后，主城区基本找不到7 000元以下的房子。一环以内以及周边地段的住宅售价上涨到每平方米1.2万元乃至1.6万元，二环以外每平方米在7 000~10 000元之间浮动，个别项目达到每平方米1.4万元。2010年4月，城市房产网站的监测结果显示：昆明房产的平均价格已达6 816元/平方米，涨幅为216元/平方米，环比上涨3.3%，同比上涨38.2%。昆明市房产交易中心统计称：2010年7月，昆明新建住房的均价达6 593.46元/平方米，同比上涨7.2%，环比上涨0.5%；二手住房同比涨0.8%，环比上涨0.5%。

排在第二梯队的是以大理、丽江为代表的第一批旅游城市，和以西双版纳及腾冲为代表的第二批旅游城市。虽然这四个城市离昆明较远，但是当地开发的很多楼盘都是以瞄准昆明乃至上海、北京的购房客为主，有些楼盘根本不在本地开盘，直接到上海等大城市开盘。大部分楼盘都是由省外、国内实力雄厚的开发商操盘，比如腾冲目前最大的世纪金源楼盘。根据建行腾冲县支行大客户部整理的2010年一季度《腾冲县楼盘开发情况统计表》显示，当季在建和待建的房地产项目共计15个，隶属于14个开发企业。其中，资金实力排名最前的6大开发商均不是腾冲本土企业，他们手里共拿着7个项目，规划占地面积达1.88万亩。市场反馈的现实情况显示，当地房地产市场呈现出明显的“倒三角”形态——高端别墅项目总量最大，均价达7 000元/平方米，最高单价已突破8 000元大关；而普通住宅项目受制于县域经济总体水平及消费需求，其价格尚在2 000～2 500元/平方米之间徘徊，且数量极少。来自西双版纳的统计数据表明：2010年1～6月，全州90平方米以上商品住宅预售平均价格为2 320元/平方米，与今年一季度持平，与去年第四季度相比，每平方米上涨120元，上涨率5.45%；小户型预售均价为2 900元/平方米，与今年第一季度相比每平方米增加10元，涨幅为0.35%，与去年第四季度相比，每平方米上涨100元，上涨率为3.57%；别墅及高档住宅预售均价为3 018元/平方米，与今年一季度和去年第四季度相比，每平方米上涨18元，涨幅达15.38%。从购房者的地区属性来看，今年前2个季度在西双版纳购房的外地人占总销量购房者的31.48%，其中外省市的购房者占比为16.28%，省内各州市购房者的占比为14.62%，境外购房者的占比为0.58%。

接下来就是昆明周边被纳入滇中经济圈的玉溪市、曲靖市、楚雄市，甚至石林县价格都保持稳定上升，但是由于上年价格不高，所以房价仍然在2 200～2 600元/平方米徘徊。

总的来说，在过去的3个季度中，全省的房价都有不同幅度的上升，但是上升的幅度根据地理位置、开放程度和吸引投资力度的差别呈现几个差异明显的层次、梯队。

## 二、房地产市场发展中存在的问题

自1998年实施房地产分配市场化改革以来，房地产业经历了突飞猛进的10多年增长，取得了巨大成绩，有效地促进了经济发展和居民住房条件显著改善。此外，房地产通过增加就业和拉动相关产业发展促进了国民经济的持续发展。目前，通过房地产发展带来的土地出让金、房地产税费以及通过房地产行业拉动的60多个相关产业的投资和消费的税费已经成为地方政府财政收入的主要或者重要来源。在当前国际金融危机渐渐消退，而欧元区主权债务危机又呈蔓延之势，世界经济和国内经济走势存在很大的不确定性的时刻，国内经济下半年发展有回落趋势，在此背景下，仍然需要继续发挥房地产业"扩内需"的支柱性作用。但是，随着房地产发展带来了各种各样的问题，价格畸高、住房空置率上升、商品房价格涨幅超过居民收入增幅等，仍然是摆在各级地方政府面前的一道重要命题。

### （一）政策性保障住房严重缺失

中国的住房分配制度改革始于1998年7月3日国务院下发的《关于进一步深化城镇住房制度改革加快住房建设的通知》。1998年房改启动时，当时的设想是建立以经济适用房为主体的多层次城镇住房供应体系，但随着2003年国务院"18号文件"的颁布，经适房的主体地位被商品房正式取代，大量购房需求涌入商品房市场，房价正式进入"主升浪"。在随后的6年时间里，除了2006年与2008年外，国内房价每年涨幅均维持在14%以上。

中国的住房制度改革从没有否定或排斥保障性住房，但是在全国范围内取消福利分房的同时，对城镇居住和收入都困难的"双困户"实行住房保障的责任被疏忽或是遗忘了，将整个城镇老百姓的住房问题解决基本都推向了市场。正是这种在改革过程中产生的副产品现象，导致了今天的住房民生和民怨问题。

在实行房改的12年时间里，低收入群体的住房矛盾演变的越来越尖锐，他们的居住水平一直没有得到提高，住房财产没有拿到，甚至原本还有可能通过住房信贷买得到商品住宅的一部分人，也因为各种原因一次次地失去了入市的最佳时期。

云南省2009年前3个季度共完成房地产开发投资595.2168亿元，其中用于住宅建设的投资高达425.9635亿元，占房地产开发投资的比例为71.6%，比去年同期增长10.19%。在住宅建设投资中，用于经济适用房的投资只有9.6163亿元，占住宅建设投资的比例为1.6%；2009年同期用于经济适用房的投资为12.2516亿元，今年同比下降21.51%。与此同时，2010年前3个季度用于商业营业用房和其他用途用房的投资分别完成66.7

亿元和90.1913亿元，同比分别上升22.08%和42.36%。满足低收入人群的保障性住房仍然严重缺失。

从云南省城乡和住房建设厅得到的数据显示，从2009年下半年以来，省发改委、省城建厅、省国土资源厅先后下达了160多万平方米经济适用住房建设投资计划。但是，由于昆明市政府规定主城区不再建设经济适用房，目前开工建设的经济适用住房只有8 300多套，年内31 000套的任务难以完成。除此之外，中央政府6月29日下达给云南省的国有独立工矿棚户区改造计划指标仅5 513套，比责任书下达的任务少2 987套，做到年底前全部开工也存在一定困难。

在市场和现实约束的困境中，经济适用房和保障住房的问题会变得越来越复杂。

### （二）投资结构调整过程中恐有外资“热钱”注入的危险

商务部的数据显示，2010年1～11月房地产行业吸收FDI（国际直接投资，Foreign Direct Investment）201亿美元，同比增长48%。统计局此前发布的数据则显示，1～11月房地产开发企业本年资金来源63 220亿元，同比增长31.2%。其中，国内贷款11 245亿元，增长25%；利用外资656亿元，增幅高达59%。就云南省今年前3个季度的统计数据来看，在实际完成的房地产开发投资中，来源于国有投资的金额为35.283 7亿元，同比下降28.8%；而来源于外商投资的金额为3.280 2亿元，同比增长35.1%。

历史数据显示，房地产开发企业资金来源整体增幅在回落，但其中利用外资额却在持续增长。在目前国际经济恢复缓慢，而国内房地产市场增长看好的情况下，引发了市场关于“热钱”进入中国楼市的推测。

### （三）投机性需求旺盛，推动房价上升

根据国家统计局云南调查总队公布的数据：2010年9月，云南省CPI同比上涨4.1%，环比上涨0.2%。2010年1～9月，云南省CPI较去年同期上涨3.8%，9月份同比上涨4.1%。在全国，9月份CPI增幅3.6%，创下23个月新高时，云南CPI指数依然高于全国水平。由于CPI的不断上升，导致目前中国已经连

续8个月实际利率为负。为了应对物价上涨的压力和不断增强的通胀预期，中国人民银行在2010年已经6次上调存款准备金率，并且在距2007年的前一次加息时隔两年又10个月后，再次决定自2010年10月20日起上调金融机构人民币存贷款基准利率。金融机构一年期存款基准利率上调0.25个百分点，由现行的2.25%提高到2.50%；一年期贷款基准利率上调0.25个百分点，由现行的5.31%提高到5.56%；其他各档次存贷款基准利率据此相应调整。

虽然央行拿出了加息这个杀手锏，但是一年期存款的基准利率只有2.5%，仍然没有能够抵消CPI的影响，因此居民手中的钱正在寻找更多的增值渠道，而房地产投资再度成为居民的投资首选。

最近，央行发布了刚刚完成的城镇储户问卷调查显示，有26.1%的受调查居民在投资方式上首选房地产。“更多投资”首次取代“更多储蓄”。央行调查显示，在当前物价、利率以及收入水平下，45.2%的城镇居民倾向于“更多投资（如购买债券、股票、基金等)”，37.6%的倾向于“更多储蓄”，17.3%的倾向于“更多消费”。这也是近年来“更多投资”首次取代“更多储蓄”，成为居民的第一选择。居民的投资倾向直接导致了居民储蓄的分流，有数据显示，10月份居民储蓄单月减少7 000亿元，创历史纪录。

在各主要投资方式中，“房地产投资”以26.1%的相对高值继续成为居民投资首选，其他依次为“基金理财产品”为20.4%，“股票投资”为14.8%，皆比上季有所提高。2009年第四季度，央行首次表示，房地产成为居民投资的首选。

投资热情的高涨，不管是应对不断上涨的CPI的无奈之举，还是由巨大的储蓄动力转化得来，都有力地推动了房价的不断上升。

## 三、对策和建议

在市场化的条件下，房地产或者直接说是商品房由于其自身固有的稀缺性特征，导致其同时具有普通消费品和重要投资品的双重属性，因此，房地产的供给是真实楼盘的开发；但其需求则包括了实际的居住需求，以及增值保值目标下的投资需求两个部分。正是市场出清条件下不该存在的投资需求扰乱了均衡结果，导致房价虚高成为常态，出现地产泡沫也是必然。当前如果要采取政策对房地产市场进行调控，应该理解是为了最大限度挤出投资需求泡沫，以尽可能令住宅恢复其原本的居住（消费）属性，但是也不能完全否认抹杀其本质上具有的投资属性。

从城市化运动的角度看，由于城市化进程的推进必然带来城市人口的增加，这些新增加的人口都会在城市产生相应的居住需求，无论是购房还是租赁，无论是居住还是经营，都会成为房地产业的市场需求，有人对其中必须并迫切需要住房的人群取名为“刚需”；加上由于城市生活水平提高所引发的改善性购房需求，共同构成了住宅基本需求的主体。

1978—2008 年，我国城市数量由 193 个增加到 655 个，城市化率由 17.92% 提高到 2008 年的 45.68%。从云南省过去几年的城市化水平来看（见表 4），目前正处在城镇化加速的时期，未来十年将成为云南城市化最为关键的阶段。因此，基本需求仍将随着城市化的进程而稳步增长，这是支撑市场平稳发展的根本动力所在。因此，对房地产业的打压是不正确的也是不可能实现的。当然，对于快速上涨的房价是需要调控的，但只能采用经济手段。要想真正调控好房地产，使其步入良性循环轨道，应该改变过去那种以堵为方针的抑制措施，而改用以疏导为方针的引导措施。

**表 4　云南省各州、市 2006~2008 年城镇化水平指标对比**

| 指标<br>地区 | 城镇化水平 | | | |
|---|---|---|---|---|
| | 2006 年 | 2007 年 | 2008 年 | 2009 年 |
| 全省 | 30.50 | 31.60 | 33.00 | 34.00 |
| 昆明市 | 58.99 | 59.10 | 60.12 | 61.00 |
| 曲靖市 | 28.81 | 30.81 | 32.60 | 34.00 |
| 玉溪市 | 33.70 | 34.67 | 35.50 | 37.00 |
| 保山市 | 22.50 | 23.26 | 24.00 | 25.00 |

续 表

| 地区＼指标 | 城镇化水平 | | | |
|---|---|---|---|---|
| | 2006 年 | 2007 年 | 2008 年 | 2009 年 |
| 昭通市 | 17.20 | 17.52 | 18.70 | 20.00 |
| 丽江市 | 25.00 | 25.00 | 26.70 | 27.00 |
| 普洱市 | 25.00 | 28.00 | 29.00 | 30.00 |
| 临沧市 | 26.40 | 27.11 | 28.00 | 29.00 |
| 楚雄州 | 27.12 | 28.40 | 29.60 | 31.00 |
| 红河州 | 31.34 | 33.00 | 34.00 | 35.00 |
| 文山州 | 21.70 | 24.50 | 25.70 | 27.00 |
| 版纳州 | 34.02 | 34.29 | 36.00 | 36.00 |
| 大理州 | 27.37 | 27.50 | 29.00 | 31.00 |
| 德宏州 | 29.50 | 30.50 | 32.00 | 33.00 |
| 怒江州 | 16.90 | 17.90 | 20.00 | 21.00 |
| 迪庆州 | 21.87 | 21.40 | 22.90 | 24.00 |
| 全国城镇化水平：2006 年为43.9%，2007 年为44.9%，2008 年为45.68%，2009 年同期全国城镇化水平为46.6%。 | | | | |

数据来源：云南省住房与城乡建设厅（www.ynjst.gov.cn）。

### （一）加快廉租房、经济适用房建设

在保证房地产作为国民经济支柱产业的前提下，要实现温总理所说的合理房价，提高保障房在住房供应体系中的比重，无疑是目前最可行的办法。

政府最重要的职责是搞好廉租房，把住有所居作为“民心工程”看待，当成一项维护社会稳定的政治任务落实，确保低收入群体、困难群体、零就业家庭有基本的居住条件，让那些买不起房或者进城打工的农民租得起房，住得上房。在城镇规划过程中，一定要对安居房（包括廉租房、经济适用房）作出长期明确的具体规划，避免安居工程建设悬空。在安居工程土地出让时，要确定最低价和最高价，既不能让承包商从中牟取暴利，也要让承包商有利可图。

### （二）区分商品房和保障房，投资需求和消费需求，采用双轨制度治理

采用香港（中国）和新加坡一样的分类治理政策，即市场归市场，保障归保障，不能让市场解决保障的问题，也不能让保障承受市场的价格。保障性住房占大头，满足人民特别是低收入人群的基本住房需求；投资性住房占少数，给大量的资金以及机会获取合适的利润。

### （三）增加住宅用地供给

各级政府一定要优先保证廉租房、经济适用房用地，可以探索农村集体土地流转制度改革，允许其直接进入市场，实现城乡地权平等。

### （四）改善金融和信贷政策

首先，政府应该加快金融创新改革，吸引资金流出房地产进入实业领域或其他金融领域。其次，在货币流通方面，执行货币相对紧缩的政策，可以从提高贷款利率及提高银行存款准备金率入手，来紧缩货币在市场的流动性及运用成本；在税收方面，由点到面征收房产税，弥补在房地产持有环节税种的空缺，降低投资利润空间。

## 四、2011年房地产市场发展预测

### （一）房地产税出台或进行试点

对是否开展房地产税的讨论仍然在激烈进行中，而根据来自国家住建部的消息，房地产税的出台可能性极大，但是考虑到民间反对的呼声非常高，房地产税的出台不会形成全国一刀切的情况，最有可能的情况是在部分或少数城市开展试点和小范围的试验，等经验成熟之后再进行推广。但是，目前房地产市场是一个不全面、不成熟的市场，受各种因素影响非常大，各种因素之间关联紧密，复杂性大，房地产税的出台是否能够解决目前房地产市场的问题仍然是一个未知数。

### （二）土地供应增加，房地产市场投资保持平稳上升

作为云南省房地产市场发展的龙头老大和风向标，明年昆明的城中村改造将继续推进，预计会出现大量的可供开发的土地；而且昆明市政府系统的绝大多数部门将于今年底或明年初正式启动迁入呈贡片区，加上今年未能够完成的经济适用房建设和工矿棚户区改造计划继续推进实施，以及经中央和云南省分级下达的增加土地供应的政策，明年的房地产市场有充足的土地开发资源，相应的投资也会在今年的基础上保持平稳上升。

### （三）房价、地价起伏将趋稳，房地产市场保持稳定增长

中国楼市不是单纯的市场经济产物，其受政策的影响很明显，而楼市政策不单单应对楼市的变化，几乎每一轮对市场影响较大的楼市调控政策背后都有经济形势、社会矛盾在起作用，毕竟房地产实际充当着经济重要动力的作用，也与千家万户的民生相联系。

因此，随着土地供应量增加，贷款政策趋紧，消费政策受限和打压投资性需求的深入，刚性需求将成为房地产市场主体。房价会在今年基础上保持一定的增长，整体的房价走势趋于稳定，整体的房地产市场也会随着经济稳定，发展的大环境看好而保持稳定增长。

**参考文献：**

1. 云南省统计局编著：《云南省国民经济主要指标》（2010年1～9月）。

2. 云南省统计局：《统计报告》，2010 年第 12 期。

3. 云南省人民政府：《云南省人民政府关于促进房地产市场平稳健康发展的实施意见》。

4. 郎咸平：《我们的日子为什么这么难》，东方出版社 2010 年版。

5. 元坤编著：《中国楼市何处去》，中国广播电视出版社 2010 年版。

6. 潘家华、李景国主编：《2010 房地产蓝皮书—中国房地产发展报告》，社会科学文献出版社 2010 年版。

（作者单位：云南省社会科学院经济研究所）

# 电力产业发展报告

罗荣淮

2010 年，云南省电力运行经历了严峻的考验。由于持续旱灾的影响，出现水电出力严重不足、电煤供应继续紧缺、电力生产和供应持续紧张等不利因素。在省委、省政府的指导下，电力系统相继采取加强计划用电、调减外送电量、强化电煤组织、火电大方式运行等有效措施，使全省缺电率从春节前严重时段一度高达 30% 左右下降到年末的 12% 左右，并且以 18.8% 的用电增幅确保了全省规模以上工业 21% 的增长。在大灾面前，电力的平稳运行为确保全省经济社会的稳定发展作出了显著贡献。

## 一、2010 年电力发展情况

### （一）2009 年电力产业发展回顾

#### 1. 电源装机容量

2009 年，全省电源装机容量 3 195.74 万千瓦，其中水电 2 113.67 万千瓦，火电 1 070.09 万千瓦，风电 11.78 万千瓦，太阳能 0.2 万千瓦，清洁能源与火电比例为 67∶33。云南电网公司统调装机容量 2 454.98 万千瓦，占全省总装机容量的 77%，其中水电 1 490.55 万千瓦，火电 956.55 万千瓦，风电 7.88 万千瓦，清洁能源与火电比例为 61∶39。

#### 2. 电网建设

2009 年，云南电网建设规模创历史新高，电网公司在加快城市电网改造和农村电网完善工作方面取得了较好成绩。电网建设完成投资 140.08 亿元，同比增长 105%。建成投产 110 千伏及以上输变电工程 71 项，投产变电容量 904 万千伏安，线路长度 3 130 千米；新开工 110 千伏及以上输变电工程 62 项，开工变电容量 657 万千伏安，线路长度 2 086 千米，电网投资完成情况和项目开工投产规模都创下了云南电网发展史上的新高。500 千伏砚山变工程被评为 2009 年南方电网建设优质工程、中国电力行业优质工程以及国家优质工程，500 千伏和平输变电工程被评为 2009 年南方电网建设优质工程。

3. 电力生产与销售

2009 年，全省累计发电 1 173.8 亿千瓦时，增长 12.91%。云南省电网公司完成售电量 985.07 亿千瓦时，同比增长 18.08%。[①] 其中，省内销售电量 688.9 亿千瓦，同比增长 10.25%；西电东送电量 255.18 亿千瓦时，增幅达 43.48%；对越南输送电量 40.99 亿千瓦时，同比增长 29.88%。实现营业收入 393.01 亿元，同比增长 16.73%；实现利税 35.24 亿元；电力生产和供应业完成增加值 242.36 亿元，同比增长 16.6%。

4. 农村水电建设

截至 2009 年底，全省共建成农村水电 1 692 处，装机容量 1 192 万千瓦；共建成农村水电发电量为 396 亿千瓦时，分别占全省电力总装机和发电量的 37% 和 39%。[②]

### （二）2010 年电力运行情况

2010 年，云南电网公司计划销售电量 1 040 亿千瓦时，增长 17.55%。其中，省内售电 644 亿千瓦时，同比增长 9.45%；云电送粤 352 亿千瓦时，同比增长 38.02%；向越南送电 43.6 亿千瓦时，同比增长 6.38%。截至 12 月 2 日，云南电网公司省内、省外和国外三个市场售电量已突破 1 000 亿度大关，达到 1 001 亿度，同比增长 21.8%。预计全年售电量将达到 1 078 亿度，比去年净增 193.5 亿度，超额完成销售电量计划。

---

① 赵玮等：《桥头堡建设为云电带来新机遇》，载云南电力网，2010 年 4 月 30 日。

② 殷浩钦：《云南电网公司召开 2010 年电网规划建设工作会议》，载《搜狐新闻》，2010 年 2 月 8 日。

1. 装机容量

截至2010年6月，全省总装机容量为3 458万千瓦（新增装机258万千瓦）。其中，水电2 310万千瓦（新增197万千瓦），火电1 130万千瓦（新增60万千瓦），风电12.83万千瓦，垃圾发电3.1万千瓦，太阳能2万千瓦。全省统调发电总装机容量为2 499.8万千瓦，其中水电1 473.5万千瓦，火电1 013.5万千瓦，风电12.8万千瓦。

2. 发电情况

随着汛期的来临，水电出力持续增加，火电转入调峰运行，电力生产和供应稳步增长。2010年1～9月，全省累计发电999.56亿千瓦时，同比增长15.0%。其中，水电发电575.21亿千瓦时，同比增长16.2%；火电发电421.66亿千瓦时，同比增长13.1%。①

3. 供电情况

2010年1～9月，云南电网公司累计完成售电量793.98亿千瓦时，同比增长22.91%；省内售电量531.9亿千瓦时，同比增长23.9%。全省最大错峰负荷259万千瓦，累计错峰影响电量37.5亿千瓦时。②

4. 云电外送

2010年1～6月，全省累计送广东电量90.39亿千瓦时，同比下降8.24%（但与1～5月环比提高了7.76个百分点。从6月份来看，送广东电量已稳定在8 000至1亿千瓦时之间，全月有9天的日送电量保持在1亿千瓦时以上）。

2010年1～8月，云南电网向越南送电电量达到34.95亿千瓦时，同比增长了37.31%，比计划多送了7.534亿千瓦时，完成年度送电量的80.15%，实现电费收入1.78亿美元。截至2010年8月31日，云南电网对越送电电量累计突破140亿千瓦时，达到144.4亿千瓦时，累计实现电费收入6.94亿美元。③

---

① 云南省统计局编：《云南省国民经济主要指标》，2010年9月。

② 《2010年1～9月云南电网公司累计完成售电量同比增长22.91%》，载国际电力网，2010年10月21日。

③ 《云电送越电量累计突破140亿度》，载云南电力网，2010年9月15日。

## 二、主要成绩与面临的挑战

2010年初，由于持续旱灾的影响，出现水电出力严重不足、电煤供应继续紧缺、电力生产和供应持续紧张等不利因素，电力系统及时采取加强计划用电、调减外送电量、强化电煤组织、火电大方式运行等有效措施，使全省缺电率从春节前严重时段一度高达30%左右下降到年末的12%左右，并且以18.8%的用电增幅确保了全省规模以上工业21%的增长，为全省经济社会发展作出了应有的贡献。

### （一）电力建设成绩显著

1. 电网建设投资力度大，见效快

巨资打造电力资源交换枢纽。为彻底改变云南电网的网架结构，保证从根本上解决云南电网的薄弱问题，保证安全供电，满足全省经济发展的需求，达到“云电送粤”、“云电送越”的新要求，近几年以来，云南电网公司加大了电网建设的投资力度，巨资打造电力资源交换枢纽。仅2010年上半年，云南电网已经完成电网建设投资41亿元。2010年，云南电网计划完成固定资产投资133.19亿元，其中，电网建设投资120亿，投产项目82项，开工项目78项。

65亿投资强健云南电网“筋络”。云南电网公司在城市电网改造、农网改造升级、无电地区通电和风电送出工程等四个方面获得中央预算内资本金12.2亿元的支持，涉及电网建设投资计划为65.46亿元。2010年，云南电网公司中央预算内电网建设项目投资先后共四批计划在2010年和2011年两个年度内完成。其中，城网改造投资5亿元，农网改造升级投资50亿元，无电地区通电工程投资9.44亿元，风电送出工程投资1.02亿元。

电力体制改革以来，截至2010年6月底，云南电网公司累计完成电网建设投资达450亿元（预计2010年内将突破500亿），累计建成投产110千伏及以上项目379个，新增变电容量4 571.80万千伏安，线路长度17 333.49千米。云南电网拥有500千伏变电站（含开关站）16座，变电容量共计2 125万千伏安，500 千伏线路 7 282.62 千米；220 千伏变电站 90 多座，变电容量 2 814.3 万千伏安，220 千伏线路 11 544.85 千米。①

基本实现全省"一张网全覆盖"。2010 年，实现全省"一张网全覆盖"的决策取得了历史性突破，为更好地服务云南经济社会发展提供了强大的动力和赋予了更大的责任。目前，云南全省 15 个州（市）② 地方电网全部纳入云南电网公司管理，实现了全省电网"统一规划、统一建设、统一管理、统一调度"。

"村村通电"紧锣密鼓。2010 年，全省农村水电建设计划完成投资 80 亿元，新增装机容量 120 万千瓦，完成发电量 380 亿千瓦时，继续完成 49.5 亿元中西部农网改造和无电通电投资任务，再解决 6 万户无电人口用电问题，计划在年内实现全省范围内行政村"村村通电"。

2.6 亿元冲刺"登高计划"

2007 年 12 月，国资委要求央企制订并实施信息化登高计划，以提高央企信息化水平。为落实国资委要求央企制订并实施信息化登高计划，抢占电力科技信息制高点，云南电网公司积极落实上级机关的部署，紧紧围绕公司"1149"③ 发展战略，结合五年信息化规划，加强建设，信息化水平连续两年处于南方电网领先水平。2010 年，电网公司在 2009 年投入 1.9 亿元的基础上投入资金 3.6 亿元，冲刺登高计划。信息化登高计划目标由原来的"确保 B 级上游，力争达到 A 级"提高到"达到 A 级"。强化科技创新和信息化建设工作，为电网发展和电网安全稳定运行提供强有力的技术支撑和服务保障。

3. "增水减火"，节能减排贡献大

一是云南电力部门遵循国家节能减排发电调度原则，督促电

① 陈波等：《云南电网 450 亿巨资打造电力资源交换枢纽》，载云南网，2010 年 8 月 24 日。

② 目前，仅有保山市没有纳入云南电网公司管理。

③ "1149"战略实施工程，就是"1 个目标、1 个行动、4 大体系、9 个工作规划"。战略实施工程的落脚点是致力于实现公司发展战略目标，通过 5~10 年的不懈努力，将云南电网公司打造成为中国领先的省级电网运营企业。实现发展战略目标的方式是通过标杆管理，以主要供电局为重点，以创建先进水平供电局为切入点，以点带面逐步缩小与先进电网企业的差距，推进战略实施工程，进而全面促进公司战略目标的实现。提升管理水平的重点是全面推进四大管理体系建设，同时通过对公司核心业务价值链上的安全生产、电网规划建设、电网运行等 9 个方面进行超前谋划，将 4 大体系的管理理念通过 9 个规划体现在具体工作中。通过点面结合，在探索中实践，在实践中提高。

力企业做好节能发电调度优化工作，配合做好节能减排督查、小火电机组关停督查工作。优先安排可再生能源发电，在保证电网安全稳定运行和满足用电需求的前提下，尽可能多发水电，少发火电。

二是坚决贯彻落实国家节能降耗有关政策精神，优先利用可再生清洁能源发电。2010 年 7 月下旬，云南水电发电量所占比例从去年同期的 40% 左右增加至 2010 年的 80% 以上，水、火电发电比例达 7:1，新能源所占发电比例也有所增长。

三是节能发电调度计划成效显著。2010 年 7 ~ 9 月，全省火电企业共少发电 22.4 亿千瓦时；按照《2010 年云南省淘汰落后产能公告名单》，关停了应淘汰的落后产能，于 8 月 31 日前完成了 22 台火电机组脱硫设施旁路烟道挡板封堵（铅封）工作。①

四是加大火电调峰力度，尽可能让水电多发，在保障电网安全和电力供应的前提下，最大限度压减火电，为水电腾出发电空间。火电平均负荷由前期的 600 万千瓦左右下降至 200 万千瓦左右，火电开机容量仅为 300 万千瓦，不到火电总装机的1/3。②

**4. 国际化区域电网加速建设**

“云电外送”开创了第四经济大通道。目前，“云电外送”大通道已成为继公路、铁路、航运之外，中国连接大湄公河次区域的第四经济大通道。云南确定了建设“三基地一枢纽”的能源战略目标，即建设国家西电东送清洁能源基地、新能源示范基地、新型炼化基地和国家境内外电力交换枢纽，旨在促进与周边邻国的能源贸易交流，助推东南亚、南亚能源市场繁荣。为云南扩大面向东南亚的开放、发展开放型经济作出了巨大贡献。

对接东盟，打造国际化区域电网。云南电网建设按照《中国参与大湄公河次区域经济合作国家报告》中国参与 GMS 能源合

① 蒋朝晖：《云南三季度节能发电调度成效显著》，载云南电力网，2010 年 10 月 15 日。

② 肖肖：《云南优先利用可再生能源发电》，载云南网，2010 年 8 月 19 日。

作设想方案,[1] 因地制宜,多头并进,逐步发展,当好加快云南桥头堡建设的排头兵。随着中国—东盟自由贸易区以及大湄公河次区域(GMS)国家区域合作走向深入,云南将进一步加强与东盟国家的能源合作,构建和扩大电力销售渠道。随着中越、中缅和中老电力联网贸易的不断推进,云南已成为连接缅、老、越的国外电力交换枢纽,有力地推动了公司三个市场的建设工作。云南电网公司作为区域电力交换平台的地位逐步提高,资源优化配置的效益逐渐显现。

"缅电"送云,步伐加快。2010 年 5 月 27 日,国电集团公司与缅甸 Tun Thwin 矿业有限公司及缅甸联邦电力在缅甸联邦首都内比都举行了水电和火电项目开发权谅解备忘录(MOU)签字仪式。谅解备忘录的签署,是贯彻落实"走出去"发展战略,切实发挥云南通往东南亚桥头堡区域优势的重要举措,标志着云电在缅甸实施电力开发与能源领域合作迈出了新的一步。

目前,云南与缅甸正在全面推进缅甸恩梅开江、迈立开江及伊洛瓦底江密松以上流域水电开发。其中,伊江上游水电项目地处缅甸北部的克钦邦,规划开发建设 7 个大型水电站和 1 个施工电源电站,装机容量约 2 000 万千瓦,年发电量约 1 100 亿千瓦时,总投资 1 000 多亿元人民币。在双方政府的高度重视下,项目已纳入两国政府间水电开发合作规划。目前,水电站已开工建设的规模为 610 万千瓦,计划 2010 年内再开工建设 340 万千瓦,电站建成后,部分电将销往中国云南等地。[2]

**5. 社会效益,硕果累累**

水电 4 号机组顺利投产,树立了水电事业发展的里程碑。云南作为我国水电的开拓地和水电装机 2 亿千瓦的标志地,已经成为全国水电建设和"西电东送"战略实施的主战场。2010 年 8

---

① 中国愿与 GMS 各方一道,通过充分协商和发挥比较优势,按照大湄公河次区域电力贸易运营协议(RPTOA)提出的 GMS 电力贸易发展"四个阶段"的设想和所制定的未来行动计划,积极推动 GMS 总体电力发展规划、GMS 电力数据库及网站的建立、GMS 电力运行标准及输电规则等各项优先开展的重点工作,发展两国间、多国间的电力合作及交易,以便最终建立起统一的 GMS 电力市场,在次区域范围内实现电网互联及自由的电力交易,实现资源的优化配置,提高联网效益,优势互补,互惠互利,平等共赢。中国愿意与其他 GMS 各国家拓展能源合作,包括提高能效、发展替代能源,以确保次区域的能源安全。

② 袁野:《中缅建交六十年"缅电"将销往云南》,载《生活新报》,2010 年 6 月 5 日。

月 5 日，澜沧江小湾水电站 4 号机组顺利投产，全国水电装机容量突破 2 亿千瓦，跃居世界首位。4 号机组成为全国水电装机容量突破 2 亿千瓦标志性机组，树立了水电事业发展的里程碑，标志着电力工业全面、协调、可持续发展又迈上了一个新的台阶。

质量管理、组织管理，成绩优秀。云南电网公司所属单位 QC 小组[①]分别荣获“2010 年度中国电力建设优秀 QC 小组”一等奖、二等奖各 1 名，三等奖 2 名。获奖 QC 小组及奖项分别是：云南火电公司雨汪电厂工程项目部的摇摆焊 QC 小组以“降低不锈钢焊接外观缺欠率”课题获一等奖；送变电工程公司电气调试 QC 小组以“500kV 砚山串补站电力电容器交流耐压试验方法研探”课题获二等奖；云南火电公司机械化分公司飞艇研制 QC 小组以“高海拔放线飞艇的研制”和送变电公司送电二分公司 220kV 香格里拉输电线路 QC 小组以“降低香格里拉高海拔线路施工急性高原病的发病率”课题获三等奖。

电网营销客户服务技术，实现全业务管理。云南电网营销客户服务技术支持实现区域大集中管理供电，服务迈入集中化、一体化、标准化。[②] 云南电网公司营销客户服务技术支持系统以构建企业综合业务管理平台为目标，实现了对电力营销工作的全业务管理，包括业扩报装等 28 个核心业务功能模块，1 000 多个功能点，涵盖了省、地、县、供电所的日常营销业务以及统计分析工作，对日常业务支持度达到 100%。营销客户服务技术系统纵向覆盖省、地、县、供电所，管理用电客户 760 余万户，计量点 785 余万个，形成省、地、县、乡 4 级营销业务的“集中化、一体化、标准化”管理；横向覆盖了云南电网公司本部的市场交易部、财务部、农电部等相关管理部门，以及地区供电局的营销部等各级营销部门及所有营销工作岗位，覆盖率达到了 100%。

旁路带电作业，昆明局成功实现。按照南方电网公司提出的“5 年内对用户年平均停电时间不超过 5 小时、达到国内先进水

① QC 小组是指在生产或工作岗位上从事各种劳动的职工，围绕企业的经营战略、方针目标和现场存在的问题，以改进质量、降低消耗，提高人的素质和经济效益为目的组织起来，运用质量管理的理论和方法开展活动的小组。QC 小组是企业中群众性质量管理活动的一种的有效组织形式，是职工参加企业民主管理的经验同现代科学管理方法相结合的产物。

② 吕吉生：《云南电网营销客户服务技术支持实现区域大集中管理供电》，载《中国南方电网报》，2010 年第 3 期。

平”的要求，云南电网公司开展旁路带电作业。目前这一领先技术安全可靠，在国内仅有上海、北京等极少数城市成功采用。2010 年 9 月 17 日，云南电网公司带电作业中心和昆明供电局经过反复论证和精心组织，在一条 10 千伏线路上成功实施旁路带电作业法，带负荷更换了一台发生故障的柱上断路器。这次作业既是在国内高海拔地区，也是在中国南方电网公司内开展的第一次旁路带电作业。旁路带电作业法至少避免了 168 个时户数的停电。①

管控安全风险，保持系统安全稳定运行。云南电力系统围绕当地经济社会发展大局，始终坚持“安全第一、预防为主、综合治理”的方针，督促各电力企业继续开展“安全生产年”活动，继续开展“三项行动”、“三项建设”，及时研究部署云南电力行业安全生产月活动，督促各电力企业消除设备缺陷，防范事故隐患，管控安全风险。通过努力，全省电力安全生产形势总体平稳。截至 2010 年 6 月末，全省未发生较大及以上电力生产人身伤亡事故和重大电力设备事故，继续保持云南电力系统安全稳定运行。②

保民生，全力抗旱“不拉限”。去秋今春，云南遭遇历史罕见的特大旱灾，给人民的生产生活造成严重影响。持续旱情导致来水偏枯，水电出力大幅下滑，在火电长期压极限运行的状况下，全省电力生产和供应呈现持续紧张的局面。云南电网公司千方百计挖潜增效，全力以赴做好电力供应工作，把抗旱保苗、人畜用水、农业生产等保电重点，优先保证民生用电，确保城乡居民生活用电“不拉限”。

云南电网公司启动“打井送水、抗旱救灾”、“万人下乡　抗旱救灾”活动，开辟抗旱用电“绿色通道”。各基层单位纷纷行动起来，全力以赴、迅速响应，成立了抗旱保电应急指挥中心和抗旱救灾先锋队、突击队，全面吹响了抗大旱、保电网、保民生、促春耕的集结号。截至 2010 年 4 月，云南电网公司组织施工的第一批 14 口井已顺利开工，部分水井已出水。随后，南方

① 樊则昌等:《昆明局成功实施南网首次旁路带电作业》，载云南电力网，2010 年 9 月 20 日。

② 《昆明电监办 2010 年上半年工作总结》，载中国电力信息公开网，2010 年 7 月 7 日。

电网又在云南的重灾区启动第二批20口“南网井”，为全省抗旱救灾作出了较大贡献。

### （二）电力产业发展面临着巨大的挑战

桥头堡战略的提出，为云南电力建设利用国内国外两个市场和两种资源提供了广阔的前景，有利于提升云南电力在次区域资源优化配置的主体地位，推动云南电网加强国际合作，给云南电力发展带来新的历史性机遇。但是，在新的发展时期，云南省电力建设发展还将面临一系列严峻考验和存在着很多的问题和困难。

#### 1. 电源电网发展不协调，电网建设资金筹措相对滞后问题

改革开放以来，云南电力投资突飞猛进，但是，从总体上看，电力建设还存在着资金筹措困难的问题，特别是电网建设投资任务繁重。一是由于云南山区地域大，导致电网建设困难较多，单位用电电网投资大、基础弱，需要投入的资金量大。二是虽然目前投资环境有了很大的改善，但还有许多因素导致融资渠道不畅。三是电网投资收益低，受经济发展水平的影响，农网建设严重滞后，改造资金需求巨大。四是电网环节存在的电价矛盾没有得到充分的考虑和疏导。

#### 2. 电网结构不合理

一是云南电网建设滞后于电源建设，无法满足部分电源送出工程的需要。电网结构仍然薄弱，电网设备科技含量、自动化程度和安全可靠性水平不高。特别是滇中、滇西、滇西南、滇东北等局部电网的结构仍然比较薄弱，制约了能源资源在全省范围内的优化配置，影响了供电可靠性和供电质量，也影响了电力资源的开发。二是“云电外送”受电网输送能力制约，区域电力市场及电网管理体制有待进一步完善，输电通道建设需要加强，送受电方及电网的经济利益有待进一步协调。三是“十二五”是云南电网进入高强度扩张、跨越式发展的新时期。电网规划的顺利实施涉及很多环节的工作和不同利益主体。人、财、物等资源的优化配置，科学地组织各种要素资源，建立强有力的保障机制，都是需要认真研究的重要课题。

#### 3. 特大旱灾影响较大

水电方面。2009年入秋至2010年入汛前，云南省遭遇历史

罕见的特大旱灾，给群众生产生活造成严重影响。各流域来水严重不足，河道平均来水量较常年整体偏少42%，全省电力生产和供应呈现持续紧张的局面，2 月份云南水利发电量同比下降23.8%。百年不遇的旱灾不仅使农业大幅减产，对云南省工业经济也造成严重影响。全省统调水电日发电量由汛期2.1亿多千瓦时下降到6 000多万千瓦时，省内缺电超三成进入“橙色预警”。水电发电量大幅下降，电力生产供应困难。

火电方面。随着水电出力大幅度下降，火电压极限运行，用煤量增大。受煤质差、火电机组发生故障较多等因素影响，火电总的发电能力不足装机容量的75%，火电日发电量仅有1.74亿千瓦时；火电原煤耗已经从2009年上半年的619克快速上升到680克（2010年1月），火电机组发生故障的几率同步增加。

倒向送电。2010年春节期间，全省缺电率一度超过30%，为缓解电力紧缺局面，经各方努力，调减了西电东送电量。2010年2月，在南方电网公司的协调下，广东倒向云南电网送电累计达33 005.9万千瓦时。

4. “小煤保大电”格局没有得到改变

云南电煤供应长期处于入不敷出、库存不断减少的状态，导致“小煤保大电”的格局仍未得到有效改善，电力生产和供应受制于电煤供应，电力供需矛盾日益尖锐。随着水电出力大幅度下降，火电压极限运行，用煤量增大。火电机组由于长期处于压极限运行，机组设备故障率高企，电煤供应紧缺，缺煤、故障停机频繁发生。据不完全统计，今年1~5月，云南电网220千伏及以上主要输电线路因山火跳闸35条次，强迫停运28条次；110千伏线路因山火跳闸43次，采取主动应急措施305项。①

5. 环境资源的压力不断加大

水电的开发和利用为国家提供了丰富的能源动力，对地方经济社会发展起到巨大的推进作用。同时，水电的开发也会出现很多的难题和困难，例如，开发中环境保护问题、移民问题等等。随着全省经济总量的扩大和水电资源的不断开发、电网建设的快速推进，土地、输电通道等资源不足的矛盾越来越尖锐，特别是“三江并流”地区，水电装机的集中度较高，通道资源更显得稀缺。

---

① 《昆明电监办2010年上半年工作总结》，载中国电力信息公开网，2010年7月7日。

## 三、未来电力发展构想

按照云南省委、省政府把云南建设成为以水电为主的全国优质能源基地的战略构想，到2020年全省电力装机总容量将突破8 000万千瓦。届时，云南电网将成为全国最大规模的省级电网，形成成熟的省内、省外、国外三大电力销售市场。云南将继续扩大与东盟国家的电力合作，着力提升国际电网互联层次，以“走出去”的行动积极支持桥头堡建设。

### （一）云南电力发展将继续保持稳定快速增长

1. 云电建设迎来了新的发展机遇

随着国民经济发展的需要和国家对电力产业的重视，特别是“使云南成为我国面向西南开放的重要桥头堡”的重要决策，电力建设又将迎来跨越式发展的机遇，电力资源和电力建设项目将得到大力开发。同时，电网建设将加大投资力度，建设步伐得到提升，电源建设与电网建设将进一步协调。

2. 云南电网系统调峰能力将得到增强

随着小湾水电站的建成和投产，云南电力系统水电站群的调节性能将得到极大改善，使得下游的漫湾、大朝山和景洪3个梯级电站的保证出力提高了1倍，即增加了110万千瓦的保证出力，发电量增加25.75亿千瓦时。通过系统流域联合优化调度，在全省水电总容量中，年平均调节能力的水电容量比例从小湾水电站投产前的12.5%左右提高到68.5%左右。全省水电站群汛期、枯期发电量的比例由64∶36改善为50∶50，保证电量占年电量的比例也由52.8%提高到了86%，扭转了云南电力系统长期以来存在而难以解决的“丰弃、枯紧”的被动局面；提高了水电站枯期保证出力和电量，使枯期和汛期电量趋于平衡，具有巨大的补偿效益；提高了调节作用，使云南电网系统调峰能力大为增强，水能利用率由88.5%增加到98.7%。

3. 电力供需矛盾将得到缓解

一是随着新建电源项目的完工投产，电力紧张的局势将得到有效缓解。二是通过加强电力生产优化和用电结构优化，错峰移峰、低谷电量外送等措施，积极开拓低谷用电市场，努力增供扩销，并充分发挥价格杠杆的作用，使“高峰电力不足，低谷电量富余”矛盾得到有效调节。三是为保证云南发电企业有足够的电煤使用，云南省工信委于2010年5月通过网站公布了严格的电煤配给措施，要求建立电煤储备机制，禁止冬春季电煤外运出省，并明确要求省内发电企业用煤量的68%（约2 150万吨，约为2009年云南煤炭产量的24%）由云南省内煤炭企业按政府要求供应，从而缓解了电煤供求矛盾，保证了火电的正常生产。四是随着国家梯级电价政策的实施，社会用电量将得到有效控制，节能节电，缓解电力供需矛盾。

4. 电力缺口问题仍然存在

电力供应能力将进一步增强，电力供需形势将趋于缓和，但也不排除在尖峰时段略显紧张的可能。针对2010年冬季和2011年春季情况分析，发电能力有所吃紧。

今冬明春，缘于来水偏少和节能减排压力，从发电侧来看，统调水火电出力皆吃紧。综合水、火电的实际出力情况和需发电量，云南电网今冬明春电量缺口为40亿千瓦时，高峰电力缺口最大为200万千瓦，平均缺电率12%。一是工业生产的快速发展对电力的需求旺盛。云南省城乡固定资产投资继续保持较高增长，进出口外贸交易逐月回升，预计年底省内各地、各行业将加大完成年度目标的工作力度；明年初，为实现“开门红”等因素，用电需求也将趋于旺盛。二是随着人民生活的提高，对电力的需求也随之增长。三是电源生产受电煤供应、汛期来水量、枯水期的影响，供电能力将面临一定的限制。今冬明春，云南电网满足省内、省外和国外三个市场用电需求需要统调电网发电量703亿千瓦时。[①]

## （二）云南将建设成为电力工业大省和水电能源基地[②]

1. 装机翻番，水电将成绝对主力

“十二五”期间，云南电力装机将大幅增长，水电将成为云

---

① 刘海荣：《云南电网公司将采取措施积极应对》，载农村电气化信息网，2010年11月28日。

② 郑外生等：《“十二五”云南电网发展蓝图绘就》，载云电新闻网，2009年7月27日。

南电源装机的主力。2010 年，云南省电源装机预计 3 700 万千瓦以上，水火电装机比例预计为 65∶35。到 2015 年，云南省规划电源装机 7 500 万千瓦以上，其中，水电 5 800 万千瓦，火电 1 700 万千瓦，水、火电装机比例预计为 77∶23。新增装机 3 800 万千瓦（水电装机 3 200 万千瓦，火电装机 600 万千瓦），新增水电装机是新增火电装机的 5 倍以上。年均装机增长率达到 15%，增加的电源装机超过了历史装机的总和。"十三五"期间，云南以水电为主的电源建设还将进一步发展。到 2030 年，预计云南水电基本投产完毕，水电装机约为 1 亿千瓦，水电装机比例将持续提高到 85% 以上。

2. *云南电源将形成以水为主，水火互补格局*

从云南能源资源情况和现在发展势头分析，到 2030 年，水电资源可开发利用 80%，水电装机容量达到 8 000 万千瓦以上；火电可用动力煤大部分得到开发，装机容量可达到 2 400 万千瓦；水火电总装机容量可达 10 500 万千瓦，是可开发利用水、火电能源资源的 83.4%，年增长率为 6.58%，仍可能高于全国发展速度。全网发电量和售电量可分别达到 5 000 亿千瓦时和 4 000 亿千瓦时，省内用电量按年增长率 7% 考虑，可达到 2 300 亿千瓦时，多余电量 1 700 亿千瓦时外送，分别占总售电量的 57.5% 和 42.5%。云南电源将成为以水为主，水火互补，装机容量超过 10 500 万千瓦的电力工业大省和水电能源基地。

通过南方电网云南、贵州两省的送电情况分析，云贵携手，撑起"西电东送"南线大通道。贵州、云南电网互补互惠的空间很大，积极推进云贵水、火电互补互济。[①] 一方面贵州火电有优势，但水电资源不如云南，另一方面由于云贵雨季、旱季交替，为两省电力能源互补创造了条件。

今后云南电力将进一步加大新能源和可再生能源开发、利用、接入、储存的研究应用力度，优先安排绿色能源并网发电，进一步发挥电网规划对电源建设的引导作用，实行电源多样化、多种电源互补，不断提高水能、风能、太阳能、地热等新能源和可再生能源的比重，为建设资源节约型、环境友好型和低碳经济

① 《云贵电力水火互济》，载《贵州日报》，2010 年 4 月 20 日。

型社会作出新贡献①。

### （三）云南将成为“西电东送”主力军②

云南全省社会用电量、电源建设规模、云电外送规模将呈逐年大幅递增的趋势。到2030年，全社会需电量将达2 806亿千瓦时，全省电源装机总容量12 396万千瓦，云电外送规模达到最大值5 800万千瓦。③ 根据《南方电网电力工业发展“十二五”及中长期规划研究》，2011年至2030年西电新增向广东送电3 430万千瓦，2030年“西电东送”总规模将达到7 260万千瓦。

#### 1. 云南电网将成为南方电网西电东送的主体

根据云南电网“十二五”500千伏主网规划，“十二五”末云南电网“西电东送”将发生两方面重大变化：一是云南将超越贵州，成为南方电网“西电东送”的主力；二是由于云南东送能力快速增长，南方电网“西电东送”水、火电比例将发生根本性变化。

“十二五”期间，南方电网新增“西电东送”规模1 730万千瓦，其中云南电网“西电东送”新增送电规模1 430万千瓦，新增送电规模占南方电网新增“西电东送”规模的82.66%。届时，云南电网“西电东送”规模达到2 210万千瓦，由2008年的22.31%提高到2015年的50.66%，超越贵州成为“西电东送”的主体，“西电东送”的市场也从单一的广东变为广东和广西。

“十二五”以后，云南电网在“西电东送”中的地位将长期稳固。“十二五”和“十三五”期间，云南水电开发和投产将进入一个比较集中的时期。大规模的云南水电远距离外送将逐步成为“十二五”及中长期南方电网“西电东送”的主体。

#### 2. 云南主干电网将建成“五交四直”、“五横四纵”格局

在“十二五”期间大型电源投产、“西电东送”和省内用电量不断增长的推动下，云南电网主网将迎来新一轮大规模发展，

---

① 代乐等：《云南电网进入抗旱救灾应急状态，民生用电优先》，载《贵州日报》，2010年3月25日。

② 《云南电网十二五500千伏主网规划基本确定》，载云南电力新闻网，2009年8月3日。

③ 施家三：《云南电网中长期发展规划预测：2030年全省电源装机总容量将超过1.2万千瓦》，载云南电力新闻网，2007年6月13日。

将形成“五交四直”和“五横四纵”[1]的输电网络。云南电网将成为南方电网乃至世界上具有代表性的，电压等级最全、交直流系统混合运行的世界上技术最复杂电网。

“五交四直”云电外送通道，指罗天单回、罗百双回、砚祟双回 5 回 500 千伏交流通道和云广、糯扎渡、溪洛渡、茶树坪 4 个直流通道。省内电网形成覆盖全省自北向南、自西向东的“五横四纵”500 千伏供送电网络，以满足云南电网 2015 年最大电力外送 2 210 万千瓦和省内 3 010 万千瓦负荷供电的需要。云南电网将成为特高压直流 ±800 千伏和交流 1 000 千伏并存，强直强交，安全可靠“西电东送”的大型龙头电网和连接四川、西藏及东南亚邻国的电网枢纽。

### （四）发展建设中可能遇到和应加强研究的问题

#### 1. 可持续发展问题

云南电力高速发展势在必行，必然对电能资源进行深度开发。据规划研究，到 2020 年，云南 60% 以上便于开发的优质水电资源将被开发，火电资源也将所剩无几，云南能源面临可持续发展和支持云南经济的持续发展的问题。云南电网市场空间有限，需加强研究如何发挥南方电网在资源优化方面的配置作用，统筹国外、省外、省内三种资源的开发，统筹国外、省外、省内三个市场的用电，解决好可持续发展的问题。

#### 2. 电源结构问题

云南水电装机比重远景预计将达 80% 左右。为满足枯期用电需要，云南需要留存大量的水电容量，导致丰期水电大量富余，系统火电机组年利用小时水平偏低，系统运行的整体经济性较差，致使电网供电的安全可靠性降低。一是调峰能力不足，水电站比重大，调节性能差，火电调峰能力不足。二是小水电有序开发的问题。云南省除“三江干流”电站外，其余大量的中小水电

---

① “五横”就是营盘—黄坪—大姚—花山；大理—和平—厂口—嵩明—曲靖；大潮山—宝峰—七甸—罗平；德宏—博尚—墨江—红河—砚山；普洱换流站—思茅—通宝—兴街（南二环）。“四纵”是指香格里拉—丽江—黄坪—大理（北二环）；鲁地拉—楚雄换流站—和平—草铺—宝峰—玉溪—墨江—思茅—景洪；金安桥—大姚—厂口—七甸—宁州—红河—通宝；溪洛渡—牛寨换流站—甘顶—永丰—多乐—花山—曲靖—罗平。

基本为径流式电站，其发电量受来水量影响较大，调节性能差。[①]

## 四、几点建议

### （一）把握时机，推进发展

一是抓住国家加大能源投资的机遇，进一步突出云南在国家能源安全中的战略地位和西部边疆省份的特点，争取更多的国家资金投入到电力基础设施建设中。二是抓住国家投资向西部倾斜的一系列好政策，加快电源和电网建设，积极拓展海外市场，保持较快发展速度，优化结构，提高质量和效益，实现云南电力在速度、结构、质量和效益上的统一。三是抓住国家投资增内需、保增长这一重大机遇，认真分析、狠下工夫，在城农网改造、省内电力建设、提高供电可靠率等方面进行深入研究，找出具体的应对措施，全面提高管理水平，不断提高电力供应的安全性和经济性，实现电力可持续发展。

### （二）加大政策支持力度

结合云南桥头堡建设战略，为实现打造国家西南电力调配枢纽的战略目标，国家应加大云南电网建设改造资金的扶持力度，打造国家西南电力调配枢纽建设需要国家在投资项目、税收政策和财政转移支持等方面加大支持力度。逐步建立长期稳定的开发资金渠道，积极落实西部大开发中的各项政策，发挥政策的导向作用，创造良好的投资环境，充分调动开发者的积极性。

### （三）积极拓宽融资渠道

打造多层次、多渠道、保障有力的金融支撑体系。一是广开渠道吸引多方面资金投入到电力建设之中。二是建立市场引导投资，企业自主决策，银行独立审贷等多种融资方。三是建立健全宏观调控的融资体系，按照国家“新 36 条”规定，拓宽融资渠道。四是作好民间资本电力行业合理投资回报分析，积极引导和鼓励民间资本投入到电力建设之中。

---

① 郑外生等：《十二五末云南装机容量将达 7500 万千瓦》，载云南电网，2009 年 7 月 25 日。

### （四）加强宏观调控和管理

一是云南电力发展工程项目多、投资环境复杂、电力市场不断扩大，需要进一步完善相关法规和措施、完善管理体制和加强政府宏观调控能力，以确保电力工业持续、快速、健康发展。二是加强电量的环境补偿加价研究，制定电力资源开发管理办法。三是严格按照“先错峰、后避峰、再限电、最后拉闸”的顺序原则，合理安排计划用电方案，确保安全有序用电。四是为促进云南水电能源基地建设，保证输电通道畅通，积极推进“同网同价”，合理提高“西电东送”电价，结合云南实际，因地制宜地实施“阶梯电价”，借鉴省外经验，采取先试点、后推广措施，做好节能减排工作。

### （五）积极开拓电力市场空间

全面贯彻和落实中央与地方扩大内需、促进电力生产建设的一系列举措，千方百计增供扩销。全力保障电力供应和电网安全，为促进增长、保证全省经济发展作贡献。一是用科学发展的方法关注和分析市场，全力做好增供扩销。二是促进云南省中小水电的有序开发和中小水电的合理调度。三是建立经济、高效、稳定的电力供应体系，协调好高额上网电价新能源项目的市场问题。四是充分发挥南方电网在资源优化方面的配置作用，统筹国外、省外、省内三种资源的开发和三个市场的用电，解决好可持续发展的问题。

### （六）适度超前发展电网建设

电力系统是一个整体，发、输、配、变、售必须统一规划，统一建设，统一调度，统一管理，协调发展，才能取得最大的经济效益。结合中国国情和云南发展实际，未来很长时间内电力仍需要保持较快的发展速度。作为经济社会发展的火车头，电力产业必须要适度超前和协调发展，保证整个系统的供电可靠性。而电网是电力市场的载体，是由发、输、变和用电设施构成，是联系紧密、结构复杂和层次分明的统一整体，合理而坚强的网架结构是电力系统安全、稳定、优质、经济运行的基础，电网建设必须与电源布局相适应并适当超前发展。在大力推进电网建设的同时，应提高建设等级，以保障省内电力供应和电力外送以及境内外电力交换的需求。

### （七）积极拓展省外、国外电力市场

一是加强信息共享交流，建设国际交流信息平台。加强与大湄公河次区域国家有关能源或电力管理政府部门和企业的联系，建立良好、有效和畅通的交流机制，不断扩大涉外经贸业务，开拓更广阔的电力市场。二是深化与越南、老挝、缅甸等周边国家的电力贸易合作，稳定越南送电市场。推进向老挝北部送电。三是拓展广东低谷电市场。在确保完成西电东送年度计划的基础上，拓展广东低谷电市场，力争汛期多送后夜低谷电。

### （八）加强次区域国际合作，促进合作制度化

为了扩大电力出口，应与更多国家开展合作。同时，中国应及时主动地采取新的对策，努力提升参与次区域合作的整体水平，调整和完善参与次区域合作机制。积极呼吁和倡导各成员国处理好电力开发与环境的关系，加强湄公河流域环境的合作治理，促进已有的合作制度化，严格遵循“电力贸易协议”。在相互平等、相互尊重的前提下，遵循 WTO 规则和各国国内法原则，参照国际惯例和交易习惯，为各方相互贸易、投资与合作提供法律上的保证和制度上的便利。

**参考文献：**

1.《云南电网十二五 500 千伏主网规划基本确定》，载云南电力新闻网，2009 年 8 月 3 日。

2. 施家三：《云南电网中长期发展规划预测：2030 年全省电源装机总容量将超过 1.2 万千瓦》，载云南电力新闻网，2007 年 6 月 13 日。

3. 郑外生等：《十二五末云南装机容量将达 7 500 万千瓦》，载云南电力网，2009 年 7 月 25 日。

4. 樊则昌等：《昆明局成功实施南网首次旁路带电作业》，载云南电力新闻网，2010 年 9 月 20 日。

5. 吕吉生：《云南电网营销客户服务技术支持实现区域大集中管理供电》，载《中国南方电网报》，2010 年第 3 期。

6. 肖肖：《云南优先利用可再生能源发电》，载云南网，2010年8月19日。

7.《云电送越电量累计突破140亿度》，载云南电力网，2010年9月15日。

8. 陈波等：《云南电网450亿巨资打造电力资源交换枢纽》，载云南网，2010年8月24日。

9. 赵玮等：《桥头堡建设为云电带来新机遇》，载云南电力网，2010年4月30日。

10. 殷浩钦：《云南电网公司召开2010年电网规划建设工作会议》，载搜狐新闻，2010年2月8日。

（作者单位：云南省社会科学院经济研究所）

# 物流产业发展报告

李严锋

2010年7月，胡锦涛总书记在考察云南时提出了把云南建成中国面向西南开放重要桥头堡的重要指示，这是在新的国际形势下对中国对外开放所作出的重大战略部署。2010年“两会”期间，云南代表团提交了《关于加快建设我国面向西南开放桥头堡的建议》，希望把云南的“桥头堡建设”纳入国家战略规划，依托陆上对外通道优势，把云南从对外开放的末端变为对外开放的前沿。2010年7月2日，国家发展和改革委员会在北京主持召开会议，正式启动制定《支持云南省加快建设我国向西南开放桥头堡的指导意见》工作，云南物流业发展面临极大的发展机遇和挑战。

## 一、云南现代物流发展的地域背景

云南，中国—东南亚、南亚自由贸易区的最佳结合部，有中国通往东南亚、南亚最便捷的陆路通道，有“贯通两大洋（太平洋、印度洋），连接三大市场”的综合区域优势。同时，随着“第三亚欧大陆桥”理念的提出，云南还占据“连接三亚（东亚、南亚、西亚），沟通三洋（太平洋、印度洋、大西洋），处于亚欧大陆桥的重要节点上”的综合区位优势，在中国—东南亚、南亚自由贸易区建设以及中国经济全球化开放战略中地位独特。中国泛珠三角及内陆省区市经云南通往东南亚国家和南亚国家的陆上运输通道，比经海上通道平均可缩短运距3 000千米以上，可降低运输成本40% ~60%，且避开海洋运输风险。

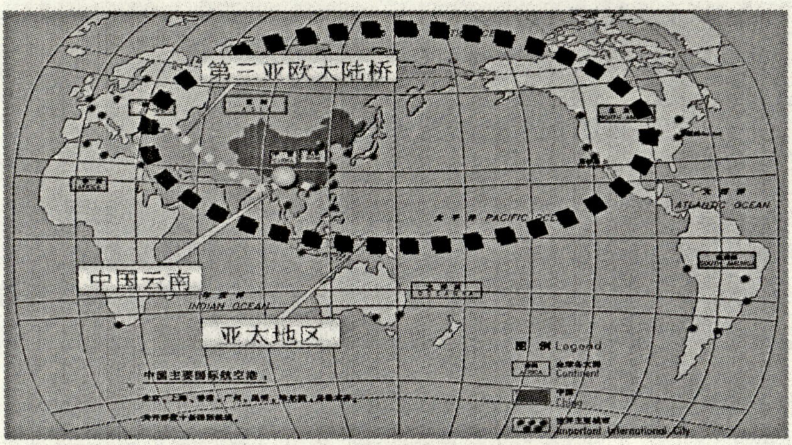


**图1　云南，中国对外开放的桥头堡**

随着国际大通道和中国—东南亚、南亚自由贸易区建设进程的加快，未来的昆明，将成为中国面向东南亚、南亚地区，“第三亚欧大陆桥”国际通道上重要的国际物流据点和国际物流中心，物流产业必将成为云南省国民经济发展中的新兴产业和新的经济增长点。

**图2　云南物流战略优势图**

## 二、云南物流产业发展现状分析

### （一）云南物流发展基本数据分析

随着云南省经济的迅猛发展，物流产业也发展迅速，表现为货运总量呈快速上升趋势。由于货运总量对GDP有明显的支撑和拉动作用，因此，物流产业对国民经济具有非常明显的推动力。同时，由于物流产业与经济增长水平呈正相关关系，随着云南经济的快速发展，云南物流业的发展与云南经济发展已进入了一个相对良性的互动阶段。

表1 2005～2008年云南省主要运输方式货运量、货运周转量统计表

| 通道 | 指标 | 单位 | 年份 | | | |
|---|---|---|---|---|---|---|
| | | | 2005 | 2006 | 2007 | 2008 |
| 水运 | 货运量 | 万吨 | 236 | 247 | 262 | 283 |
| | 货运周转量 | 亿吨公里 | 2.94 | 4.22 | 4.59 | 4.73 |
| 公路 | 货运量 | 万吨 | 56 702 | 60 614 | 65 500 | 69 900 |
| | 货运周转量 | 亿吨公里 | 381.96 | 409.46 | 450.82 | 489.59 |
| 铁路 | 货运量 | 万吨 | 5 300 | 5 387.3 | 6 162 | 5224 |
| | 其中：发运货物 | 万吨 | — | 2 723.5 | 3 020.4 | — |
| | 到达货物 | 万吨 | — | 2 663.8 | 3 141.6 | — |
| | 货运周转量 | 亿吨公里 | 270.37 | 277.21 | 314.23 | 336.2 |
| 航空 | 全省机场货邮总吞吐量 | 万吨 | 20.66 | 23.1 | 24.57 | — |
| | 昆明机场货邮吞吐量 | 万吨 | 19.65 | 21.92 | 23.26 | — |
| | 货运量 | 万吨 | 7.93 | 8.56 | 9.00 | 7.56 |
| | 货运周转量 | 亿吨公里 | 1.23 | 1.32 | 1.31 | 1.16 |
| 合计 | 货运量 | 万吨 | 62 266.59 | 66 279.96 | 74 390 | 75 414.56 |
| | 货运周转量 | 亿吨公里 | 656.5 | 692.21 | 770.95 | 831.68 |

由表1可以看到，云南省近4年主要运输方式货运周转量和货运量都趋于稳定增长，这也表明了云南物流发展的步伐在逐步

加快，物流业发展是较为迅速的。预测 2010 年云南货运总量将达到 7.95 亿吨，2015 年将达到 10.40 亿吨，2020 年可达到 12.83 亿吨。

### （二）云南物流需求数据分析

2009 年，全省社会物流总额实现 1.63 万亿元，同比增长 10.4%（全国 96.65 万亿元，同比增长 7.4%）；物流总费用 1367.6 亿元，同比增长 7.2%。物流总费用占 GDP 的比例为 22.17%，高于全国平均水平 4 个百分点（全国平均为 18.1%，发达国家一般在10%左右），物流成本偏高。根据总体测算，1 ~ 6 月云南总的社会物流额达到 750 亿元。

从云南物流业增加值占服务业和 GDP 的比重看，2009 年全省物流业增加值实现 401.2 亿元，占服务业的比重约为 16%，占 GDP 的比重约为 6.5%（全国物流业增加值占服务业比重 16.1%，占 GDP 比重 6.89%）。这说明云南物流业增加值占服务业和 GDP 的比重低于全国平均水平。云南物流成本已占商品流通成本的 50% ~60%，占到商品总成本的 5% ~35%；物流过程在工业企业中所占用的时间几乎占整个生产经营流程的 80%。

云南近 10 年社会消费品零售总额增长情况如图 3，逐年增长的社会消费品零售总额积极扩大了物流需求。

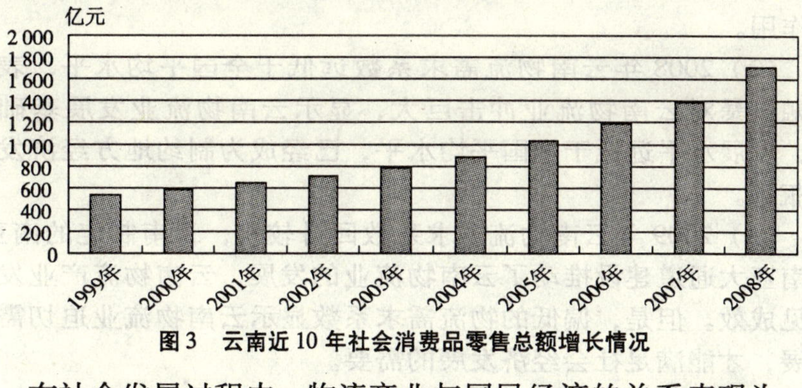


图 3　云南近 10 年社会消费品零售总额增长情况

在社会发展过程中，物流产业与国民经济的关系表现为：国民经济与物流业发展水平较低，物流业对国民经济发展的边际作用较大，国民经济对物流业依赖性较小，物流需求系数较小。当国民经济与物流业发展到一定程度，物流业对国民经济发展的边际作用减小，物流需求系数升高，国民经济对物流依赖性升高，并较大程度上受制于物流业。

根据相关数据和数学模型整理和计算，得到2005~2009年云南物流需求系数估算表（见表2）。

表2　2005~2009年云南物流需求系数估算表

| 年份＼指标 | 云南省 | | | 全国物流需求系数 |
|---|---|---|---|---|
| | 社会物流总额（亿元） | GDP（亿元） | 物流需求系数 | |
| 2005 | 8 500 | 3 472.89 | 2.448 | 2.60 |
| 2006 | 10 200 | 4 006.72 | 2.546 | 2.80 |
| 2007 | 12 362.4 | 4 741.31 | 2.607 | 3.20 |
| 2008 | 12 733.2 | 5 700.10 | 2.234 | 3.00 |
| 2009 | 16 300 | 6 168 | 2.643 | 2.95 |

注：2005~2008年全国物流需求系数来自国研网数据中心。

由表2可以看出，对比云南2005~2009年物流需求系数与全国整体水平会发现这样三个现象：

（1）2005~2007年云南物流需求系数与全国水平同增同降，表明云南省物流业发展水平不断提升，对地方经济发展起到了支持作用。

（2）2008年云南物流需求系数远低于全国平均水平，表明金融风暴对云南物流业冲击巨大，显示云南物流业发展基础薄弱，发展水平远低于全国平均水平，已经成为制约地方经济发展的瓶颈。

（3）2009年云南物流需求系数回升较快，云南制定的南亚、东南亚大通道建设推动了云南物流业的发展，云南物流产业发展初见成效。但是，偏低的物流需求系数显示云南物流业迫切需要发展，才能满足社会经济发展的需要。

### （三）云南物流企业发展数据分析

云南目前共有物流企业14 318家，从业人员368 685人（不包括工业、商业及服务业中的物流从业人员），目前已评定国家A级物流企业14家。

表 3　云南物流企业及从业人员数量

| 物流企业类型＼指标 | 法人单位数（个） | 百分比 | 从业人员数（人） | 百分比 |
|---|---|---|---|---|
| 道路运输业 | 737 | 5.15 | 68 750 | 18.65 |
| 城市公共交通业 | 150 | 1.05 | 14 196 | 3.85 |
| 水上运输业 | 30 | 0.21 | 1 027 | 0.28 |
| 航空运输业 | 7 | 0.05 | 6 157 | 1.67 |
| 装卸搬运和其他运输服务业 | 234 | 1.63 | 12 810 | 3.48 |
| 仓储业 | 131 | 0.92 | 3 523 | 0.96 |
| 邮政业 | 23 | 0.16 | 12 197 | 3.31 |
| 批发业 | 7 572 | 52.88 | 152 915 | 41.46 |
| 零售业 | 5 434 | 37.95 | 97 110 | 26.34 |
| 合计 | 14 318 | 100 | 368 685 | 100 |

资料来源：教育部高等教育司《中国物流发展与人才需求报告》，2007。

近几年，云南物流企业发展迅速，形成了本地国有物流、本地民营物流和外来物流企业三足鼎立的态势。一是以云南物流产业集团（2009 年中国物流企业第 26 名）、云南空港物流、云天化天马物流、昆钢物流、云南交通运输集团、昆船物流以及烟草产业的物流企业等为代表的本地国有物流，主导了云南主流的物流市场。二是以浩宏物流、腾俊物流、方向物流、盛达物流以及分布各地州市的民营物流企业，形成了云南物流的主要补充。三是以中铁现代物流科技、中铁快运、中豪物流、宅急送、顺风速递等省外乃至国外物流企业的迅速进入，有力地促进了云南物流产业集群的形成与发展。

然而，物流专业化程度低、服务类型单一、社会化程度不高一直是制约云南省物流发展的重要因素。云南省大多数物流企业从传统仓储、运输企业转型而来，从服务内容上看，仍旧是简单的仓库保管、货物运输，服务类型单一。高水平的综合第三方的物流服务公司寥寥无几，对于库存管理、物流方案设计乃至全过程供应链管理等物流附加值服务尚未完全展开。过去，在物流行业内部，除了铁路运输业是由一个部门来管理以外，其他行业如货运业和仓储业等则是由交通、商业、物资、外贸、生产等几个部门来分别进行组织和管理，并且这些行业的活动多服务于本部门的计划与经营活动的需要。现在，上述物流业的服务范围和服务对象虽然有所变化，但是其社会化和专业化程度依然很低，其部门色彩和行政色彩很浓，在很大程度上妨碍了物流功能的发挥。这种非专业化、社会化的物流体系的存在不利于合理利用各种物流设施和设备，并且在很大程度上阻碍了云南物流业的健康发展。

### （四）云南物流重大项目建设基本状况

笔者在参加昆明市“十二五”物流发展规划调研时，统计到目前云南省在建和待建的物流重大项目超过40项，如云南安宁国际物流园区、安宁重要生产资料及化工产品物流园区、东盟多式联运仓储物流园区、云南特色农产品冷链加工基地、国际汽车物流城、云南鹏龙坤佳钢铁物流基地、中国—东盟商贸港、昆明螺蛳湾国际商贸城仓储物流中心、云南新储配送中心、东盟家电物流中心、中国泛亚国际物流园、昆明国际水产品交易物流中心、西南广物流中心、昆明现代钢铁物流港、云南东盟国际物流港、新都国际物流中心、昆明空港国际物流园区、富宁港物流中心……加之已经建成并运营的企业物流中心和国家“双百市场工程”支持的农村物流中心项目，云南的物流重大项目建设进入了高峰区，一方面推动了云南现代物流的发展，另一方面也凸显了物流项目发展缺乏系统规划和统筹。

**表4　全国与云南省高校物流教育专业开设情况表**

| | 全国 | | | | 云南省 | | | |
|---|---|---|---|---|---|---|---|---|
| 专业 | 专科 | 本科 | 硕士点 | 博士点 | 专科 | 本科 | 硕士点 | 博士点 |
| 物流管理 | >500 | 312 | 37 | 6 | 4 | 5 | 2 | 1 |
| 专业 | 专科 | 本科 | 硕士点 | 博士点 | 专科 | 本科 | 硕士点 | 博士点 |
| 物流工程 | — | 63 | 36 | 5 | — | 2 | — | — |
| 物流工程与管理 | — | — | — | 6 | — | — | — | — |
| 其他 | — | — | — | 10 | — | — | — | — |

### （五）云南物流教育现状分析

由于学科调整，自1986年物流流通专业退出学科目录以后，我国物流人才的培养空白了15年，直到2000年，北京物资学院、北京交通大学等高校重新开设物流类专业，从此物流类专业发展随着中国物流业的迅速发展进入了快速发展阶段。

云南省昆明学院、昆明冶金专科学校、云南交通职业技术学院等在2001—2003年率先设置了物流管理专科专业。2004年云南财经大学物流管理本科、硕士研究生，2007年昆明理工大学物流工程本科、硕士、博士，2007年昆明师范大学文理学院、昆明理工大学津桥学院物流管理本科，2008年云南大学、红河学院物流管理本科，2009年云南财经大学物流工程本科，分别获得设置。另外，云南国土资源学院、云南财经大学高等职业技术学院等一批高等职业学院也纷纷设置物流类专业，云南物流教育体系逐渐形成。

云南财经大学高度重视物流类专业的建设，经过近十年的建设已成为国内先进的本科专业，2009年成为国家第二类特色专业（重点专业）建设点，《现代物流管理》成为国家精品课程，《现代物流管理》（第二版）入选国家级精品教材（2009年云南省高校唯一入选者），“现代物流实验室”获得财政部中央与地方共建的特色优势学科实验室，现代物流与营销团队入选云南省创新团队，学科带头人李严锋教授当选教育部物流类教学指导委员会委员，并受国资委委派担任云南物流产业集团外部董事。云南财经大学物流团队承担了20余项国家和云南省物流研究课题，获得专利15项，服务地方经济建设成效显著。

## 三、发展云南物流业，促进地方经济发展的对策建议

### （一）重视物流产业的发展，推动云南经济建设

物流处于生产与消费的中间环节，与生产和消费共同构成国民经济的重要组成部分。国内外发展的实践证明，经济的高速发展必须建立在完善的现代物流服务体系和相应的物流能力的基础之上。没有完善的现代物流服务体系和足够的物流能力，将不足

以支撑经济的持续高速增长。只要云南充分利用好现有的优势，高度重视物流产业的发展，把物流产业摆到与旅游业同等重要的位置，像抓烟草产业一样抓好现代物流产业的发展，就一定能把现代物流产业培育为云南的一个新兴支柱产业，为全省经济社会的发展提供强大的动力。

### （二）统筹区域物流和城市物流规划

通过综合协调规划建立和形成协作机制，全面提升合作的层次和水平，推进云南省物流一体化发展。在进行区域物流规划时，应根据地方经济的发展态势，着重解决区域间的物流空间布局、发展规模和顺序，进行土地、招商、融资、管理等方面的政策引导，促进物流业的发展，从而带动地方经济的发展。

### （三）打通“一主两辅”面向西南的国际出海通道

沿海开放后，1.84 万公里的海岸线已经成为中国经济的重要支柱，中国对外贸易总量的86%依靠 5 条最主要的海上航线，80%的石油则需要经过那条狭窄的马六甲海峡。换一种说法，一旦沿海出问题，波及海上国际通道，就可能扼住这个大国的咽喉。遭遇海上封锁的可能性，来自中国并不占优势的海洋地理：虽然中国拥有辽阔的海疆，但都是封闭或半封闭海域，东出太平洋、南下大洋洲、西去印度洋都必须穿越西太平洋的一系列岛链。

考虑到中国与缅甸、老挝、泰国、越南、印度、孟加拉国等周边国家的外交关系和交通运输条件，建议打通“一主两辅”、面向西南的国际出海通道。“一主”指通过昆明—大理—瑞丽—木姐—曼得勒—皎漂港，目前正在建设的同一线路的中缅输油管道为这一出海通道奠定了良好基础；两辅：一是通过昆明—玉溪—西双版纳，经过老挝到泰国拉郎港出海，一是从瑞丽出境，经过缅甸的曼德勒，从缅孟边境通过，最后到达孟加拉的吉大港。如此，建立起中国从陆上通往印度洋的国际大通道，为中国面向西南开放的桥头堡建设奠定基础。

### （四）建设昆明国际内陆港经济区

随着昆明国际航空港的建成、泛亚铁路的建设以及通往国内的高铁建设，昆明正在成为中国面向东南亚、南亚，甚至面向整个西南的桥头堡城市。中国—东盟自由贸易区的运行，给云南地方经济带来了发展机遇，需要物流业的支撑，才能把机会变成发展的现实。因此，建议构筑以昆明为中心的滇中城市群物流核心圈，河口、磨憨、姐告、富宁港和水富港五个辐射口岸（港口），将昆明建设成为带动云南省，辐射大西南，连接东、中、西部，面向东南亚、南亚、西亚、南欧、非洲的国际内陆港，把昆明建设成为重要的国际物流枢纽城市。

### （五）构建“一头一体两翼”的“金孔雀”物流体系

以昆明城市物流圈为基础、国际内陆港为重点、国际大通道物流为导向，构建“一头一体两翼”的“金孔雀”物流体系（一头为昆明国际内陆港，一体为以昆明为中心的滇中城市群物流圈，两翼为物流信息化和物流专业化）。以昆明为中心，打通连接中国西部地区乃至沿海经济发达地区与周边国家的物流快速通道，基本形成与中国—东盟自由贸易区建设及对南亚开放相适应，层次分明、运转有序、布局合理的现代物流网络。

### （六）形成1234物流发展重点与布局

一个昆明国际内陆港物流核心区：以嵩明保税物流区、呈贡国际物流区、空港国际物流区、安宁物流区、晋宁物流区和凉亭城市配送物流区为主构成昆明国际内陆港的核心区。

两个支撑平台：一是物流信息综合网络平台，二是物流政策平台。

三大物流辐射区：一是南亚东南亚物流辐射区，包括红河国际物流中心、西双版纳国际物流中心和德宏国际物流中心，形成昆明连接越南、泰国、缅甸通向南亚、东南亚的国际物流大通道。二是泛珠物流辐射区，依托富宁港物流中心沿珠江航道、砚罗高速公路、云桂铁路为基本框架的物流中心。三是长江物流辐射区，将水富港建设成为云南乃至西南地区重要的水陆联运物流中心。

四大物流提升工程：云南综合交通运输网络提升工程、云南乡村流通工程、云南国际多式联运与通关便利化工程、云南物流人才培引工程，为桥头堡建设和边疆民族地区经济发展提供现代物流保证。

### （七）建立物流产业的发展基金与政策

建议政府建立物流产业发展专项基金，用于对重点物流项目贷款贴息、重大物流项目财政补贴、物流集中发展区基础设施建设补助或银行贷款贴息支持。对昆（明）曼（谷）国际大通道等物流通道给予相关扶持政策，优化口岸通关作业流程，完善口岸快速通关改革，推行物流企业与口岸通关监管部门信息联网，对进出口货物实施“提前报检、提前报关、货到验放”的通关新模式，建设电子口岸，提高信息化应用和管理水平。海关、检验检疫、税务、外汇管理等部门，在有效监管的前提下简化作业程序，实现信息共享，加快通关速度。

### （八）以优势企业为龙头，积极整合物流资源

加快培育和发展一批具有较强市场竞争力的现代物流企业。一是实施大集团带动战略，选择一批具有现代物流理念、具有产业优势、物流业务规模大、物流整合功能强、物流信息系统基础好、管理规范化和标准化的企业作为龙头企业，进行重点扶持。二是深化国有物流企业的改革重组。鼓励有条件的交通运输、仓储、配送、货运代理等企业通过兼并、联合等形式，重组有一定规模和实力的物流企业。三是有重点地发展国际物流，引进世界一流的物流企业入滇，逐步形成国有、民营与外资物流企业共同发展的市场格局。

### （九）构筑全省性物流公共信息平台，提高物流信息化水平

从云南35家企业申报2010年工业和信息化部“物流信息化典型发现和试点示范项目”的评审情况来看，云南已经有不少企业建设了以企业为主的物流信息平台，提升了现代物流的水平。但是，这些物流信息平台均为行业或者企业特点的信息平台，而且建设主体为企业，对物流信息平台的通用性和共享性形成制约，难以成为全省共享的物流公共信息平台。因此，建议从未来物联网发展的高度，由政府有关部门牵头，委托高校或专业物流研究机构研究开发“云南省物流公共信息平台”，通过政府引导、企业投资等方式，投入运营。

### （十）大力培育和规范现代物流市场，扩大物流需求

统一市场准入标准，打破地区封锁、行业垄断、市场分割，允许不同区域、不同所有制企业开展物流服务业务。规范物流企业的经营行为，形成公平竞争的市场机制。加大监督和执法力度，维护物流市场信用，为物流市场的发展创造良好的环境。

积极鼓励工商企业分离原材料采购、运输、仓储、包装、配送等物流业务，交由专业物流企业承担。鼓励有色、冶金、化工、建材、农副产品及食品、电子信息、医药、烟草等行业深化流通改革，增加物流配送的服务需求。支持专业市场交易方式与功能创新，扩大专业市场的物流需求。

### （十一）引进和培养高水平的物流管理与技术人才

加强现代物流教育和培训，通过高等教育、职业资格认证、职业教育、企业物流培训等方式培养一大批高质量的物流人才；借鉴上海建设物流教育高地的经验，支持云南高等学校、职业技术学院从博士、科学硕士、物流工程硕士、本科、专科等层次提升教育质量；引进高水平的物流管理与技术人才，为云南物流发展提供人力资源保证。

**参考文献：**

1. 李严锋：《面向南亚、东南亚的云南物流发展对策建议》，载《发展研究》，2008 年第 4 期。

2. 教育部高等教育司：《中国物流发展与人才需求报告》，中国物资出版社 2007 年版。

3. 李彦辉、李严锋等：《物流发展指标“物流需求系数”实证研究》，载《中国市场》，2010 年。

（作者单位：云南财经大学商学院）

# 专题篇

# 桥头堡战略为经济发展带来的新机遇

宣 宜

桥头堡建设既是国家开放战略的重大推进，也是对云南区位优势的高度概括。2010 年 4 月 20 日，在省委、省政府召开的桥头堡建设相关工作专题汇报会上秦省长指出："建设桥头堡，就要把云南打造成我国向西南开放的国际通道、产业基地、合作平台、交流窗口和生态屏障。"

把云南建设成我国面向西南开放的桥头堡，可以发挥四个方面的重大作用：(1) 有利于进一步完善我国对外开放格局，充分显现云南在我国全方位开放格局中的重要地位和作用；(2) 新开辟一条从陆上通往印度洋的贸易通道，为我国泛珠区域和西南各省（区、市）与印度洋沿岸国家的交流合作打通一条重要的国际运输线，开辟一条新的中国西向贸易通道，为我国各省（区、市）与沿线国家的全面合作和共同发展提供一个全新的平台，为进一步开拓国际市场尤其是东南亚、南亚市场创造更好的条件；(3) 提升西部大开发的层次和水平，使西部地区尤其是西南开放的格局发生重大变化，依托我国面向西南开放的贸易通道，由开放的末梢成为开放的前沿，更好地利用两个市场、两种资源，提升发展层次和水平；(4) 为边疆民族地区加快发展提供动力和活力，将为云南和一些西部省区的边境地区拓展新的发展空间，创造新的亮点和热点，形成资金、技术、人才聚集的"洼地"，走出一条以开放促开发，以开放促发展的振兴之路。

秦省长的讲话充分表明了云南桥头堡建设将对云南整体经济

格局变化产生极大的影响和推动。

## 一、桥头堡建设对云南经济社会发展的作用和意义

### （一）顺应时代发展趋势，准确定位云南

准确定位云南是推动云南经济社会快速、平稳发展的重要环节。从云南的发展历程来看，对云南的定位存在许多不同的观点和认识。这一次中央提出要把云南建设成为面向西南开放的桥头堡，使云南的定位从理论到实际得到了高度统一，也使云南在区域发展中的地位和作用得到了明确和突显。

2009 年以来，近 20 部区域战略规划相继获批，涉及中部、东部、西北、华南等地区，但这些国家层面的区域规划都没有涉及云南，云南在区域合作中的地位和优势并没有突显出来。2010 年 8 月，在泛珠网第六届泛珠三角区域合作与发展高层论坛上，全国政协副主席李兆焯指出：我国国内的区域合作正在不断地蓬勃发展，特别是国际金融危机爆发以后，面对复杂多变的国内外经济形势，各省、区、市更加重视区域合作，共同发展已经成为各方的高度重视，全方位、多层次、多领域的区域合作，已经进一步形成。区域经济一体化已经成为当前世界发展的重要趋势，在经济全球化不断深入发展的新形势下，全球经济已经进入协同共生的时代，国家、地区之间，经济的相互依存及密集程度前所未有，推进区域合作，相互协调行动，共同谋求发展，已经成为各个国家和地区之间应对全球性危机，促进共同发展不可缺少的战略手段。在区域振兴一波又一波热潮中，云南将怎样寻找自己的定位？

2009 年 7 月，胡锦涛总书记在云南考察工作时提出要求：云南要充分发挥作为我国通往东南亚、南亚重要陆路通道的优势，深化同东南亚、南亚和大湄公河次区域的交流合作，不断提升沿边开放质量和水平，使云南成为我国面向西南开放的桥头堡。这对于进一步统筹好国内发展和对外开放，深化中国与东南亚、南亚国家互利合作，实施中国向西南全方位开放，加快云南经济发展方式转变、拓展外向型经济发展空间，加快边疆民族贫困地区发展、推进全面建设小康社会进程，意义十分重大。李纪恒指

出，建设中国向西南开放的桥头堡，是中央对云南发展的新定位、新要求。省委八届八次全委会提出了桥头堡“通道、平台、基地、窗口”四大战略定位。桥头堡区域初步确定为：面向西南开放的国际大通道、沿边开放开发的合作试验区和实施“走出去”战略的先行区、外向型的特色优势产业基地、民族团结和边疆稳定的示范区，以及西南重要流域的生态安全屏障。根据国家发改委、云南省人民政府编制的《云南向西南开放的重要桥头堡专项规划制定指导意见》，目前，整个桥头堡的框架已大致清晰，即云南将在国际大通道与进出口加工基地建设，以及大湄公河次区域、中国—东盟自由贸易区、孟中印缅合作机制建设等主要方面取得新的突破。

### （二）力争云南桥头堡战略上升到国家区域发展战略高度

桥头堡战略的确立，使云南作为中国通向东南亚、南亚、西亚乃至非洲东部，并作为连接太平洋与印度洋之间陆上战略通道的核心价值更加彰显。在此背景之下，怎样使桥头堡战略尽快上升到国家层面，并成为国家“十二五”规划的一个重要组成部分，成为摆在云南面前一个亟待破解的重要命题。云南桥头堡能否顺利上升为国家战略，一个很重要的原因就在于其作为我国西南地区重要的战略通道，在未来中国西部和亚洲区域经济、技术、贸易及产业合作中具有举足轻重的地位和作用。水陆空立体交通网络的形成，加速了云南全面开放的历史进程，进一步凸显了云南作为我国通向东南亚、南亚、西亚以及东非国际大通道的地缘和区位优势，建设桥头堡可谓瓜熟蒂落。

2010 年，“两会”期间，云南代表团将《关于加快建设我国面向西南开放桥头堡的建议》作为全团建议提交大会，同时，33 名政协委员联名提交了《关于建设桥头堡实施大战略的提案》，希望把桥头堡建设纳入国家战略规划，依托陆上对外通道优势，把云南从对外开放的末端变为对外开放的前沿。

2010 年 7 月 6 日，由国家发改委主持，共 39 个部委参加的一个高规格会议，正式启动制定了《支持云南省加快建设我国面向西南开放桥头堡的指导意见》。7 月 12 日至 20 日，由国家发改委副主任杜鹰带队，全国人大常委会办公厅和国家 46 个部委、企业 160 多人组成的国家部委联合调研组，围绕制定支持云南建设我国面向西南开放桥头堡的指导意见，深入云南省各地开展调研工作。国家调研组实地考察了云南省 14 个州市、39 个县市区、225 个项目点，共进行了 50 多场座谈。国家发改委副主任杜鹰在调研交换意见会上表示，云南实施桥头堡建设应遵循“统筹内外，互利双赢，以外促内，加快发展”的总体思路。国家发改委将在 8 月牵头编制《云南面向西南开放的重要桥头堡专项规划》，并在 11 月份形成初稿。

2010 年 9 月，国家发改委召开会议，正式启动制定《支持云南省加快建设我国面向西南开放桥头堡的指导意见》的工作。这意味着桥头堡战略正式上升到国家战略层面，云南省经济的发展将再次迎来腾飞契机。

### （三）桥头堡建设为云南转变经济增长方式注入了强大动力

“十二五”时期，是云南转变经济发展方式，调整经济结构，实现经济社会向更高水平、更高层次跨越发展的关键时机。桥头堡建设将成为云南连接东、中、西部经济互联互动以及南亚、东南亚国家联动发展的一个重要平台。面临国内区域经济合作水平不断提升，中国—东盟自由贸易区建立的重大历史机遇，云南通过建设国际物流大通道与交通骨架成功对接，从而使云南进一步确立我国西部地区物流枢纽地位。这是促进云南向国际商贸及加工型区域转变的重要途径。桥头堡的核心就是战略通道，而战略通道具有国家意义。吉林省经济技术合作局副局长崔军认为，目前，云南虽然有中国—东盟自由贸易区、澜沧江—湄公河次区域合作以及西部大开发等几张“好牌”，但只有紧紧扣住战略通道这个主题来进行战略定位，云南的区域发展规划才能事半功倍，获得成功。云南省初步定位的外向型特色优势产业基地，主要通过产业转移和新建面向东南亚加工贸易基地来完成。实现桥头堡的战略，云南第一要务是自身必须是该区域的经济枢纽。

桥头堡战略自提出以来，就引起了社会各界的广泛关注。2010 年昆交会期间，美国联邦快递集团亚太区有关负责人表示，云南具有良好的区位优势和对东南亚、南亚地区的辐射功能，拥有国内首屈一指的民航运输网络，联邦快递将积极开拓云南物流市场。新加坡三德集团更是提前看到桥头堡战略带来的投资机会，斥资 3 000 万美元将其中国总部搬到昆明。省商务厅厅长熊清华认为，建设桥头堡不是一个一般的思路，而是一个重大的战略部署；不是一个简单的区域发展定位，而是国家对云南的重大发展定位；不仅关系云南开放的问题，而且是一个涉及提升云南整体实力的重大问题。“桥”是通道，“堡”是城镇、生产加工基地。

省外甚至央企一批大型企业如中电投等电力企业到云南设分公司，江苏民营企业把总部搬到云南等都说明，以云南为前沿布局国际业务的桥头堡作用正在凸现。要从想象到实施，云南应争取并出台一系列政策，把东部企业和央企留在云南。

同时，继国家部委紧锣密鼓地调研云南“桥头堡战略”后，一些关键政策已经开始获得有关部委的正式支持。2010 年 7 月 27 日，云南启动跨境贸易人民币结算试点。财政薄弱是云南桥头堡建设的一大瓶颈。云南省省长秦光荣认为，“跨境贸易人民币结算试点工作的全面推开，将为桥头堡建设提供有力的金融保障”。与此同时，云南有关部门还在与海内外金融机构、政府高官商讨如何加强泛亚地区财金货币合作大通道建设，如何对构建战略大通道和云南桥头堡建设形成金融支撑。

## 二、十年准备，从大通道到桥头堡

改革开放 30 年，我国对外开放的格局和内容都发生了很大变化，沿边开放日益迫切。云南，正处在我国面向西南特别是印度洋开放的必经之路上。西部大开发 10 年，经过长期的基础设施建设，已进入到“以大开放促大开发”的阶段。

### （一）通道建设初具规模

近年来，云南省委、省政府加紧构筑涵盖公路、铁路、航空和水运的“综合交通”体系，融入全国开放大格局。“大通道”关键是“大交通”。“十五”以来，云南举全省之力，奋力突破交通瓶颈。目前，云南省已明确把“桥头堡建设”作为引领全省经济社会发展的重要方向，一批相关基础设施已经审批立项或开工建设，初步构筑了涵盖公路、铁路、航空和水运的立体交通网络，面向西南开放的大通道建设已取得阶段性成果。

云南省的立体化大通道网络雏形初现，水陆空交通网初具规模。省长秦光荣说，西部大开发10年来，云南围绕“大通道”目标全面推进公路、铁路、航空和水运交通建设，交通基础建设累计投入2 500多亿元，基本完成了打通“七入省、四出境”通道的任务，境内路段基本实现了高等级化，打通了云南对外开放的各条经脉。

公路方面，云南已经形成“七入省、四出境”的交通网络，中越、中老泰、中缅和中印4条国际大通道境内段全部实现高等级化。全省公路通车里程20多万公里，跃居全国第三；高速公路通车里程2 500多公里，位居西部第一。中越公路通道、中老泰公路通道、中缅公路通道和南亚公路通道的国内段全部实现了高等级化；7条出省通道除滇藏线外基本实现了高等级化。

铁路方面，“四入省、一出境”的格局已经形成，“八入省、四出境”的铁路网络已经纳入国家规划。目前，滇藏、昆沪、渝昆、云桂4条新的线路正在抓紧建设，中越、中泰、中缅、中国经缅甸至南亚的铁路正在开展前期工作。2006年11月，作为全国18个集装箱物流中心之一的昆明物流中心投入运营，昆明一跃成为辐射我国西南地区乃至东南亚国家的集装箱运输集散中心。2009年9月，连接大理和丽江两座著名旅游城市的大丽铁路开通运营，滇西北“天堑”变“通途”。

航空方面，云南民用机场已经开通12个，投入使用的民用机场数量位居全国第一；开通国内外航线210多条，全省民航年旅客吞吐量居全国第四位。2000年12月2日，中国第一次对印度开通民航航线；2005年，开通了昆明到达卡的航线；2008年，开通了昆明到加尔各答的航线；北京—上海—德里的航线也由云南促成开通，北京—昆明—达卡、广州—昆明—加尔各答的航线都已开通。

水运方面，云南正打造“两入省、三出境”的水运通道，大力发展澜沧江—湄公河国际航运，全力建设长江黄金水道，积极开发右江—珠江水运通道，努力发展库湖区旅游航运，使全省水运建设取得了较为显著的成绩。“十五”期间，澜沧江—湄公河国际航运正式开通，船舶通航能力由过去的100吨提高到300吨，通航时间由过去的半年提高到11个月以上，开展了澜沧江—湄公河冷藏集装箱大件运输，开通了云南景洪—泰国清盛国际旅游客运，运量不断攀升。此外，中越红河航运开发、中缅伊洛瓦底江水陆联运已经提上议事日程。

### （二）新的经济发展格局逐步形成，经济结构不断完善

点轴面的全方位立体式布局将增强云南在国内国外的市场辐射功能。2010 年中国—东盟自贸区的启动，老东盟 6 国对我国的平均关税从 12.8% 降至 0.6%，到 2015 年，新东盟 4 国对我国 90% 的产品实施零关税。根据商务部的统计，今年上半年云南省外贸总额为 61.2 亿美元，增幅列居全国第二，对东盟的贸易额同比增长 54.2%。同时，一些优势特色产业初具规模，滇中经济圈承接东部产业转移和特色出口加工基地的功能不断完善，面向东南亚、南亚的产业辐射能力不断增强。此外，云南面向东南亚、南亚对外开放的新格局正在形成，大湄公河次区域经济合作渐成机制，初步形成了以云南为依托、以昆明为平台的面向西南开放的新格局。

目前，云南承接东部沿海地区产业转移和面向南亚、东南亚产品加工的“两大基地”已初现端倪；由昆明、曲靖、玉溪、楚雄组成的滇中城市经济圈，以及多个沿边经济区建设稳步推进；昆明至河内、曼谷、仰光和南亚的 4 条“国际经济走廊”，正在紧锣密鼓地谋划，新的产业规划和物流规划也在制定之中。这种全方位立体式布局，将极大增强云南在国内外市场中的辐射功能。

### （三）区域合作全面深化

自 1992 年大湄公河次区域经济合作机制建立以来，云南省在参与 GMS 经济合作过程中不断探索与发展，先后与越南、老挝、缅甸、泰国等周边及邻近国家构建了双边会商合作机制，建立健全了边境管理部门联席会议机制、昆河经济走廊合作会议等合作机制，并取得了丰硕的成果。省长秦光荣表示：“云南和西南地区将成为连接世界三大经济圈——中国东部沿海经济圈、东南亚经济圈和南亚经济圈的桥梁和纽带，三股经济力量的竞相推进，三大市场的交融互补，将使云南成为我国开展区域性合作的战略高地，实现西部大开发中充满活力的区域性经济腾飞。”

### （四）政府和社会高度重视桥头堡建设

云南桥头堡战略是政府和社会热议最多，关注最多，评议最广的云南省发展战略。从中央到云南省委、政府组织了多次调研、考察、研究和研讨等活动，组织了政府各个层次、各个部门充分酝酿和研究桥头堡战略问题。同时，桥头堡战略的社会参与度也是空前。仅云南省社会科学院就组织了不同层次、不同级别和不同规模的研究与学习、讨论活动，并且出版了包括经济、社会、发展各个方面八部著作。

## 三、桥头堡建设中存在的问题和对策

### （一）桥头堡建设中存在的主要问题

#### 1. 基础设施建设仍需加强

基础设施建设与经济发展的关系十分密切，改革开放以来，云南发展中遇到的一个核心问题就是“要想富、先修路”。近年来，云南主要交通干线得到了飞速发展，但是交通运输设施瓶颈制约还没有彻底解决，一些县（市），尤其是部分边境县（市）的交通仍不能满足大通道建设的基本要求。特别是去秋今春的特大干旱，暴露出我们抵御自然灾害的能力还十分脆弱。直至2010年上半年，全省有效灌溉面积仅占耕地总面积的37%左右。为此，云南在推进桥头堡建设中，必须把基础设施建设摆在突出位置，以山区、边境、口岸、贫困地区为重点，深入实施道路通达，山区水利设施建设，中低产田、低产林改造，滇中引水，电网建设、山区综合开发等重大建设项目，不断增强发展后劲，并使之适应云南桥头堡建设的需要。

#### 2. 对外开发的力度和体制尚需加强

从区域格局看，云南与缅甸、老挝、越南接壤，是中国加强与东南亚、南亚国家合作的前沿和桥梁，也是深入推进泛珠合作的重要省份，具备发展经济的地利之便。然而，云南并没有发展出外向型经济，甚至不比其他西部大省好。云南在推进企业跨境发展、外贸政策方面还有许多方面需要完善和加强。

从省内看，一是对周边国家情况研究不深，对合作对象的合作意愿把握不准，对外经济技术合作中存在“剃头挑子一头热”的情况。二是对企业“走出去”的政策支持力度不够，边境地区开放度不高，人流物流不畅；同时，缺乏对跨国公司在滇设立总部和办事机构的具体政策支持，难以形成对外开放的集聚效应。三是云南在对东南亚、南亚开放方面具有特殊性，如果国家财政、税收、金融投资、口岸通关等政策一刀切，很难开展大规模的贸易与合作开发。

3. 通关仍不便利

通关便利化是吸引人流、物流、资金流、技术流、信息流的前提条件，是发挥口岸管理和服务职能的目标要求，是建设桥头堡的关键环节。这里所指的通关便利是一个广义的概念，它不仅仅指口岸的通关，也泛指整体通道经济的通顺与便捷。有专家认为，目前，云南省支撑桥头堡建设的物流体系不完善，存在“通而不畅、通而不流、通而不便、通而不大、通而不快”等五大问题。

在流通领域，商人们更关心的是：如何在国际大通道运输走廊上，实现通关便利化。事实上，由于国家间政策无法对接，进而影响运输畅通的问题，在近日开通的昆曼公路上已有所显现。如果仅仅以两地距离除以行驶速度，昆明至曼谷只需二十几个小时；但如果加入通关效率等因素，即使一切顺利，也要超过这个时间。有一位抱着“探路”目的、自驾车从昆明南下的中国商人表示，途中费用征收和口岸通关效率，也会影响商业的选择和判断。

因此，实现通关便利化是一项迫在眉睫、刻不容缓的任务，必须引起足够的重视，并采取有力措施加快推进。减少非关税壁垒，增加效率、减少成本，提高次区域交通基础设施的经济效益，对于客货的跨境流动同样重要。这在大湄公河次区域交通走廊向经济走廊转变的过程中，是关键的因素。

4. 体制机制需要进一步深化改革

桥头堡建设还需要进行体制上的创新，来加快引导经济一体化，进行相关的体制安排。桥头堡建设的核心是开放，在经济全球化的背景下，各个国家和区域间已形成了“你中有我，我中有你”的局面，仅考虑本国利益而不顾合作方的开放与合作是不能长久的。并且，云南对外开放面向的都是经济欠发达地区，因此在合作过程中，中国应本着实现互利共赢的目标提供更多的优惠与便利条件，为区域合作营造良好的环境。

### （二）桥头堡建设的对策、建议

1. 按照科学发展观的要求，加快转变经济发展方式

云南产业结构单一、资源型产业比重大、产业发展层次低，尤其是支撑全省经济增长的有色、钢铁、化工等产业，其产品价格均与国际市场接轨，受外部市场因素影响较大。这次，云南希望通过提升桥头堡建设作为国家战略，来切实解决一些制约云南发展的体制障碍。同时，要把推动发展作为桥头堡建设的根本任务，着力推进农业产业化、新型工业化、城镇化，培育新的经济增长点，推动全省经济实力不断迈上新台阶。

长期以来，云南边境贸易主要商品的出口集中在农产品、机电、生活用品等方面，进口的主要是原材料，贸易结构和贸易量及其具有的区位优势不相符。

桥头堡建设将使云南成为承接东中部产业转移，包括劳动密集型产业、深加工制造业、进出口加工贸易业、进出口商品区、资源性精加工、现代物流业、承接两头在外的产业基地。应充分发挥云南在发展外向型经济方面具有地理区位和要素禀赋方面的比较优势，根据自身特点，深入调查与研究双方的市场需求，加强与周边国家的合作，在各地区已有的边境贸易的基础上，加强区域间合作，产生聚集和规模效应，进而使之转化为竞争优势。

2. 抓住建设桥头堡的重大机遇，全面提升对外开放合作水平

改革开放30余年来，云南的对外开放无论从总量看，还是从水平、速度看，远远落后于全国平均水平，处于低层次、低水平的发展阶段。总体表现为外贸企业整体投资规模小、实力弱、外商投资企业投资到位率低、带动外贸进出口不明显、经济效益差等。桥头堡建设一头连接国内，一头连接国外，正确处理好国内发展与周边国家发展的关系十分重要。

一方面，要积极主动地加强与国内其他地区的横向联合和协作，努力为各省（区、市）走向东南亚、南亚做好服务。尤其要抓住新一轮西部大开发的机遇，加强与西部各省（区、市）的联手发展，构建整体开放优势。另一方面，要遵循互利共赢的原则，在大力开拓东南亚、南亚国际市场，拓宽国内发展空间的同

时，充分尊重合作国家和地区的应得利益，积极处理好双边经贸关系，合理确定进出口比例，促进双方平等受益、互惠互利、共同发展，为我国面向西南开放营造长期稳定的良好外部环境。

云南提出，将把“十二五”综合交通体系发展规划与桥头堡规划结合起来。随着通道建设全面提速，云南对口岸建设的支持力度也在加大。2010 年，全省口岸建设总投入将超过 3.5 亿元，口岸城市、口岸小镇、口岸经济区乃至口岸经济带和跨境经济合作区正在云南边境一线形成。在已有 13 个国家一类口岸、7 个二类口岸的基础上，云南正在申报开放的口岸还有 7 个。云南正抓住新的历史机遇，快步从开放的“后方”走向“前沿”。

杜鹰指出，云南实施桥头堡建设应遵循“统筹内外，互利双赢，以外促内，加快发展”的总体思路，努力建设成为我国面向西南开放的国际大通道、我国沿边开放开发的合作试验区和实施“走出去”战略的先行区、外向型的特色优势产业基地、民族团结和边疆稳定的示范区，以及西南重要流域的生态安全屏障。到 2020 年，力争实现 GDP 总量是 2010 年的 3 倍、财政收入翻两番、农民纯收入和人均 GDP 达到西部地区平均水平或更高水平的目标。桥头堡建设的过程，同时也应是逐步消除交通、水利、教育、生态脆弱等瓶颈制约，增强自我发展能力的过程；是加快产业转型升级，加快推进云南工业化、城镇化的过程；是加快边疆少数民族地区发展，不断改善民生、惠及各族群众的过程；是不断改革创新，最终形成符合桥头堡建设需要的体制机制的过程。

3. 进一步完善通道体系建设，凸现桥头堡功能

长期以来，从云南省各主要边境口岸进口物资的 80% 左右是发往全国各地的，出口商品的大部分也是来自全国各地的，但因通道建设滞后、贸易规模小，口岸贸易可谓“优而无势”。同时，说明云南在全国面向西南开放中的潜在优势尚未得到充分发挥。为了充分发挥云南省在我国面向南亚、东南亚开放中的区位优势，应以建设西南出海通道为重点，抓紧铁路、公路、民航、水运相衔接配套的综合运输体系建设，以及连接东南亚的电力输送枢纽、现代通信为重点的信息化基础设施，尽快形成方便快捷的多式联运物流体系。这些基础设施一旦建成，中国面向西南开放的桥头堡功能才能最大限度地凸现出来。

**参考文献：**

1.《抓住桥头堡建设战略机遇：面向西南　破茧成蝶》，载新华网（广州），2010年6月18日11：30：28。

2. 刘娟、杨跃萍：《桥头堡战略助推昆交会转型》，新华社，2010年6月6日。

3. 龙永图：《云南桥头堡建设的关键是开放》，载《中国日报》，2010年12月3日。

4. 秦光荣：《力推桥头堡建设》，载《中国联合商报》，2010年4月16日。

5.《云南：各界共议大战略 全省同建桥头堡》，载新华网，2010年6月1日10：59：37。

6. 宋超：《多部委调研云南"桥头堡战略"》，载21世纪经济报道，2010年7月27日06：16。

7. 保明虎：《以战略思维统领桥头堡建设的几点建议》，载《云南经济日报》，2010年7月1日。

8. 李严锋：《发展云南物流业　促进桥头堡建设》，2010年5月21日，载云南网。

（作者单位：云南省社会科学院经济研究所）

# 战略性新型产业培育与发展

陈利君　许　娟

2010年9月8日，国务院总理温家宝主持召开国务院常务会议，审议并通过了《国务院关于加快培育和发展战略性新兴产业的决定》（以下简称《决定》）。会议指出，加快培育和发展以重大科技突破、重大发展需求为基础的战略性新兴产业，对于推进产业结构升级和经济发展方式转变，提升我国自主发展能力和国际竞争力，促进经济社会可持续发展，具有重要意义。《决定》从我国国情和科技、产业基础出发，确立了节能环保、新一代信息技术、生物、高端装备制造、新能源、新材料和新能源汽车七个产业为重点发展产业。2010年10月18日，第十七届中央委员会第五次全体会议通过的《中国共产党第十七届中央委员会第五次全体会议公报》提出，要发展现代产业体系，提高产业核心竞争力，改造提升制造业，培育发展战略性新兴产业，加快发展服务业，加强现代能源产业和综合运输体系建设，全面提高信息化水平，发展海洋经济。这为发展战略性新兴产业提供了方向和政策支持。同时，云南省提出要加快培育新兴产业，加大光电子、新材料、生物产业、新能源、节能环保等产业的发展步伐。加快培育战略性新兴产业是云南抢占未来产业发展制高点、提升产业发展水平、提高产业竞争力的一个重大战略任务，也是云南贯彻落实科学发展观、推进经济发展方式转变的必然要求，还是云南着眼长远、抢抓机遇、加快桥头堡建设、实现绿色经济强省目标的重大战略举措。因此，依托资源、区位优势，培育具有云南特色的战略性新兴产业成为建设面向西南桥头堡的重要任务，也将为桥头堡建设提供坚实的产业支撑。

## 一、云南战略性新兴产业的发展情况

培育具有云南特色的战略性新兴产业是云南推进经济结构调整、产业升级、转变经济发展方式、加快桥头堡建设的重要内容。尽管战略性新兴产业这一概念提出的时间不长，但云南却为之进行了长期努力。随着国家的重视和桥头堡战略的提出，云南加大了战略性新兴产业的培育力度，促进了经济社会发展。

### （一）节能环保产业

2010 年 5 月，在云南省节能减排工作会议上，秦光荣省长表示，每年省级财政预算安排不低于 1 亿元节能减排专项资金和 5 亿元治理“两污”专项资金，确保重点节能减排项目、技术推广应用和城镇污水生活垃圾处理设施建设顺利推进，走出一条符合云南实际的低碳经济之路。7 月 21 日，云南省政府召开节能减排及应对气候变化工作领导小组会。会议要求，必须毫无折扣地完成 2010 年省政府确定的节能减排目标任务，要把节能减排的重点工作放在减少火电发电、积极投产城市污水项目，以及淘汰落后产能三大方面。

目前，云南省规模以上火电企业已全部完成脱硫设施建设，钢铁行业的脱硫项目也已全面启动，正在积极完成“十一五”的节能减排目标：到 2010 年，全省万元 GDP 能耗比 2005 年减低 17%，由 1.73 吨标准煤下降到 1.44 吨标准煤。而“十一五”前 4 年，全省单位 GDP 能耗已累计下降 14.11%，累计完成目标进度为 81.63%；全社会实现节能 1 160 万吨标准煤，折合减排二氧化硫 18.6 万吨；减排二氧化碳 3 000 多吨，相当于多创造生产总值 740 多亿元。2010 年上半年，全省完成总产值 3 037.61 亿元，同比增长 13.8%；全省单位 GDP 能耗同比下降 2.57%，社会用电量 465.1 亿千瓦时，同比增长 12.37%，单位 GDP 电耗同比下降 1.26%，规模以上工业单位增加值能耗下降 3.39%。[①]

---

① 《云南节能减排步入全国前列　年度单位 GDP 能耗下降明显》，载 http://www.yn.xinhuanet.com/newscenter/2010－09/15/content_20905395.htm［EB/OL］。

为了实现“十一五”规定目标，2010年云南省还将淘汰炼铁200.3万吨，水泥789万吨，炼钢15万吨，焦炭681万吨，铁合金5.22万吨，电石1.25万吨，铜冶炼7.44万吨，铅冶炼7万吨，锌冶炼0.8万吨，造纸1万吨。省工业与信息化委员会已下达了本年度第一批节能专项资金3 100万元，支持节能项目45个，将实现年节能量40.6万吨标准煤。2010年7月12日，《2010年云南省淘汰落后产能公告名单》公示，涉及10个行业，160家企业，并规定各州市相关企业在9月30日以前必须全部关停，对不按时关停的企业采取严厉措施。

云南还积极发展先进节能技术，以项目带动节能减排。2010年，云南省包括解化清洁能源公司锅炉节能改造等在内的11个节能项目获得了国家奖励资金3 446万元，年节能量可达23万吨标准煤。“十一五”以来，云南省级节能降耗资金下达数超过2亿元，支持节能的项目达180余个。

由于云南高度重视节能环保工作，现已被国家发改委确定为全国首批低碳试点省份。云南将借此机遇继续努力推动绿色发展、科学发展，实现生产发展、生活富裕、生态良好的统一。

### （二）新一代信息技术

新一代信息产业将聚焦在下一代通信网络、物联网、三网融合、新型平板显示、高性能集成电路和软件范畴。目前，云南省在物联网研发方面卓有成效。光电子传感技术是物联网建设的技术保证，云南省在光电子产业方面走在了全国前列。昆明经济技术开发区（简称“经开区”）获准建成全国为国家三大光机电基地之一——光电子材料及产品科技兴贸创新基地。2010年，“经开区”正式申报国家新型工业化产业示范基地。园区已有规模以上光电子企业11家，这些企业攻克了一批光电子产业关键技术，其生产的光电探测器、光学望远镜、红外热成像系统、微光夜视仪、特殊光学材料等光电子产品，已占到全国同行业市场份额的80%～90%，技术在国内领先。在光电子材料、平板显示、光机电一体化设备等方面，云南也具有较强的市场竞争能力。“经开区”还拥有2个国家级光电子技术中心、1个中科院重点实验室、2个省部级光电子重点实验室和1个国家级产品质量监督检验中心，聚集了大批科研人员，成为光电子产业发展的技术后盾。[①]

2010 年 8 月 8 日，在昆明理工大学召开了首届“云南省物联网学术论坛”。来自中国电信云南分公司、中国移动云南分公司和中国联通云南分公司的各大运营商代表，北京邮电大学、云南大学、昆明理工大学、云南师范大学、云南民族大学、南京邮电大学、昆明大学、大理学院和曲靖师范学院等 10 多所院校的师生，共 150 名代表参加了本次会议。会议围绕主题“物联网—感知云南”，对物联网的现状、系统架构以及未来发展趋势进行了讨论。昆明市委明确提出，要把昆明建成物联网发展的先导区和示范基地。2010 年 9 月 6 日，昆明学院与中科院研究生院无线传感网络实验室携手共建了昆明市物联网及泛在工程技术中心。该中心主要开展物联网工程技术研究、泛在应用系统集成研发及推广、人才培养培训等工作，是一个面向昆明、面向西南开放的物联网产业工程技术研发中心。昆明市还出台了物联网技术应用和产业发展建议书（征求意见稿），该建议书提出，力争通过 3 ~5 年左右的时间，将昆明建设成为国内一流、国际知名的物联网创新示范区。到 2015 年，完成物联网特色化产业园区建设，形成全市物联网产业发展的空间布局和功能定位。

另外，云南还将大力发展其他信息产业，要做大光电子、金融电子、物流自动化、新型材料、军工电子等重点行业，加快昆明光电子产业基地建设；依托昆明信息产业基地、云南软件园等园区，大力发展软件产业和信息服务业，促使产业领域拓展；利用东盟、南盟市场，积极参与国际合作与竞争，促进产业国际化，使云南更多的优势信息产品走进国际市场；大力实施“走出去”战略，承接更多的国际业务，鼓励发展出口效益型企业，积极争取向东盟各国开展信息化建设业务，将云南更多的产品推向南亚、东南亚市场。

### （三）生物产业

云南生物资源丰富，仅植物种类就达 6 000 余种。云南省先后成功开发了“云烟”、“云茶”、“云花”、“云菜”、“云药”、

① 《昆明重磅推出物联网发展规划》，载 http：//ynjjrb. yunnan. cn/html/2010 - 09/11/content_ 1340424. htm ［EB/OL］。

“云果”以及蔗糖、橡胶等生物资源产品。云南生物产品加工企业已经发展到1 000多户，其中，云南白药、景谷林业、绿大地等先后在国内证券交易所上市。9个“中国驰名商标”全部出自生物产业领域，“云南著名商标”50%来自生物产业领域。同时，以花卉及绿化园艺、天然药物、生物制药、生物能源、绿色食品及保健品、生物化工为主的新兴生物资源开发产业，正在成为云南最有生机的产业之一。目前，云南在生物产业发展方面具有资源优势，整体水平已居国内前列。云南生物医药、生物能源、生物农业和生物林业四个方面12类优势生物产业总产值已经达到3 000多亿元，占全省生物产业总产值的80%以上。预计到2012年，云南生物产业总产值将达5 000亿元左右；2020年将达1.2万亿元左右。

生物产业领域是云南省加强自主创新的重点。全省140个科研机构中有76个从事生物资源研发工作，研究人员达3 700多人，其中有院士4名。全省已建成国家重点实验室1个，在建国家工程技术中心1个，建设和认定省部级重点实验室14个，占省级重点实验室总数的70%，在全国有较大影响的植物病理重点实验室、工业微生物发酵工程重点实验室等已成为生物产业研发基地。生物科技是云南科技力量中的最强力量。①

生物医药产业方面。“十一五”前4年，云南省生物医药产业的工业产值平均增长率为22%，高出全省GDP年均增长率12个百分点以上；医药工业销售实现利润13.95亿元，是“十五”末的2.45倍。“十一五”以来，已有26个新药获准上市销售，18个新药获临床试验研究批件，预计将实现年销售收入10亿元、利税3亿多元。“十二五”期间，云南省将组织各方投入800多亿元，实施“5111”发展目标和8大工程，将生物医药产业打造

① 《全面加快云南生物产业发展步伐要着重做好以下六个方面的工作》，载http://yunnan.mofcom.gov.cn/aarticle/sjdixiansw/201009/20100907133890.html [EB/OL]。

为千亿元大产业。①

生物育种（苗）产业方面。云南省研发的杂交玉米、水稻等粮食作物新品种，支撑了云南省农业的持续快速发展；烟草、花卉等新品种研发水平已处于国内领先。②

云南省还注重生物能源的发展。2009 年 9 月 7 日，云南省发改委出台的《云南省生物产业发展规划纲要》提出，将重点发展云南发展条件较好的燃料乙醇、生物柴油和生物质发电。预计到 2015 年，云南计划配套建成 240 万~300 万亩乙醇原料基地，乙醇产量达到 100 万吨，其中燃料乙醇产量达到 40 万吨；生物柴油年产能力超过 60 万吨，年产量达到 50 万吨。届时，云南生物能源产业基地初步成型，生物能源增加值可达 80 亿元。

### （四）高端装备制造业

装备制造业是国家工业发展的基础，云南装备制造业主要涉及三大领域——机床、汽车和电工，此外还有特色优势产品——大型养护机械和物流系统。

昆明机床是中国南部地区最大的镗铣类制造企业。近年来，该厂毛利率保持在 35% 以上，高于同行业的上市公司，也高于主要竞争对手武重和齐二机床。昆机的数控化率达 85%，高精密、重型机床订单源源不断，出口大型数控机床产品单价平均为 110 万美元以上。

为了加大扶持汽车行业龙头企业的发展，云南省积极支持大理力帆骏马的发展，加快实现“云内动力”新型发动机产业化步伐，推进一汽红塔与通用汽车合作，加快东风云汽改革，继续推进华泰汽车与曲靖市和昆明市的合作。

① “5111”目标即精心培育和重点打造 50 户大企业、100 个大品种、10 个大品牌，在全行业实现 1 000 亿元的经济总量，较“十一五”增长 1 倍以上。“8 大工程”是：产业创新能力提升工程，至 2015 年建成在国内处于先进水平的国家级新药研究开发平台及成果转化基地 10 个；产品质量提升工程，实现企业标准的国际化对接；大品种培育工程，培育销售达到 5 000 万元以上的新药品 100 个以上；生物医药产业链的打造工程，实现产品结构由初级原料为主向精深产品为主的转型；医疗器械及卫生材料产业的培育工程，发展可降解皮肤组织工程材料等的研发；医药研发服务外包产业培育工程，特色化地参与国际药物研发外包服务；现代医药物流体系建设工程，构建开放共享的现代医药物流服务体系；康复保健产业工程，充分利用云南的特色资源和优势，发展个性化康复治疗，创建多个国家级康复保健示范基地。

② 《云南自主创新促进调结构　依托科技培育新兴产业》，载 http://news.163.com/10/0408/10/63O9IK1E000146BD.html［EB/OL］。

电工产业原是云南的优势产业，但随着省外电工产业的兴起，云南电工产业逐渐失去了竞争优势。据不完全统计，云南省电工企业有248家，形成了主要由变压器、电缆、发电设备、开关行业构成的电力装备工业体系，但年产值500万以上的企业只有80余家。在发电设备方面，云南产品更加“疲软”，全省制造发电设备的企业只有2家，至今不能制造火电机组。更为严重的是，由于技术限制，云南企业无法参与50万伏变电站设备的竞争。为了改变这一现状，云南省不仅加快了对电力装备制造业的整合，还于2010年6月在昆明高新区建立了电力装备产业基地。并且积极推进电力企业技术升级，使云南出产的电缆、变压器等产品在全国占的比重进一步提高，一些产品还走出国门。例如，越南南母水电站的主发动机便由云南企业制造的。

作为云南特色优势产业的龙头企业，昆明中铁大型养路机械集团有限公司开发的大型铁路养护机械新产品，已达到世界先进水平，产品销量占国内市场的80%以上，已成为国内行业的排头兵。昆明船舶设备集团有限公司从烟草物流成套设备研发入手，基本上掌握了现代自动化物流系统的集成技术，成为云南特色装备的重要组成部分。

### （五）新能源产业

近年来，云南坚持水能、太阳能、风能、垃圾发电、生物柴油多头并举，积极打造成为中国南方新能源与可再生能源基地。2010年上半年，全省完成太阳能热利用与建筑一体化使用面积3.8万平方米；新建农村户用沼气池60 231口，完成省材节煤灶改造36 351户。作为中国能源资源大省，云南省明确了“三基地一枢纽”的能源战略目标，即国家西电东送清洁能源基地、新能源示范基地、新型炼化基地和国家境内外电力交换枢纽。目前已完成56个村级集中供电光伏电站建设。太阳能热水器产业年生产太阳能热水器超过50万平方米，产值近4亿元，是中国平板太阳能热水器的主要产地。

在太阳能技术开发方面，云南省与东盟国家积极开展交流合作，举办了“中国—东盟新能源与可再生能源开发利用国际科技合作论坛”。此外，云南在太阳能干燥、太阳能建筑一体化、太阳能热泵等技术领域也做了许多前期研究工作和建设示范，并且与泰国、老挝、越南等东盟国家开展了相关项目的合作交流。

云南的风电产业也发展迅速，到 2010 年底，总投资 15 亿元、装机容量达 17 万千瓦的红河州首个风电项目——泸西李子箐风电场将并网发电。目前，云南已规划了 30 个风电场，总装机达 2 822 兆瓦。

在生物质能开发方面，云南省小桐子原料林面积位居全国之首。在科技部的支持下，企业、科研院所、大学等 10 余家单位正联合开展投资 10 亿元人民币的国家级“小桐子生物柴油产业化关键技术研究与示范项目”。此外，云南农村户用沼气发展处于全国前列，研发的“商品化户用玻璃钢沼气池”和“扁球形改性塑料沼气池”等专利产品具有较高的综合技术水平，在越南、缅甸、突尼斯、卢旺达等国家和地区得到广泛应用。

在核能开发方面，2010 年 7 月 28 日，云南省政府与中国广东核电集团有限公司签署了能源合作框架协议，共同建设核电、风电、太阳能、水电、生物质能等新能源和清洁能源项目，其中最引人注目的就是核项目的引进，它将为云南构建连接中国与东盟的能源大通提供有力的能源保障。

### （六）新材料

近年来，云南新材料产业发展迅速，有色金属新材料产业化创新基地和昆明国家稀贵金属新材料产业化基地建设进展顺利。通过加强关键技术研究和新产品开发，使云南的有色金属由原料型产品向精深加工产品转变。云南冶金集团 1 万吨/年海绵钛、6 万吨/年钛白粉、3 000 吨/年多晶硅等一系列重点工程项目的实施，标志着云南省工业已开始由原料型粗加工产品向高附加值、高加工深度方向发展。[①]中国化工企业百强之一的云南云天化股份有限公司正在积极发展以玻纤、聚甲醛等新材料为代表的新兴产业，成为中国最大的聚甲醛生产企业。

自云南启动新材料产业技术创新示范工程以来，组织实施了国家 863 计划、国家科技攻关、国家中小企业创新基金、省高技术研究、省科技攻关、火炬计划等重点项目 500 项，总投入达 100 亿元；建设了一批重点实验室、公共技术服务平台、工程技

① 《云南自主创新促进调结构　依托科技培育新兴产业》，载 http://news.163.com/10/0408/10/63O9IK1E000146BD.html [EB/OL]。

术中心；光纤预制棒、碳纤维、芳纶、有机硅等一批具有较大产业延伸空间的基础新材料取得重大阶段性成果，光电材料、特种化工、特种纤维、特种金属、稀土材料、新能源材料等已逐步发展成云南的优势领域。

### （七）新能源汽车

云南丰富的太阳能资源，使云南的新能源汽车工业具有得天独厚的优势。近年来，云南在研发新能源汽车方面成绩斐然。2010年2月，作为新能源汽车试点城市，昆明市批准在东风云南汽车有限公司成立“高原型新能源汽车整车研发基地（东风云汽基地）”，在昆明船舶设备集团有限公司成立“高原型新能源汽车整车研发基地（昆船基地）”，在云内动力股份有限公司成立“节能与新能源汽车混合动力及代用燃料发动机研发基地”，在昆明理工大学分别成立“节能与新能源汽车动力电池及关键材料研究中心”和“节能与新能源汽车动力系统研究基地”。技术的支持为新能源汽车的研发提供了保证。2010年4月，东风云南汽车有限公司研发出了纯电动汽车和天然气客车的样车。5月，云南第一辆自产纯电动公交车正式下线。7月，根据《昆明市节能与新能源汽车示范推广试点工作实施方案》，50辆油电混合动力出租汽车开始在昆明运营，新能源公交车也在昆明市投入使用。按照昆明市新能源汽车推广实施方案，到2012年底，将在公交、出租、公务、环卫和邮政等领域实现1 000辆新能源汽车的应用规模。

## 二、桥头堡建设给培育战略性新兴产业带来的机遇和挑战

### （一）桥头堡建设为云南培育战略性新兴产业带来的机遇

按照2009年胡锦涛总书记在云南考察工作时提出的“将云南建设成为我国面向西南开放的重要桥头堡”的要求，云南要充分发挥作为我国通往东南亚、南亚重要陆路通道的优势，深化同东南亚、南亚的交流合作，不断提升沿边开放质量和水平，加快云南经济发展方式转变，拓展外向型经济发展空间。2010年10月，国务院发布的《关于加快培育和发展战略性新兴产业的决

定》明确了战略性新兴产业的指导思想、方向、原则、重点和目标。这些都为云南培育和发展特色战略性新兴产业提供了重大的历史机遇。

1. 桥头堡建设为云南培育和发展特色战略性新兴产业提供了便利条件

云南东连黔桂通沿海，北经川渝进中原，南下越老达泰新，西接缅甸连印巴，不仅与越南、老挝、缅甸三国直接接壤，而且是中国唯一可以同时与“三亚”（东亚、东南亚、南亚）、“两洋”（太平洋、印度洋）相连相通的省份，便利的交通条件为云南培育和发展特色战略性新兴产业提供了基础。

2. 桥头堡建设为云南培育和发展特色战略性新兴产业提供了广阔的合作空间

战略性新兴产业以高科技为支撑，开展国际科技交流与合作，有利于云南提升整体科研水平，加快战略性新兴产业发展。近年来，云南不仅与东南亚、南亚国家经贸往来日益密切，而且与东南亚、南亚国家的科技合作也呈现出欣欣向荣的局面，特别是与南亚国家的科技合作程度日渐加深。以孟加拉国、印度、巴基斯坦、斯里兰卡为例：云内动力下属的四川达州汽车有限公司生产的农用柴油车已实现对孟加拉国的出口；云南与印度开展了紫胶、木豆、桑蚕等新品种的推广与合作；云南山灞图像传输科技有限公司与印度公司开展了医疗电子信息产品的合作与推广；云南万盛碳素有限责任公司与印度公司开展了铝用阴极碳素材料的生产与合作；以云南省国际经济技术合作公司为代表的云南企业参与了卡拉奇真纳立交桥、卡拉奇市大型自来水供水工程建设以及杂交水稻项目的合作；云南企业与斯里兰卡开展了包括工程项目援建、文化教育以及农业等方面的交流与合作。随着云南与东南亚、南亚国家科技合作的不断增加，将为云南培育和发展特色战略性新兴产业提供强有力的科技支撑。

3. 桥头堡建设为云南培育和发展特色战略性新兴产业提供了广阔的市场空间

云南独特的资源优势、区位优势、气候优势和政策优势使其在全国区域经济合作中占据独特的位置，也使云南可充分利用区域资源发展自己，开辟更加广阔的市场，特别是东南亚、南亚市场。而东南亚、南亚是世界新兴市场，其市场总量大、增长速度快、发展潜力大。近年来，云南与东南亚、南亚经贸合作快速发展。2009 年，东盟的贸易额达 31.5 亿美元，较上年增长 13.8%；云南与东盟国家的外贸总值占云南省外贸总额的比重达 39.3%；由于受国际金融危机的影响，云南与南亚地区的贸易下降，但仍达 5.4 亿美元。

2010 年上半年，云南省外贸呈快速增长态势。进出口总额达 61.2 亿美元，列全国第 21 位，较上年同期增长 109.5%，增幅居全国第二。其中，出口额为 33.9 亿美元，同比增长 100.5%；进口额为 27.3 亿美元，同比增长 121.9%。机电产品出口 8.7 亿美元，同比增长 159.9%，占全省出口额的 25.5%，为第一大出口商品。[①] 2010 年 1~10 月，云南进出口贸易总额为 109.1 亿美元，比上年同期增长 85%。其中，出口额为 64.1 亿美元，比上年同期增长 95%；进口额为 44.9 亿美元，比上年同期增长 72.4%。其中，1~9 月高新技术产品完成进口 45 207 万美元，同比增长 38.9%。1~10 月云南与东盟进出口贸易总额为 35.56 亿美元，比上年同期增长 46.5%；云南与南亚进出口贸易总额为 7.65 亿美元，比上年同期增长 67.6%。云南与东南亚、南亚国家经贸的快速增长，不仅将推动云南产业结构转变和对外贸易结构转变，而且将助推战略性新兴产业加快发展。

**4. 桥头堡建设为云南培育和发展特色战略性新兴产业提供了良好的产业基础**

建设中国面向西南开放的桥头堡的核心内容之一就是要建设面向东南亚、南亚的产业基地。今后云南必须把产业发展放在优先位置，以产业发展来支撑桥头堡建设，积极打造承接东部产业转移基地和面向东南亚、南亚出口加工基地，形成以高新技术产业为先导，以基础产业和制造业为支撑，服务产业全面发展的产业新格局，使滇中城市群成为中国面向东南亚、南亚开放的产业集聚基地，使沿边地区成为中国深化与东南亚、南亚产业合作的窗口，使云南成为中国面向东南亚、南亚的重要加工制造基地、出口加工基地、国际物流中心、商贸中心和旅游集散地，从而提升云南外向型经济发展水平，提升云南产业发展水平和层次。这将为云南培育和发展特色战略性新兴产业提供良好的产业基础。

---

① 《上半年云南省进出口高速增长结构优化》，载 http：//cif. mofcom. gov. cn/cif/html/jyjl/2010/8/1282699637661. html ［EB/OL］。

### （二）云南培育特色战略性新兴产业面临的挑战

1. 云南产业基础薄弱，聚集度不高

云南产业经过多年发展，虽然取得了巨大成绩，但也存在着许多问题，主要是产业结构层次较低，产业资源型特征突出，原材料、低附加值的产品比重较大。高耗能、低产值仍是云南产业面临的主要问题。此外，云南产业规模效应较小，呈现出“散、小、弱、杂”的局面。这与培育和发展特色战略性新兴产业的要求不同。

2. 科技创新能力不强，科研水平不高，缺乏高科技人才

目前，云南省的科技发展水平还较为落后，研发水平有待进一步提高，科技成果转化水平低下。科技进步对经济增长的贡献率，我国东部地区为50%左右，而云南还不到40%。目前，云南省工业企业技术装备达到国内先进水平的只占11%左右，达到国际先进水平的只占2%。①高科技人才培养方面，云南高校实力较弱，科研实力不强，人才后备力量薄弱。

3. 云南企业在国内外竞争力不强，周边国家市场和资源没有充分利用

云南虽有一批优质产业，但缺乏知名品牌，市场占有率不高，缺乏世界级跨国企业。云南周边的东南亚、南亚国家，大多还处于工业化初期向中期过渡的发展阶段，特别是与云南毗邻的缅甸、越南、老挝的工业化水平较低。它们虽然为云南战略性新兴产业“走出去”提供了广阔的市场，但云南企业对周边国家的相关贸易政策了解不深入、对该地区的市场调研不充分，其产品在该地区的占有率一直偏低。培育和发展特色战略性新兴产业如果没有相应的投入保障和政策鼓励，要开拓东南亚、南亚国家市场的难度较大。

## 三、加速培育和发展具有云南特色的战略性新兴产业的对策建议

桥头堡建设为云南战略性新兴产业的发展提供了契机，同

① 赵东明：《浅析云南经济综合竞争力落后的原因》，载《经济师》，2009年第1期。

时，战略性新兴产业的快速健康发展也会为桥头堡建设夯实基础。发挥云南区位优势、科技优势和资源优势，加速培育和发展具有云南特色的战略性新兴产业，已成为桥头堡建设的一个重要内容。为此，特提出以下对策建议。

1. 加强政府引导

在做好新兴产业发展规划的同时，应完善相关政策法规，进一步淘汰高耗能、低附加值的产业，鼓励企业节能减排，对有重大创新的高新技术企业进行奖励。结合“十二五”规划的编制，把发展战略性新兴产业纳入规划之中。同时，集中力量编制云南战略性新兴产业发展规划，不仅为全省加速培育和发展战略性新兴产业提供具有前瞻性、科学性、系统性的指导意见，而且要加大对战略性新兴产业的政策支持。

2. 搞好市场调研，研制、生产、投放一批具有高技术含量和高经济价值的战略性新兴产业产品

云南在选择发展战略性新兴产业时要遵循温家宝总理提出的三条标准（一是产品要有稳定并有发展前景的市场需求；二是要有良好的经济技术效益；三是能带动一批产业的兴起），并根据云南的实际情况及国内外特别是云南周边国家的市场需求情况，培育具有云南特色的战略性新兴产业，重点打造节能环保、生物制药、新能源、特色新材料、特色高端装备制造、新一代信息技术、新能源汽车等产业。此外，还需加强战略性新兴产业配套设施建设，完善市场基础设施，深化市场改革，规范市场秩序。

3. 加大对战略性新兴产业的金融支持，积极发展电子商务

要积极扩大直接融资，引导金融机构、创业基金及各种社会融资对全省战略性新兴产业的投入。完善高新企业融资担保机制，鼓励银行对科技型企业提供信贷支持。鼓励有实力的高新企业在国内外证券市场上市。加快电子商务发展，完善中国—东盟自由贸易区商务门户网站电子商务功能，搭建商品展览、支付、结算、物流的电子商务平台。

4. 加大与东南亚、南亚国家的科技合作，提高云南战略性新兴产业在东南亚、南亚地区的市场占有率

要坚持“走出去”与“引进来”的有机结合，针对东南亚南亚国家的特点和优势，积极与其开展科技合作，共同研究、共同发展战略性新兴产业。对于印度，其 IT 产业、生物医药等发

展水平达到了世界先进水平，云南可与其开展这方面的合作。对于东南亚国家，云南也要区别对待，积极与其特色优势科技部门、产业加强联系，展开合作。同时，还要积极与欧美发达国家开展合作。另外，云南在发展战略性新兴产业的同时，还要大力开拓周边市场以及其他市场，提高云南战略性新兴产业的市场占有率。

5. 增强科技创新能力，面向全球引进一批创新型人才，加强产、学、研之间的联系

鼓励各高校、研究机构、企业加大对战略性新兴产业的研发力度。各高校应根据发展战略性新兴产业的要求进一步完善学科体系，加大对本土人才培养的力度。要制定战略性新兴产业人才引进计划，设立项目基金，广泛吸引人才。大力吸引国内外高新企业在云南设立研发基地。鼓励各企业围绕战略性新兴产业建设创新研发团队，促进科研成果产业化。

6. 培育战略性新兴产业龙头企业，加快品牌建设

要采取有力措施，加快培育一批特色优势突出的战略性新兴大企业、大集团，使其成为行业的领军者。要进一步整合资源，积极推进企业优化重组，加快产业、企业、产品结构调整升级，加速集约化发展，加快培育以重大技术突破、重大发展需求为基础的战略性新兴产业，改变云南企业规模小、产品附加值低、分布较散的现状。鼓励企业间的交流合作，推动产业内大、中、小企业的联合。加快自主品牌建设，扩大品牌知名度，对获得驰名商标、名牌产品的企业给予适当的奖励。

**参考文献：**

1. 张少春主编：《中国战略性新兴产业发展与财政政策》，经济科学出版社2010年版。

2. 国务院发展研究中心产业经济研究部课题组：《中国产业振兴与转型升级》，中国发展出版社2010年版。

3. 王勇编著：《战略性新兴产业简述》，世界图书出版公司2010年版。

4. 朱瑞博：《中国战略性新兴产业培育及其政策取向》，载《改革》，2010年第3期。

5. 李健：《大力培育战略性新兴产业》，载《中国科技产

业》，2010 年第 4 期。

6. 袁天昂：《资本市场支持云南省战略性新兴产业发展的战略研究》，载《时代金融》，2010 年第 1 期。

7. 冯长根：《选择培育战略性新兴产业的几点建议》，载《科技导报》，2010 年第 9 期。

8. 李朴民：《关于加快培育战略性新兴产业的思考》，载《中国经贸导刊》，2010 年第 8 期。

（作者单位：云南省社会科学院南亚研究所）

# 云南省城市化发展报告

罗宏翔　哈　颖

## 一、改革开放前云南省城市化的发展

工业化、城市化是中国现代化建设中面临的两大主要任务。城市化与产业结构的变动升级，在一个处于工业化初、中期阶段的国家或地区，特别与工业化问题密切相关。正因为如此，许多研究者把城市化看做是工业化的产物，认为城市化发展战略及其制度安排是工业化战略及其发展状况的函数。

改革开放前中国实行的是高度集中的计划经济体制，国家所推行的优先发展重工业的战略和城乡分割的制度（政策）壁垒从上到下贯彻到各个省份，云南也不例外。因此，从总体上看，这一时期云南的工业化虽然取得较大进展，国内生产总值中第一、二、三产业的比重从 1952 年的 61.71∶15.45∶22.84 调整为 1978 年的 42.7∶39.9∶17.4；工农业总产值中农业总产值和工业总产值的比例从 1949 年的 81.0∶19.0 调整为 1978 年的 41.9∶58.1。[①] 但农、轻、重比例失调，农业基础薄弱，轻工业产品供不应求，居民消费被长期压抑，城市居民的日用生活品和农村居民的粮食严重短缺，城市化发展基本处于停滞状态。云南省设市城市 1949 年只有昆明 1 个，1957 年增设了个旧、下关、东川 3 个市，到 1978 年仍然只有上述 4 个市；1953 年有建制镇 145 个，1978 年

① 云南省统计局：《云南统计年鉴 2002》，中国统计出版社 2002 年版，第 24、28、35 页。

仍是145个；城镇化水平1953年为11.03%（按1953年第一次人口普查的第一口径计），1982年为12.96%（1982年第三次人口普查数据），29年仅提高了1.93个百分点①。

## 二、改革开放以来云南省城市化的基本特征

改革开放以来，云南省调整了工业化的路径选择，轻重工业比例不合理的状况得到很大改善；农村改革推进了农业经济和农村工业化、农村城市化不断向前发展；重新认识和加强了第三产业在经济发展中的地位和作用；逐步形成了以公有制为主体、多种所有制经济共同发展的局面；城乡分割的制度壁垒不断被打破；市场经济体制初步形成；逐步推行了城镇化战略，相关政策措施不断完善。所有这些变化，都为云南省工业化、城市化水平的提高创造了前所未有的条件，工业化、城市化建设取得了重大进展。

### （一）二、三产业成为国民财富的主要创造者和城市化的主要推动力

1978年以来，云南省GDP的三次产业构成发生了很大的变化。1987年，第二产业占国内生产总值的比重超过了第一产业。1992年，第三产业占国内生产总值的比重超过了第一产业，三次产业在国内生产总值中的比重排序由“一、二、三”的结构变为“二、三、一”的结构，第二、第三产业成为国民财富的主要创造者和城市化的主要推动力。从1978年到2009年，第一、第二、第三产业占国内生产总值的比例从42.66∶39.94∶17.39调整为17.3∶41.9∶40.8，非农产业的产值比重上升了25.3个百分点；第一、第二、第三产业从业人员占全部从业人员的比例从85.04∶8.06∶6.90调整为62.3∶12.0∶25.7，② 非农产业从业人员的比重上升了22.74个百分点。

---

① 云南省西部大开发办公室：《中国西部大开发——云南发展研究》，云南大学出版社2002年版，第428～432页。

② 云南省统计局：《云南统计年鉴2004》，中国统计出版社2004年版，第45、71页。云南省统计局、国家统计局云南调查总队：《云南统计年鉴2010》，中国统计出版社2010年版，第32、58页。

### （二）城市化水平大大提高，城市化从起步阶段进入加速发展阶段

从1982年到1990年，云南省的城镇人口从421.9万人增加到551.2万人，平均每年增加16.2万人；城镇化水平从12.96%上升到14.91%，平均每年上升0.24个百分点。从1990年到2000年，云南省的城镇人口从551.2万人增加到990.3万人，平均每年增加43.91万人；城镇化水平从14.91%上升到23.38%，平均每年上升0.85个百分点（参见表1、表2、表3）。2009年，云南省城镇化水平达到34.00%，① 从2000年到2009年城镇化水平平均每年上升1.18个百分点。根据高珮义博士和刘传江博士的研究，城市人口占总人口的比重为10%~20%时，城市化处于起步阶段；城市人口占总人口的比重为20%~50%时，城市化处于加速阶段。② 由此来看，云南省的城镇化已经进入加速发展阶段。

表1　云南省各地区第三次全国人口普查（1982）城镇人口

单位：人、%

| 项目/地区 | 总人口数 | 市人口数 | | 镇总人口 | | 市镇合计 | |
|---|---|---|---|---|---|---|---|
| | | 人口数 | 占总人口比重 | 人口数 | 占总人口比重 | 人口数 | 占总人口比重 |
| 云南省 | 32 553 817 | 2 434 657 | 7.48 | 1 784 565 | 5.48 | 4 219 222 | 12.96 |
| 昆明 | 2 235 664 | 1 666 003 | 74.52 | 17 004 | 0.76 | 1 683 007 | 75.28 |
| 昭通 | 3 631 376 | 115 897 | 3.19 | 96 627 | 2.66 | 212 524 | 5.85 |
| 曲靖 | 5 433 800 | — | 0.00 | 408 155 | 7.51 | 408 155 | 7.51 |
| 楚雄 | 2 538 426 | — | 0.00 | 287 771 | 11.34 | 287 771 | 11.34 |
| 玉溪 | 1 622 229 | — | 0.00 | 103 549 | 6.38 | 103 549 | 6.38 |
| 红河 | 3 220 588 | 532 880 | 16.55 | 148 914 | 4.62 | 681 794 | 21.17 |

① 云南省统计局、国家统计局云南调查总队：《云南统计年鉴2010》，中国统计出版社2010年版，第48页。

② 高珮义：《中外城市化比较研究》，南开大学出版社1991年版，第18页；刘传江：《中国城市化的制度安排与创新》，武汉大学出版社1999年版，第75页。

续 表

| 项目 / 地区 | 总人口数 | 市人口数 | | 镇总人口 | | 市镇合计 | |
|---|---|---|---|---|---|---|---|
| | | 人口数 | 占总人口比重 | 人口数 | 占总人口比重 | 人口数 | 占总人口比重 |
| 文山 | 2 612 587 | | 0.00 | 109 256 | 4.18 | 109 256 | 4.18 |
| 思茅 | 1 986 516 | — | 0.00 | 124 354 | 6.26 | 124 354 | 6.26 |
| 西双版纳 | 646 445 | — | 0.00 | 62 675 | 9.70 | 62 675 | 9.70 |
| 大理 | 2 713 533 | 119 877 | 4.42 | 91 444 | 3.37 | 211 321 | 7.79 |
| 保山 | 1 888 859 | — | 0.00 | 84 801 | 4.49 | 84 801 | 4.49 |
| 德宏 | 749 862 | — | 0.00 | 56 322 | 7.51 | 56 322 | 7.51 |
| 丽江 | 909 801 | — | 0.00 | 72 811 | 8.00 | 72 811 | 8.00 |
| 怒江 | 366 544 | — | 0.00 | 19 728 | 5.38 | 19 728 | 5.38 |
| 迪庆 | 276 612 | — | 0.00 | 22 580 | 8.16 | 22 580 | 8.16 |
| 临沧 | 1 720 975 | — | 0.00 | 78 574 | 4.57 | 78 574 | 4.57 |

注：①东川市于1999年与昆明市合并，成为昆明市的一个区，因此本表昆明市数据中包括原东川市。②曲靖、楚雄、玉溪、文山、思茅、西双版纳、保山、德宏、丽江、怒江、迪庆、临沧在1982年还未设立市，所以1982年人口普查数据中这几个地区的市区人口数据空缺。

资料来源：云南省人口普查办公室编：《云南省第三次人口普查手工汇总资料汇编》，云南人民出版社1983年版，第74～83页。

**表2 云南省各地区第四次人口普查（1990）城镇人口**

单位：人、%

| 项目 / 地区 | 总人口数 | 市人口数 | | 镇总人口 | | 市镇合计 | |
|---|---|---|---|---|---|---|---|
| | | 人口数 | 占总人口比重 | 人口数 | 占总人口比重 | 人口数 | 占总人口比重 |
| 云南省 | 36 972 587 | 2 401 251 | 6.49 | 3 111 018 | 8.41 | 5 512 269 | 14.91 |
| 昆明 | 3 914 659 | 1 891 425 | 48.32 | 198 578 | 5.07 | 2 090 003 | 53.39 |
| 昭通 | 4 255 496 | 90 475 | 2.13 | 233 620 | 5.49 | 324 095 | 7.62 |
| 曲靖 | 5 227 734 | — | 0.00 | 569 807 | 10.90 | 569 807 | 10.90 |
| 楚雄 | 2 328 829 | — | 0.00 | 309 957 | 13.31 | 309 957 | 13.31 |

续　表

| 项目 / 地区 | 总人口数 | 市人口数 | | 镇总人口 | | 市镇合计 | |
|---|---|---|---|---|---|---|---|
| | | 人口数 | 占总人口比重 | 人口数 | 占总人口比重 | 人口数 | 占总人口比重 |
| 玉溪 | 1 811 137 | — | 0.00 | 233 502 | 12.89 | 233 502 | 12.89 |
| 红河 | 3 655 633 | 297 259 | 8.13 | 397 280 | 10.87 | 694 539 | 19.00 |
| 文山 | 2 974 174 | — | 0.00 | 247 267 | 8.31 | 247 267 | 8.31 |
| 思茅 | 2 212 775 | — | 0.00 | 187 258 | 8.46 | 187 258 | 8.46 |
| 西双版纳 | 796 352 | — | 0.00 | 87 851 | 11.03 | 87 851 | 11.03 |
| 大理 | 3 001 769 | 110 445 | 3.68 | 128 803 | 4.29 | 239 248 | 7.97 |
| 保山 | 2 099 477 | 6 054 | 0.29 | 102 901 | 4.90 | 108 955 | 5.19 |
| 德宏 | 920 268 | 5 593 | 0.61 | 91 404 | 9.93 | 96 997 | 10.54 |
| 丽江 | 1 015 013 | — | 0.00 | 92 407 | 9.10 | 92 407 | 9.10 |
| 怒江 | 439 791 | — | 0.00 | 44 263 | 10.06 | 44 263 | 10.06 |
| 迪庆 | 315 317 | — | 0.00 | 26 958 | 8.55 | 26 958 | 8.55 |
| 临沧 | 2 004 163 | — | 0.00 | 159 162 | 7.94 | 159 162 | 7.94 |

注：①本表中人口普查数据城镇人口的划分使用第二种口径。②东川市于1999年与昆明市合并，成为昆明市的一个区，因此本表昆明市数据中包括原东川市。③曲靖、楚雄、玉溪、文山、思茅、丽江、怒江、迪庆、临沧在1990年还未设立市，所以1990年人口普查数据中这几个地区的市区人口数据空缺。

资料来源：云南省人口普查办公室编：《云南省第四次人口普查机械汇总资料》，云南人民出版社1992年版，第3~15页。

**表3　云南省各地区第五次人口普查（2000年）城镇人口**

单位：人、%

| 项目 / 地区 | 总人口数 | 市人口数 | | 镇总人口 | | 市镇合计 | |
|---|---|---|---|---|---|---|---|
| | | 人口数 | 占总人口比重 | 人口数 | 占总人口比重 | 人口数 | 占总人口比重 |
| 云南省 | 42 360 089 | 4 652 662 | 10.98 | 5 250 176 | 12.39 | 9 902 838 | 23.38 |
| 昆明 | 5 781 294 | 2 635 349 | 45.58 | 541 031 | 9.36 | 3 176 380 | 54.94 |
| 昭通 | 4 592 388 | 1 74 586 | 3.80 | 339 035 | 7.38 | 513 621 | 11.18 |

**续表**

| 项目 / 地区 | 总人口数 | 市人口数 | | 镇总人口 | | 市镇合计 | |
|---|---|---|---|---|---|---|---|
| | | 人口数 | 占总人口比重 | 人口数 | 占总人口比重 | 人口数 | 占总人口比重 |
| 曲靖 | 5 466 089 | 412 049 | 7.54 | 617 559 | 11.30 | 1 029 608 | 18.84 |
| 楚雄 | 2 542 530 | 173 587 | 6.83 | 343 045 | 13.49 | 516 632 | 20.32 |
| 玉溪 | 2 073 005 | 153 564 | 7.41 | 424 117 | 20.46 | 577 681 | 27.87 |
| 红河 | 4 130 463 | 369 853 | 8.95 | 686 331 | 16.62 | 1056 184 | 25.57 |
| 文山 | 3 268 553 | — | 496 968 | 15.20 | 496 968 | 15.20 | — |
| 思茅 | 2 480 346 | 143 525 | 5.79 | 310 260 | 12.51 | 453 785 | 18.30 |
| 西双版纳 | 993 397 | 106 371 | 10.71 | 122 491 | 12.33 | 228 862 | 23.04 |
| 大理 | 3 296 552 | 203 116 | 6.16 | 420 490 | 12.76 | 623 606 | 18.92 |
| 保山 | 2 348 315 | 97 556 | 4.15 | 135 013 | 5.75 | 232 569 | 9.90 |
| 德宏 | 1 082 599 | 183 106 | 16.91 | 288 287 | 26.63 | 471 393 | 43.54 |
| 丽江 | 1 126 646 | — | 184 204 | 16.35 | 184 204 | 16.35 | — |
| 怒江 | 491 824 | — | 72 353 | 14.71 | 72 353 | 14.71 | — |
| 迪庆 | 353 518 | — | 56 357 | 15.94 | 56 357 | 15.94 | — |
| 临沧 | 2 332 570 | — | 212 635 | 9.12 | 212 635 | 9.12 | — |

注：①2000 年人口普查数据城乡人口的划分是第三种口径，即是按照国家统计局 1999 年发布的《关于统计上划分城乡的规定（试行）》计算的。②东川市于 1999 年与昆明市合并，成为昆明市的一个区，因此本表昆明市数据中包括原东川市。③文山、丽江、怒江、迪庆、临沧在 2000 年还未设立市，所以 2 000 人口普查数据中这几个地区的市区人口数据空缺。

资料来源：云南省人口普查办公室编：《云南省 2000 年人口普查资料·综合汇总分册（上）》，云南科技出版社 2002 年版，第 3～16 页。

### （三）市、镇数量大大增加，规模不断扩大，城镇体系进一步合理化

1979 年云南省有建制镇 145 个，2009 年增加到 492 个。①

① 国家城市建设总局城市规划局《城市规划手册》编写组编：《城市规划资料集 1》，中国建筑工业出版社 1982 年版，第 92 页；云南省统计局、国家统计局云南调查总队：《云南统计年鉴（2010）》，中国统计出版社 2010 年版，第 277 页。

1978年云南省只有设市城市4个，1984年增加到10个，2002年又增加到16个，2009年云南省共有17个设市城市（其中8个地级市，9个县级市）。1984年，云南省只有昆明市一个人口规模为95万的大城市，其建成区面积为75平方公里；其余9个城市都是人口规模在20万以下的小城市，建成区面积都在10平方公里以下；没有中等城市。到了2002年，昆明市成为人口规模159.78万的特大城市，建成区面积扩大到155平方公里；曲靖、个旧、大理发展成为中等城市，其余各城市的规模差不多都扩大了一倍（表4），形成“一大”、“三中”、“十二小”的格局。

**表4 云南省设市城市数量和规模的变化**

单位：人口：万人；土地面积：平方公里

| 城市＼项目 | 1984年 | | 2002年 | | 城市＼项目 | 1984年 | | 2002年 | |
|---|---|---|---|---|---|---|---|---|---|
| | 非农业人口 | 建成区面积 | 非农业人口 | 建成区面积 | | 非农业人口 | 建成区面积 | 非农业人口 | 建成区面积 |
| 昆明 | 95.00 | 75 | 159.78 | 155 | 楚雄 | 6.23 | 6 | 12.4 | 16 |
| 东川 | 6.65 | 3 | — | — | 个旧 | 18.99 | 7 | 21.5 | 12 |
| 安宁 | — | — | 14.5 | 17 | 开远 | 7.78 | 8 | 10.1 | 14 |
| 曲靖 | 12.46 | 10 | 23.01 | 25 | 思茅 | — | — | 8.3 | 13 |
| 宣威 | — | — | 13.5 | 15 | 景洪 | — | — | 15.1 | 15 |
| 玉溪 | 4.28 | — | 12.66 | 12 | 大理 | 11.00 | 6 | 19.9 | 23 |
| 保山 | 4.94 | 3 | 11.45 | 12 | 瑞丽 | — | — | 4.3 | 8 |
| 昭通 | 6.95 | 5 | 12.09 | 14 | 潞西 | — | — | 6.5 | 13 |
| 丽江 | — | — | 6.2 | — | | | | | |

注：东川市于1999年与昆明市合并，成为昆明市的一个区。因此，2002年的昆明市数据中包括原东川市。

资料来源：国家统计局综合司：《中国城市统计年鉴1985》，新世界出版社1985年版，第41~42、49~50页；中国城市发展研究会：《中国城市年鉴2003》，中国城市年鉴社2003年版，第109~110页。

### （四）城市化的区域差异明显

从1982年到1990年，云南省的城市化水平上升了1.95个百分点，平均每年上升0.24个百分点。城市化水平平均每年上升的百分点超过云南省平均水平的地区有曲靖、楚雄、玉溪、文山、思茅、德宏、怒江、临沧，其余各地的增长速度均低于云南省平均水平。

从1990年到2000年，云南省的城市化水平上升了8.47个百分点，平均每年上升0.84个百分点。城市化水平平均每年上升的百分点超过云南省平均水平的地区有玉溪、思茅、西双版纳、大理、德宏，其余各地的增长速度均低于云南省平均水平。

从2000年到2009年，云南省城市化水平上升了10.62个百分点，平均每年上升1.18个百分点。城市化水平平均每年上升的百分点超过云南省平均水平的地区有曲靖、楚雄、文山、思茅（普洱）、西双版纳、大理、保山、临沧，丽江的城市化水平平均每年上升的百分点与云南省平均水平相当，其余各地的增长速度均低于云南省平均水平。

**表5 云南省各地区历年城市化水平**

| 地区＼项目 | 1982年（%） | 1990年（%） | 2000年（%） | 2009年（%） | 1982～1990年平均每年上升的百分点 | 1990～2000年平均每年上升的百分点 | 2000～2009年平均每年上升的百分点 |
|---|---|---|---|---|---|---|---|
| 云南省 | 12.96 | 14.91 | 23.38 | 34.00 | 0.24 | 0.84 | 1.18 |
| 昆明 | 75.28 | 53.39 | 54.94 | 61.00 | -2.74 | 0.16 | 0.67 |
| 昭通 | 5.85 | 7.62 | 11.18 | 20.01 | 0.22 | 0.36 | 0.98 |
| 曲靖 | 7.51 | 10.90 | 18.84 | 34.00 | 0.42 | 0.79 | 1.68 |
| 楚雄 | 11.34 | 13.31 | 20.32 | 30.99 | 0.25 | 0.70 | 1.19 |
| 玉溪 | 6.38 | 12.89 | 27.87 | 36.99 | 0.81 | 1.50 | 1.01 |
| 红河 | 21.17 | 19.00 | 25.57 | 35.01 | -0.27 | 0.66 | 1.05 |
| 文山 | 4.18 | 8.31 | 15.20 | 27.01 | 0.52 | 0.69 | 1.31 |
| 思茅（普洱） | 6.26 | 8.46 | 18.30 | 30.00 | 0.28 | 0.98 | 1.30 |
| 西双版纳 | 9.70 | 11.03 | 23.04 | 35.97 | 0.17 | 1.20 | 1.44 |
| 大理 | 7.79 | 7.97 | 18.92 | 30.99 | 0.02 | 1.10 | 1.34 |

**续表**

| 项目<br>地区 | 1982年（%） | 1990年（%） | 2000年（%） | 2009年（%） | 1982年～1990年平均每年上升的百分点 | 1990年～2000年平均每年上升的百分点 | 2000年～2009年平均每年上升的百分点 |
|---|---|---|---|---|---|---|---|
| 保山 | 4.49 | 5.19 | 9.90 | 24.99 | 0.09 | 0.47 | 1.68 |
| 德宏 | 7.51 | 10.54 | 43.54 | 33.00 | 0.38 | 3.30 | -1.17 |
| 丽江 | 8.00 | 9.10 | 16.35 | 27.00 | 0.14 | 0.73 | 1.18 |

资料来源：①表1、表2、表3。②云南省统计局、国家统计局云南调查总队：《云南统计年鉴2010》，中国统计出版社2010年版，第48页。

1982年，城市化水平高于云南省平均水平的只有昆明、红河两地，楚雄的城市化水平略低于云南省平均水平，其余地区的城市化水平与云南省平均水平相比有较大差距。

1990年，城市化水平高于云南省平均水平的也只有昆明、红河两地，楚雄、玉溪的城市化水平略低于云南省平均水平，曲靖、西双版纳、德宏、怒江的城市化水平在10%以上，其余地区的城市化水平与云南省平均水平相比有较大差距。

2000年，有昆明、玉溪、红河、德宏四地的城市化水平高于云南省平均水平，西双版纳的城市化水平接近云南省平均水平，楚雄的城市化水平在20%以上，曲靖、思茅、大理的城市化水平超过了18%，其余地区的城市化水平与云南省平均水平相比有较大差距。

2009年，有昆明、玉溪、红河、西双版纳四地的城市化水平高于云南省平均水平，曲靖、德宏的城市化水平接近云南省平均水平，楚雄、大理、普洱的城市化水平超过了30%，其余地区的城市化水平与云南省平均水平相比有较大差距。

### （五）区域城市化水平与经济发展水平大致呈正相关关系

我们利用历年《云南统计年鉴》和云南省各州市年鉴中的数据，选择人均地区生产总值、人均财政收入、人均工业增加值、农村居民家庭人均纯收入、人均社会消费品零售总额、恩格尔系数、城乡居民人均储蓄存款、公路分布密度8个指标来分析和测评各州市的经济发展水平。选取除恩格尔系数外的上述7个指标在各时点上的绝对值以及年均增长速度，利用SPSS统计软件，采用离差平方和法对各州市的经济发展水平和增长速度进行系统聚类分析，其中距离测度采用欧氏距离法，聚类结果整理见表6。

表6 云南省各州市基于经济发展水平和经济发展速度的四分类二维表（2004~2009年）

| 水平＼速度 | 1 | 2 | 3 | 4 |
|---|---|---|---|---|
| 1 | — | — | — | 昆明 |
| 2 | — | — | 玉溪 | — |
| 3 | 保山 | 曲靖、昭通 | 红河、楚雄、临沧、德宏 | 大理 |
| 4 | 西双版纳、怒江 | 丽江、迪庆、文山 | 思茅（普洱） | — |

比较表5、6可以看出，各州市城市化水平与其经济发展水平大致呈正相关关系，经济发展水平较高的州市，其城市化水平也较高；各州市城市化水平提高速度与其经济发展速度也大致呈正相关关系，发展速度较快的州市，城市化水平提高也较快。

## 三、云南省城市化面临的主要问题

### （一）城市化水平低

虽然经过改革开放30多年来的发展，云南省的城市化水平有了较大幅度的提高，但是与全国和国内其他省区相比，城市化水平仍然较低。2009年，中国的城市化水平达到了46.59%，云南省的城市化水平只有34.00%，低于全国平均水平12.59个百分点。在中国内地31个省级行政区中，云南省的城市化水平仅高于贵州、西藏、甘肃3个省区。①

### （二）城市规模结构体系发育不完整

云南省城市体系规模结构呈“一超大、三中、十三小”的格

① 国家统计局：《中国统计年鉴2010》，中国统计出版社2010年版，第97页。

局。云南省只有昆明市 1 个超大城市，曲靖市、个旧市、大理市 3 个中等城市，其余为小城市，没有特大城市和大城市，城市体系出现断层。

城市规模结构严重失衡说明昆明市在全省城市体系中具有绝对的垄断性，而中小城市的人口、经济集聚规模较小，城市体系中又缺乏与大城市的衔接，制约了昆明市在全省经济社会发展过程中的辐射带动作用，城市体系的自组织演化受阻。

### （三）工业化对城市化的拉动作用有限

云南省的工业以资源型粗加工为主，大量的采掘工业和相当一部分粗加工工业分布在山地、高原，对城市化的拉动作用不大。此外，云南省重工业所占比重较高［2009 年，云南省重工业产值占全部工业总产值的比重为 69.16%[①]，虽然低于同年中国重工业产值占全部工业总产值的比重（70.55%[②]），但如果考虑到云南省烟草工业产值占全部工业产值的 36.22%[③]这一事实，云南省重工业所占比重显然过高］，使得工业化对非农就业人口的拉动作用较小，就业结构的非农化滞后于产值结构的非农化（2009 年，云南省第一、第二、第三产业占国内生产总值的比例为 17.3∶41.9∶40.8，第一、第二、第三产业从业人员占全部从业人员的比例为 62.3∶12.0∶25.7[④]，产值结构非农化水平相当于中国 1998 年的水平，但就业结构非农化水平仅相当于中国 1985 年的水平。1998 年中国的城市化水平为 33.35%，1999 年中国的城市化水平为 34.78%[⑤]），制约了工业发展对城市化的拉动作用。2009 年云南省的人均国内生产总值为 13539 元[⑥]，相当于全国 2004～2005 年人均国内生产总值的平均水平。2009 年云南省的城市化水平为 34%，低于 2004 年中国的城市化水平（41.76%）。

---

① 云南省统计局、国家统计局云南调查总队：《云南统计年鉴 2010》，中国统计出版社 2010 年版，第 13 页。

② 国家统计局：《中国统计年鉴 2010》，中国统计出版社 2010 年版，第 507 页。

③ 云南省统计局、国家统计局云南调查总队：《云南统计年鉴 2010》，中国统计出版社 2010 年版，第 303 页。

④ 云南省统计局、国家统计局云南调查总队：《云南统计年鉴 2010》，中国统计出版社 2010 年版，第 32、58 页。

⑤ 国家统计局：《中国统计年鉴 2010》，中国统计出版社 2010 年版，第 95 页。

⑥ 云南省统计局、国家统计局云南调查总队：《云南统计年鉴 2010》，中国统计出版社 2010 年版，第 29 页。

## （四）城市密度较小，空间分布不均衡

从整体上看，云南省城市密度为0.4313座/万$km^2$，相当于全国城市平均密度（0.6885座/万$km^2$）的62.64%，相对较低。受地理条件与经济、社会、历史因素的影响和制约，全省城市的空间分布很不均衡，具有明显的东西向差异。以云岭东侧和元江为界，云南省东部地区①土地面积占全省总面积的46.7%，分布着9个设市城市，占全省城市总数的52.94%，城市密度为0.4889座/万$km^2$，高于全省城市密度；云南省西部地区土地面积占全省的53.3%，但仅有8个设市城市，城市密度为0.3808座/万$km^2$，低于全省城市密度。若以云南省地理区域划分为基准②，滇中地区城市密度最大，远高于最低的滇西北地区，滇中地区是滇西北地区的4.67倍，城市密度从高到低依次为滇中（0.7817座/万$km^2$）、滇西（0.6598座/万$km^2$）、滇西南（0.3349座/万$km^2$）、滇东南（0.3068座/万$km^2$）、滇东北（0.2367座/万$km^2$）、滇西北（0.1672座/万$km^2$）。

## （五）城市空间分布呈现线特征，主要城市之间交通距离较大

城市空间分布呈现线特征，主要城市之间交通距离较大，制约了城市间的经济协作。云南省设市城市在空间分布上主要集中在4条轴线上，即国道320、213、326、214线。这种沿交通线轴向分布的特征决定了各城市之间的交通距离较大，尤其是东西向320国道上曲靖市与瑞丽市相距887公里、南北向214国道上丽江市与景洪市相距856公里、213国道上昭通市与景洪市相距912公里，必将导致各城市之间尤其是中心城市昆明与滇西、滇

① 以云岭东侧和元江为界，云南省东部地区包括昆明市、玉溪市、楚雄州、曲靖市、红河州、文山州、昭通，7州市土地面积为18.406万$km^2$；云南省西部地区包括大理州、丽江市、迪庆州、怒江州、保山市、德宏州、临沧市、思茅市、西双版纳州，9州市土地面积为21.0079万$km^2$。

② 滇中地区指昆明市、玉溪市、曲靖市、楚雄州；滇东北地区指昭通市、昆明市的东川区、寻甸县、禄劝县，楚雄州的武定县，曲靖市的会泽县；滇西北地区指迪庆州、丽江市、怒江州；滇西地区指保山市、大理州、德宏州；滇东南地区指红河州、文山州；滇西南地区指临沧市、思茅市、西双版纳州。具体参见王声跃、张文《云南地理》，云南民族出版社2002年版，第624~634页。

西北、滇东北主要城市（保山、瑞丽、丽江、昭通等城市）之间的空间作用力因距离过大而变得较为微弱，影响城市间的经济协作，横向联系松散，不利于城市间产业专业化分工的发展。

### （六）城市化的资源环境约束明显

云南省以山原地形为主，山地、高原占全省土地总面积的94%，盆地仅占6%，地区地貌复杂，耕地资源、水资源人均占有量小，生态环境脆弱。改革开放以来，云南省城市化水平与城乡建设用地面积呈同步增长趋势。一方面，随着城市人口的迅速增加，云南省城镇建设用地面积不断扩大；另一方面，从农村居民点建设用地来看，虽然农村人口数持续下降，但农村居民点建设用地的规模却不断增加。相应地，云南省耕地面积却在不断减少。[①] 云南省的城市化水平与耕地面积呈逆向运动，即随着城市化水平的不断提高，耕地面积不断减少，城市化所面临的土地压力巨大。此外，云南省产业的资源型粗加工特征突出，大量的资源型城市和小城镇是随当地资源的快速开发而形成和发展的，这些城镇产业结构单一，抗经济风险能力弱，可持续发展能力面临着极大的考验。

## 四、云南省城市化与区域经济发展的基本格局

### （一）昆明——云南省经济发展的中心

昆明是云南省经济发展水平最高、工业和第三产业最集中、城市化水平最高、拥有云南省最大城市的地区，是云南省重点工业行业的主要集中地，是云南省支柱产业旅游业最重要的基地，因而也是云南省经济发展的中心，但近几年发展速度却不尽如人意。昆明市应在调整结构、提高经济运行质量的过程中，注意发展与其他地区的经济合作，在谋求共同发展的同时发挥经济发展中心的带动作用。

① 罗宏翔、曹阳：《云南省城镇化进程及耕地保护研究》，载《云南财经大学学报》，2008年第4期，第101页。

### （二）昆明、玉溪、红河、曲靖——云南省经济发展的核心地带

昆明、玉溪、红河、曲靖的经济发展水平在云南省处于第一层次，云南省的工业特别是重点工业行业大部分集中在这四个地区，这里有较好的城市发展基础，有条件在云南省率先实现新型工业化和城市化。但近几年的经济发展速度差异较大，曲靖的发展速度较快，红河、玉溪的发展速度居中下水平，昆明的发展速度低于全省平均水平，应该引起高度重视。这些地区在解决好自身发展所存在的问题的同时，应做好与相邻州市间产业的空间链接和匹配，以达到中心与腹地共同发展的双赢局面。

### （三）大理、楚雄——云南经济发达地区与西部欠发达地区间的过渡地带

大理、楚雄的经济发展水平在云南省处于中上水平，有较好的工业基础，处于云南省中心城市和经济发展核心地带通往丽江、迪庆、怒江、保山、德宏、临沧的交通要道，在云南省经济技术扩散中起着承上启下的作用。从这个角度讲，大理、楚雄产业结构调整和转移的力度、城市化发展水平的高低及效率直接影响着全省经济空间结构优化能否顺利实现，应做好产业承接和进一步转移的准备。

### （四）云南省西北部、东南部以及西双版纳的经济发展速度快

云南省西北部的怒江、丽江、迪庆，东南部的文山，以及南部的西双版纳是云南省欠发达地区中经济发展速度较快的地区，这个势头保持下去，将使云南省经济发展的区域格局有所改观。这些地区应在发挥自身资源优势的前提下，接受有效的产业转移来提升其工业化水平，同时应通过调整相关制度的安排，促进地区城镇的发展。

### （五）“一轴、两心、四层、六区”点轴体系的云南省区域发展

云南省城市空间分布的轴线特征明显，主要分布轴线为瑞丽

市—大理市—楚雄市—昆明市—曲靖市轴线，城市之间的空间通达性整体较好。

云南省点轴体系形成了昆明市和大理市两个聚集中心，形成了较为成熟的昆明体系和初具形态的大理体系。

云南省城市辐射能力等级特征明显，城市体系形成了以超大城市为中心、中等城市为支点、小城市和县城为中介、建制镇为基础的四个层次，城市等级规模分布具有分形特征，等级规模结构的演化具有长程相关性，城市体系等级规模分布类型属于由位序—规模分布向首位分布的过渡类型，首位特征明显。

云南省城市空间分布密度东西向差异较大，滇中、滇西、滇西南、滇东南、滇东北、滇西北六个地区的城市密度依次递减。

## 五、云南省城市化与区域经济发展战略导向

区域城市化与区域战略空间密切相关，战略空间选择的基本思路：一是要与城镇布局相协调；二是要与重点战略产业布局相适应；三是要与区域内综合区位优势（包括经济水平优势、创新优势、交通优势、资源优势等）相匹配。根据前文的分析，我们认为，云南省的区域经济发展宜采取非均衡协调发展的政策导向。

云南省经济的区域发展现状大致呈蝌蚪型的格局，昆明、玉溪、红河、曲靖是头，楚雄、大理是尾。从总体上看，目前云南省的工业化和城市化水平都还比较低，在相当长的一段时期内，聚集效应将起主导作用，以昆明为中心的核心地带仍将是云南省工业化、城市化发展的主要区域，工业有可能进一步集中于核心地带。在这个过程中，要注意协调好核心地带与其他地区的关系，发展相互间的经济技术合作，重视楚雄、大理的传递作用，在重点发展核心地带的同时，充分发挥核心地带的扩散作用，带动全省经济社会的全面进步。具体地说，建议采取“一核、一圈、一心、一轴、六群、六廊”的战略导向。

一核，即新昆明。要加快现代新昆明建设，充分发挥比较优势，着力发展高新技术产业和现代服务业，迅速提升城市综合经济实力，不断提升城市现代化水平，更好地发挥其经济发展中心

的带动作用。

一圈，即滇中城市经济圈。要加快推进滇中城市经济圈规划的实施，努力将滇中城市经济圈培育成为全省加快发展的强大增长极、区域协调发展的重要支撑点和经济集聚区。

一心，即作为云南省经济发展次中心的大理市。大理市是滇西交通枢纽，是通往滇西北、滇西、滇西南地区的交通要塞，要加快大理市的发展，使其辐射带动滇西、滇西北、滇西南地区的发展。

一轴，即大理市—楚雄市—昆明市—曲靖市发展主轴。要加强发展主轴上各城市间的经济技术协作，形成强大的经济发展带。

六群，即六个城市群。要强化滇中核心城市群；加快发展以大理为中心，隆阳、腾冲、潞西、瑞丽为重点的滇西核心城市群。积极培育以个开蒙、文砚平为重点的滇东南次级城市群，以丽江、香格里拉、六库为重点的滇西北次级城市群，以景洪、思茅、临翔为重点的滇西南次级城市群，以昭阳、鲁甸一体化为重点的滇东北次级城市群。

六廊，即六条经济走廊。目前云南省东西向的经济联系强于南北向的经济联系，而桥头堡建设将会加快云南省南北纵向轴线的发展，促进东西、南北轴线沿线城市的发展和各城市间的经济联系，改善云南省区域发展的不平衡状态。要促进四条对外开放经济走廊和两条对内开放经济走廊早日形成。四条对外开放经济走廊即昆明至河口辐射越南河内的经济走廊、昆明至磨憨辐射泰国曼谷的经济走廊、昆明至瑞丽辐射缅甸仰光的经济走廊、昆明至腾冲辐射印度加尔各答和孟加拉国吉大港的经济走廊；两条对内开放经济走廊即以昭通水陆交通为枢纽的昆明—昭通—成渝和“长三角”经济走廊、以文山水陆交通中心和物流中心为节点的昆明—文山—北部湾和“珠三角”经济走廊。

**参考文献：**

1. 罗宏翔：《云南省城市化与经济空间结构的演变和趋势》，载《云南财经大学学报》，2006 年第 3 期。

2. 杨洪波、罗宏翔：《云南城镇化政策的演变及其绩效评价》，载《云南社会科学》，2005 年第 1 期。

3. 罗宏翔、张彦龙、张艳红：《云南省小城镇的发展及其特征》，载《云南财贸学院学报·社会科学版》，2007 年第 1 期。

4. 罗宏翔、曹阳：《云南省城镇化进程及耕地保护研究》，载《云南财经大学学报》，2008 年第 4 期。

5. 张彦龙：《云南省经济空间结构中“点—轴”系统的演变与选择研究》，云南财经大学硕士学位论文，2007 年。

6.《云南省国民经济和社会发展第十一个五年规划纲要》。

7. 顾朝林、于涛方、李王鸣等：《中国城市化：格局、过程、机理》，科学出版社 2008 年版。

（作者单位：罗宏翔，云南财经大学区域发展研究所；哈颖，云南财经大学统计与数学学院）

# 低碳经济与转变经济发展方式研究

吴　璟

云南正处于工业化和城镇化加速发展的重要时期，虽然近年来经济发展取得了长足的进步，经济增长持续保持较高的增长速度，但同时经济也面临着能源需求增长快、减排压力突出的困境。能源消耗以煤炭为主，经济的“高碳”特征明显，同时产业结构不合理，高耗能产业比重较大，发展方式粗放，能源利用效率低。

低碳经济的发展模式是以现有的“高碳消耗、高碳排放”的增长模式为基准提出的。作为国家所确立的低碳经济试点省份之一的云南省，发展低碳经济已成为必然。然而，对现有的产业结构进行调整，对现行政策提出新的导向性，改变现在的经济增长模式，并非一朝一夕所能完成的。云南推行低碳经济需要从重点工业领域的内部结构调整与节能降耗试点两个方面进行努力，同时充分利用资源优势，发展低碳能源和清洁能源技术。

## 一、近年云南省的宏观经济发展态势与特点

### （一）云南的经济增长靠投资拉动，经济发展倚重工业

国内生产总值是衡量一个地区经济总体发展的重要指标。了解云南的宏观经济发展水平与现状，可从近期的 GDP 增长变化着手。

图 1 所表现的是 2001 ~2009 年云南国内生产总值实际增长

率。从 2001～2005 年云南实施第十个五年计划期间，云南的国民经济发展虽然有起有落，但总体上是呈逐年上升的态势。2006～2009 年实施第十一个五年规划期间，云南的国民经济水平继续保持稳步增长的趋势，2007 年的 GDP 的增长与上年同期相比超过 12%，2008 年虽然受世界经济萧条的影响当年的 GDP 较同期的增幅有所下降，但 2009 年又呈增长的趋势。2009 年，云南的国内生产总值达到 6 168.23 亿元，比上年增长 12.1%，高于全国平均水平。2010 年上半年，全省生产总值 3 037.61 亿元，按可比价格计算，同比增长 13.8%，比上年同期加快 6.1 个百分点，比全国平均水平高 2.7 个百分点。

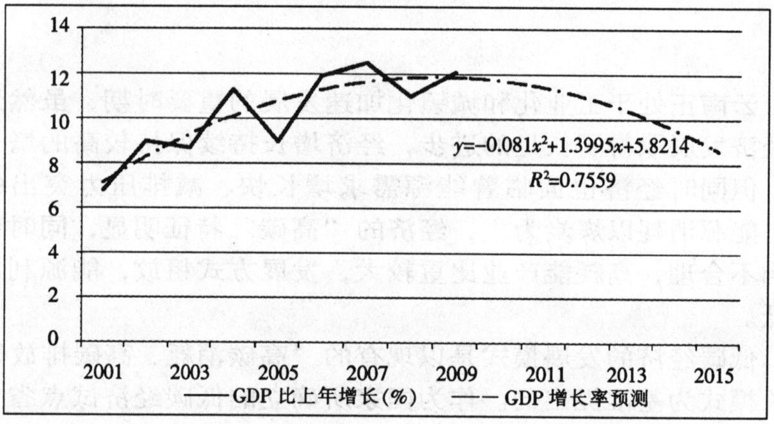


**图 1 云南省国内生产总值实际增长率和预测趋势**

注：图中原始数据来自“2001～2009 年云南省国民经济和社会发展统计公报”，预测趋势采用多项式的函数计算。

从趋势预测来看，云南在实施“十二五”规划的五年中，全省 GDP 基本上还是保持着增长的态势。但从增长趋势上来看，或许受节能减排及关停高污染小企业，以及实施技术改造的影响，GDP 增幅在今后五年中会呈缓慢下降的趋势，但其年增长率仍能保持在 8% 以上。

从云南近十年的 GDP 实际增长曲线来看，经济总体上呈现周期性波动的特点，2～3 年为一个周期。在这一时期内，固定资产投资的增长率与同期的 GDP 增长率基本一致，这说明云南的经济增长还是以投资拉动为主，其中政策采购和政策投资的基础设施建设对经济增长的贡献是显而易见的。2010 年 11 月，云南的固定资产投资为 4 281.78 亿元，累计比去年同期增长 24.4%，仍保持较为强劲的增长势头，这对今年 GDP 的增长拉动明显。

在国内生产总值的增长变化过程中，三大产业对国民经济的拉动从图 2 中可以看出。2001～2009 年的 9 年之中，三大产业在云南国内生产总值中的比重有所调整和变动，第一产业即农业，比重逐年均有小幅度下降，从 2001 年的 20% 逐年下降，到 2009 年下降到 15% 左右；第三产业即服务业，比重在不断提升；第二产业即工业，其在国内生产总值中的比重是最大的，基本维持在 33%～35%。这说明云南的国民经济增长还在较大程度上倚重工业的增长，尤其是规模以上的高耗能、高排放的炼焦、矿产、金属冶炼和电煤加工等重工业的发展。

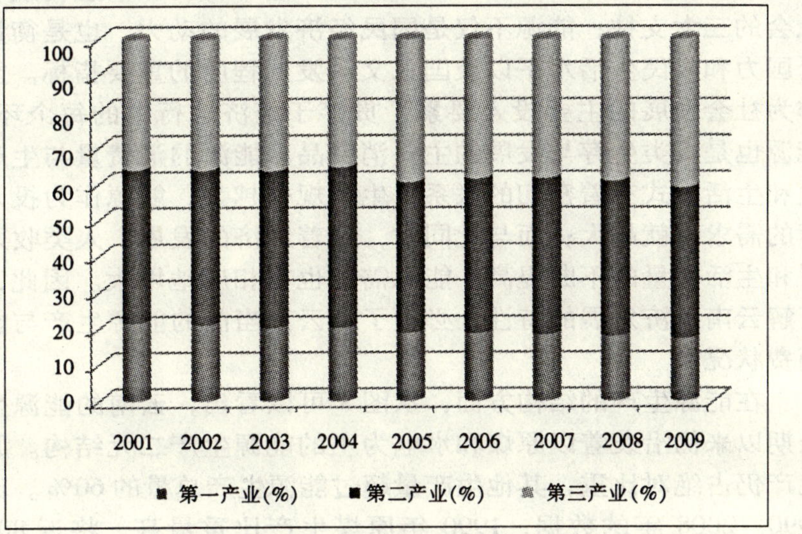


**图 2　三大产业在国民生产总值中的比重**

资料来源：2001～2009 年云南省国民经济和社会发展统计公报。

2010 年上半年，全省生产总值 3 037.61 亿元，按可比价格计算，同比增长 13.8%，比上年同期加快 6.1 个百分点，比全国平均水平高 2.7 个百分点。分三次产业来看，第一产业增加值 312.03 亿元，增长 0.5%，拉动 GDP 增长 0.1 个百分点，对 GDP 增长的贡献率为 0.7%。第二产业增加值 1 523.74 亿元，增长 18.2%，拉动 GDP 增长 8.9 个百分点，对 GDP 增长的贡献率为 64.5%。其中，工业增加值 1 305.01 亿元，增长 17.7%，拉动

GDP 增长 7.4 个百分点，对 GDP 增长的贡献率为 53.6 %；建筑业增加值 218.73 亿元，增长 21.0%，拉动 GDP 增长 1.5 个百分点，对 GDP 增长的贡献率为 10.9 %。第三产业增加值 1 201.84 亿元，增长 11.8%，拉动 GDP 增长 4.8 个百分点，对 GDP 增长的贡献率为 34.8%。

从近些年的数据分析来看，云南的工业对国民经济增长的拉动和贡献均大于其他两个产业，这说明云南的经济在很大程度仍倚重于工业的发展。

### （二）能耗的生产与消费结构均过于单一，煤炭仍是支撑国民经济发展的主要能源

能源是社会存在的重要物质基础，它与材料和信息构成现代社会的三大支柱；能源不仅是国民经济发展的动力，也是衡量综合国力和人民生活水平以及国家文明发展程度的重要指标。能源作为社会发展的主要投入要素，贯穿于经济运行中的每个环节；能源也是人类生存与发展的主要消费品。能源的消费量与生产规模和生活模式有着密切的联系；生产规模越大，能源作为投入要素的需求也就越大；而与此同时，随着经济的发展，人类收入水平和生活质量的不断提高，能源需求也在相应地增大。因此，要了解云南经济发展的特性，必须了解云南当前的能源生产与能源消费状况。

在能源生产的结构方面，从图 3 可以看出，云南的能源生产长期以来仍沿袭着以原煤和水电为主的能源生产二元结构。原煤生产仍占绝对比重，其他生产量超过能源生产总量的 60%。比较 1990～2008 年的数据，1990 年原煤生产比重最高，将近 80%，以后逐年有小幅下降；2000 年原煤生产量在能源生产总量中的比重为近 20 年最低，不足 60%。云南的水电生产量较全国的平均水平高，始终保持在平均 20% 的水平上。从 2003 年开始，除原煤和水电外，云南省大力发展太阳能和风电，但这些新型的一次能源在能源生产中所占的比重太小，基本维持在 2%～3% 的水平上。

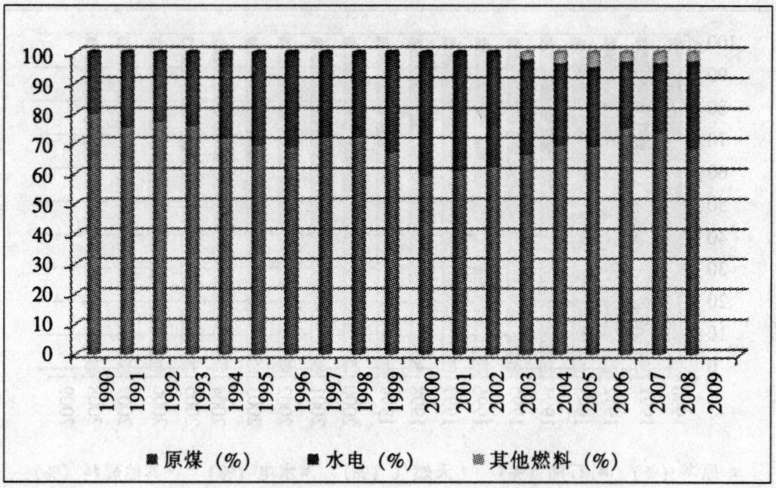


**图3　1990～2009年云南省能源生产构成情况**

注：1990～2004年数据来自云南省统计网，2005～2009年数据来自当年《云南省统计年鉴》。

从能源种类的消费方面看，云南省依然是以煤和水电为主。从1990～2000年的11年间，云南对石油的消费基本维持在8%以下的水平，对天然气的消费维持在2%的水平上。从2001年开始，随着云南汽车销售的利好和私家车的增加，对石油的消费呈不断上升的态势，石油消费在能源消费中所占比重从一位数增加到二位数。2000～2001年石油消费的比例就增加了3.3个百分点，此后几年均有小幅增长，2008年石油消费在能源消费中的比重已增长到12.7个百分点。就对天然气的消费而言，从图3中可看出，云南对天然气的消费在1990～2000年的11年间基本维持在2%～3%的水平上。从2001～2008年，云南对天然气的消费呈逐年下降的趋势，2008年天然气的消费在能源消费中仅占0.9个百分点。从2003年开始，云南开始大规模推广和运用太阳能与风能等一次性新型可再生能源，使能源种类消费逐渐呈现多元化的态势。

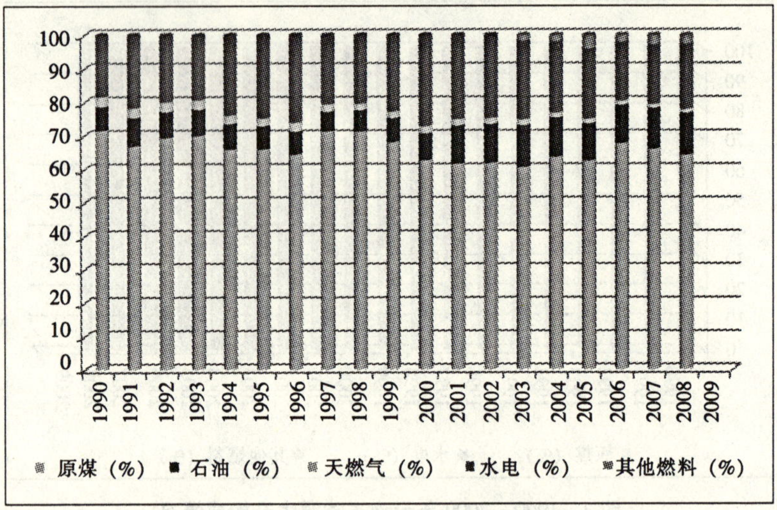


图4　1990～2009年云南省按能源种类划分的能源消费结构

注：1990～2004年数据来自云南省统计网，2005～2009年数据来自当年《云南省统计年鉴》。

由于云南单一的能源生产与能源消费结构，致使煤炭成为经济发展主要的、不可缺少的能源要素。而随着云南经济的快速发展，对能源尤其是作为主要能源的煤炭的需求越来越高，对燃煤的消耗也越来越大。

### （三）工业发展呈现“高碳消费”和“高碳排放”的特性

云南目前正处于工业快速发展期，工业生产对国民经济的拉动作用是显而易见的，然而工业生产对能源尤其是燃煤的消耗也是最大的。如图5所示，第二产业尤其是其中的规模以上工业是主要的能源消费大户，其能源消费在近14年间占能源消费总量的66%～75%。随着东部工业向西部的转移，工业的能耗还有进一步上升的趋势。第一产业即农业在近14年间的平均能耗占能源消费总量的5%左右。1999年和2000年，农业产业的能源消费量达到近14年的最高值，以后消费量呈逐年下降的趋势，2008年的能源消费在全部能源消费中仅占2%，是该产业最高能源消费量的1/4。同时，第三产业即服务业的能源消费却是呈逐年上升的趋势。1995年，服务业的能源消费仅占能源消费总量的7%，此后，以平均0.3%的年增长速度递增，到2008年，服务业的能源消费量已占当年能源消费总量的12%。生活是继工业和服务业之后的又一能源消费大项。1995～2008年的14年间，生活能源消费平均占全部能源消费的12.4%，在1997年和1998年达到最高值，这与当年的高物价水平有一定关系。此后，生活能耗亦呈逐年下降的态势，到2008年，生活能源消费量为681.03万吨标准煤，占该年能源消费总量的8.9%。

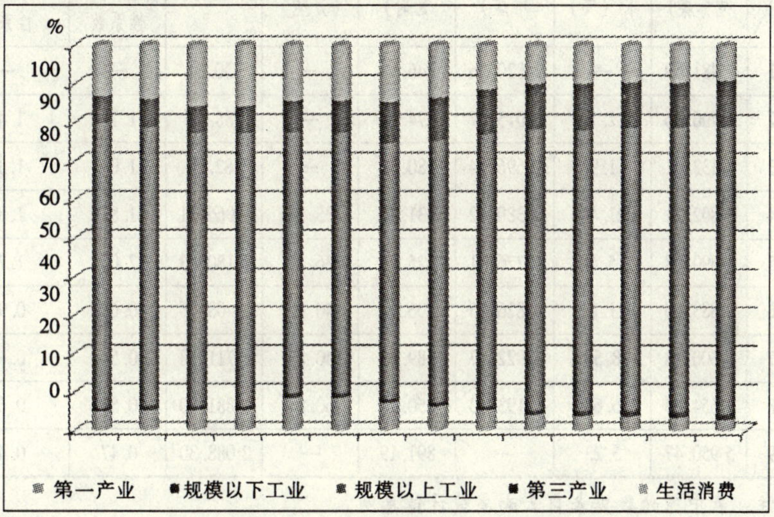


图5 1995～2008年云南省按行业/部门划分的能源消费结构

注：资源来源于《云南省2009年统计年鉴》。

下表所反映的是云南从2001～2009年近9年中工业能耗和工业增加值的增长情况。从表1中可看出，工业能耗对工业增加值的弹性系数以2005年最高，达到2.06，说明工业增加值每增加1个单位，工业能源就需要增加2.06个单位；能源消耗量大，不免其中有能源浪费的情况存在。从实施“十一五”规划开始，云南的工业能耗对工业增加值的弹性系数有大幅度的降低，说明工业领域能源消耗量过大的局面有所缓解，能源浪费有所控制。再看工业能耗增长对国内生产总值的弹性系数的变化，总的来说，从2001～2009年，该弹性系数呈下降的趋势，即每增长1个单位的GDP，工业能源消耗量从2001年的1.41下降到2009年0.43，下降幅度达300%。无论是工业能耗对工业增加值增长的弹性，还是工业能耗对GDP增长的弹性，下降趋势都是在

“十一五”规划实施期间显现的，这其中不乏政府节能降耗措施的成效逐渐显现的因素。

2001～2009 年云南省工业能源统计

| 年份＼项目 | 工业能耗总量（万吨标煤） | 工业能耗比上年增长（%） | 工业煤耗（万吨标准煤） | 工业电耗（亿千瓦时） | 工业原油消耗（万吨） | 工业增加值（亿元） | 工业能耗对工业增加值的弹性系数 | 工业能耗对GDP增长率的弹性系数 |
|---|---|---|---|---|---|---|---|---|
| 2001 | 2 481.69 | — | 1 820.56 | 246.68 | — | 730.81 | — | — |
| 2002 | 2 796.86 | 12.70 | 2 015.07 | 274.02 | — | 788.44 | 1.27 | 1.41 |
| 2003 | 3 132.01 | 11.98 | 2 696.24 | 280.37 | — | 882.08 | 1.09 | 1.38 |
| 2004 | 3 802.21 | 21.40 | 3 380.42 | 331.31 | 35.56 | 1 066.41 | 1.81 | 1.89 |
| 2005 | 4 390.68 | 15.48 | 4 226.41 | 425.94 | 36.22 | 1 180.83 | 2.06 | 1.72 |
| 2006 | 4 883.00 | 11.21 | 4 826.75 | 506.91 | 40.75 | 1 408.76 | 0.68 | 0.94 |
| 2007 | 5 300.98 | 8.56 | 4 922.47 | 589.35 | 40.83 | 1 711.78 | 0.50 | 0.68 |
| 2008 | 5 654.83 | 6.68 | 5 193.13 | 650.52 | 60.80 | 1 881.00 | 0.53 | 0.61 |
| 2009 | 5 950.47 | 5.23 | — | 891.19 | — | 2 088.30 | 0.47 | 0.43 |

注：表中原始数据来自云南省统计信息网。

根据近几年云南公布的“云南省国民经济和社会发展公报”所显示，云南的工业增加值对国内生产总值增长的贡献平均维持在4%的水平上。从2001年云南实施第10个五年计划到2009年云南第11个五年计划结束的前一年，云南的工业增加值总量增长了近3倍，年平均增长率为23.22%。但同时，工业能耗总量也增长了两倍多，年平均增长率为17.47%。从上表中可反映出，工业能源消耗还是以燃煤为主，2001～2008年工业耗煤量占全部工业能源消耗总量的比例分别是73%、72%、86%、89%、96%、99%、93%和92%，这一比例有逐年上升的趋势。从2001～2008年，云南的工业能耗中煤耗量增长近3倍，年平均增长率为26.46%。虽然工业年平均能耗增长对工业年平均增长的弹性小于1，但煤耗的年平均增长却大于1，这说明工业增加值每增加1个单位，工业煤耗就需要增长1.14个单位，工业发展对燃煤使用的依赖有增无减。

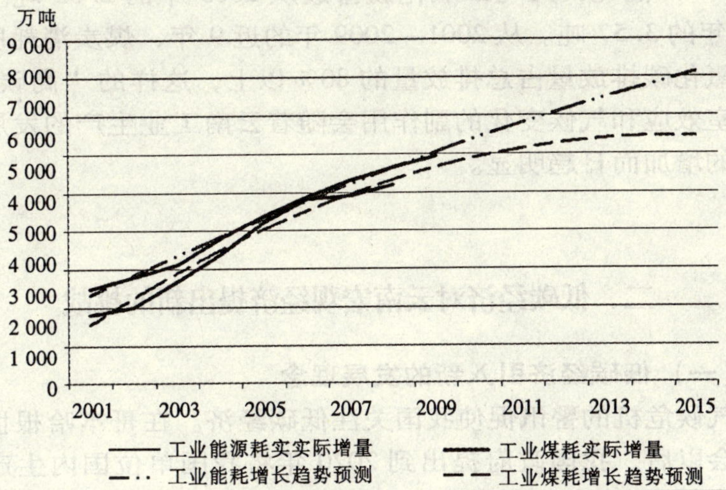


**图6 云南省工业能耗及煤耗实际增量及增长趋势预测**

注：图中原始数据来源于云南统计信息网和中经专网。

图6表现的是云南从2001~2015年工业能耗及其中的煤耗实际增量及增量趋势预测。从图中可以看出，2001~2006年工业煤耗的增长速度大于同期总的能耗增量，2006~2007年煤耗的增幅较为平缓，2007~2009年则大幅上升。对于总的工业能耗和其中的煤耗的增量趋势预测，采用的是多项式的函数预测公式。从能源的预测趋势可见，到2015年，云南第12个五年计划结束时，工业能耗总量可能突破8 000万吨标准煤，而其中燃料消耗有望达到6 500万吨标准煤，占同期能耗总量预测的81.25%。

在当前，云南正处在工业化加快发展的重要阶段，高耗煤的重化工业占相当比重，其中石油、炼焦及核燃料加工、电力和热力、非金属矿物及黑色金属冶炼、有色金属冶炼以及化工业的耗煤量占工业耗煤的50%以上。

云南长期以来对燃煤的依赖，呈现工业化的"高碳消费"特征。云南原煤消费中近60%是没有经济洗选的直接燃烧，这样的不完全燃烧会造成二氧化硫和烟灶排放量的浓度大，二氧化碳的排放浓度也较高。2009年，云南省环境公报显示，工业废气排放总量为8 136.08亿标立方米，比上年同期增长2.9%；二氧化硫排放总量为50.17万吨，比上年同期增加6%；二氧化碳排放量约为1.63亿吨，人均二氧化碳排放从2005年的2.63吨上升到2009年的3.57吨。从2001~2009年的近9年，煤炭消耗所产生的二氧化碳排放量占总排放量的80%以上，这样的“高碳排放”对温室效应和气候变化的副作用会随着云南工业生产的发展和煤耗量的增加而日趋明显。

## 二、低碳经济对云南宏观经济提出新的挑战

### （一）低碳经济引入新的发展理念

气候危机的警讯促使我国关注低碳经济。在哥本哈根世界气候大会以后，我国政府提出到2020年将我国单位国内生产总值能耗降低40%。2010年8月4日，国家发展与改革委员会下发通知，确定5省8市为首批低碳试点。至此，低碳经济更是成为云南较长时期内经济发展中不可或缺的主题。

全球气体变暖，这并不是一个单纯的环境问题，而是一个发展问题。高碳消费及高碳排放作为一个不可持续的影响因素，威胁了人类赖以生存的生态环境，给社会经济的发展带来了危害，阻碍了发展中国家千年发展目标的实现。作为可持续发展战略不可缺少的组成部分，低碳经济的发展对可持续发展产生积极影响。选择低碳经济的发展道路，决定了温室气体的排放水平是随着减排的措施和行动的实施而持续降低的，这些减缓的应对措施增强了应对气体变化风险影响的能力；低碳经济发展模式将会降低对化石燃料的依赖，在发展可持续能源技术和有效利用能源资源的基础上，保证了长期的能源安全供给；低碳经济的发展，使经济增长摆脱了高碳排放模式，平衡了经济增长、社会发展和环境保护三者之间的关系，提高了整个社会适应气候变化的能力，使未来温室气体排放稳定在人类和生态环境可承受的水平。

低碳经济狭义的理解是以消耗低碳燃料为主，追求温室气体特别是二氧化碳最小排放的发展，是一种高能效、低资源消耗和低温室气体排放的经济模式。从科学发展的角度看，低碳经济是经济发展方式、能源消费方式、人类生活方式的一次新变革，它将全方位的改造建立在化石燃料基础上的现代工业文明转向生态经济和生态文明。从效率的角度看，低碳经济的实质是提高能源

效率和清洁结构，最大限度地减少煤炭和石油等高碳能源消耗，建立以低能耗、低污染为基础的经济。在发展模式上，低碳经济从宏观层面上确立了发展的方向，在中观层面上结合了节能减排的发展方式，在微观层面上利用了碳中和技术。

### （二）低碳经济对现有的经济发展提出新的转型挑战

目前云南的经济发展仍属于“高碳型”发展模式，即经济增长建立在高碳消耗、高碳排放的基础上，经济发展在很大程度上依赖高耗煤的工业尤其是重工业的发展，这是发展低碳经济的“参照情景”或是“基准”。从云南现有的经济发展趋势上看，工业化和城市化在一定时期内仍是支撑云南经济持续高速增长的强大动力。但目前这种经济增长模式也面临着一系列的挑战，突出表现为：可持续发展能力不强，资源环境压力加大，产业结构不尽合理，自主创新能力不足，经济增长仍然是粗放型的高投入、高消耗。目前云南的工业化和城市化还处在快速增长的阶段，就工业化而言，尤其是规模以上的工业，以石油、炼焦及核燃料加工业、电力和热力供应、非金属矿物、黑色金属冶炼、有色金属冶炼和化工业都有较高的碳排放量。对城市化来说，城市化进程在推动大规模城市基础设施和住房建设的过程中，对能源尤其是燃煤的需求是呈刚性增长的。

低碳经济是一种以能源的清洁开发与高效利用为基础，以低能耗、低排放为基本经济特征，顺应可持续发展理念和控制温室气体排放要求的社会经济发展模式。发展低碳经济，对云南现有的经济结构提出了严峻的挑战。从金融危机伊始的“保增长”单线突进，到如今既要“调结构”，又要“保增长”的双线并举，低碳经济提出摒弃“高能耗、高污染和低效率”的发展模式，转向资源节约、环境友好型的发展模式，实现工业化、城市化与低碳化的协调发展。这既是我国尤其是云南未来经济发展的要求，也是实现可持续发展的战略抉择。

在短期内，推行低碳模式，降低燃煤消耗和减少二氧化碳排放，就需要对目前的产业设备和技术进行更新换代，对现有的城市消费模式进行升级。推行低碳产品，必然要加大投入，但产出并非在短期内就能见效；对小冶炼、小铁合金、小黄磷等高耗能、高污染的淘汰也会在一定时期内减缓工业的产出，减少工业增加值对国民经济的贡献率。然而在长期内，低碳经济将成为推动云南经济新一轮增长的增长点。首先，低碳经济将带动新一轮投资热，尤其是政府和企业会加大节能降耗技术、对落后产能更新和升级的投入。从 2010 年起，云南省政府将每年投入超过 6 亿元人民币作为节能减排和治理城镇污水、垃圾专项资金，加速发展云南低碳经济。除了在节能降耗及减排方面的投入会加大以外，政府及企业在推行新的能源技术、发展新能源（如太阳能、风能、地热能、核能和生物质能等方面）的投入力度也会相应地加大。新的投资增长必然带动经济的增长。从长期来看，推行低碳经济，落后产业更新换代以及新的能源产业都会产生较大的经济利益，能源结构的优化、产业结构的合理、能效的提高、燃煤消耗的降低都会对宏观经济的增长带来积极的作用。

### （三）发展低碳经济对现有经济政策提出新的导向

如果没有适当的政策干预，经济发展模式仍会沿着原有的方式继续，人均国内生产总值与人均温室气体排放水平之间的正相关关系将会长期存在。发展低碳经济，需要相关的政策和配套措施。在低碳经济发展模式下，政策制定需有利于结构调整和产业升级，并围绕发展清洁生产、循环经济发展、完善低碳排放和低碳消耗的评价指标体系来进行。以低投入、低消耗、高效率、低排放、可循环和可持续为原则，将改造传统产业与节能和消减污染物总量有机结合，实行统筹规划，才能推动新能源产业的发展，实现能源结构的清洁化与低碳化。

投资、消费和净出口被认为是拉动经济增长的“三驾马车”。纵观云南近十来的经济发展，投资的拉动作用明显。发展低碳经济，投资仍是重要的拉动因素，这就要求投资政策的制定向低能耗、低碳排放的技术领域和产业倾斜，从而引导和增加政府、企业及社会团体在低能源和低排放行业的投入，以增长该行业的产出率。消费尽管对云南国民经济增长的拉动作用不大，但政策制定仍应以“倡导低碳消费，以消费升级为理念”，带动低碳产品的消费需求。从经济学的角度来看，市场需求是决定和引导生产供给的永恒动力。消费对生产的调整和升级具有导向作用，一个新的消费热点往往会带动一个新的产业出现。政府要推动低碳经济发展模式，最终必须以大众的消费模式为根基。政府引领低碳消费方式、企业主导低碳消费方式、社会组织积极推进低碳消费方式是对低碳经济模式下政策制定的新的努力方向。

发展低碳经济，节能减排是重点，因此制定政策应围绕如何构建“节能减排”长效机制着手。限制“高能源、高污染”产品的市场准入门槛，淘汰小火电、小水泥、小钢铁企业等，必须在短期内影响甚至抑制经济的增长速度。政策的制定应多“激励”，少干预和调控。在此模式下，政策导向需要建立以税收制度创新为基础的新的成本形成机制，提高资源税税率，试行排污收益权制度，并在激励企业提高能耗和减少污染排放等方面投入更大的关注。

## 三、发展云南省特有的低碳经济模式

### （一）构建低碳经济试点省，确立云南低碳经济的发展方向

2010 年 8 月，国家发改委下文正式确立云南省为我国首批“五省八市”低碳示范点之一。推行低碳示范点省市，目的是要探索适应我国国情、支持低碳经济的政策体系和市场环境。借此机会，云南将建立适应省情的温室气体排放统计和管理体系。

作为低碳经济的试点省份之一，云南将“发展低碳经济”融入新的“十二五”发展规划中。“十二五”规划制定中突出一条主线，“转变发展方式，调整经济结构”便是云南着力发展低碳经济的主导方向。具体地说，云南可采取财政、税收、金融等相关优惠政策吸引国内外先进技术和资金投入低碳领域，改造或淘汰高投入、高耗能、高污染和落后产业，在重点工业领域进行试点，同时通过引入先进的低碳技术，进行产能升级。具体地说，创建低碳经济模式，重点还是在产业节能和提高燃烧使用效率以及发展新兴的清洁能源。

### （二）在重点领域推进节能降耗，实现产业节能和结构调整

就目前云南的经济发展状况和能源利用结构而言，燃煤是支撑云南工业发展的重要能源，而工业尤其是重工业发展则是拉动云南国民经济增长的主要动力和要素。因而云南节能的重点主要是提高燃煤的使用效率，尽量减少燃煤浪费。低碳经济发展模式

就是要优化云南目前的工业内部结构，逐步降低高耗能和高排放的重工业在工业增加值中所占的比重，同时依靠节能降耗技术和对落后产业的升级，提高工业产品的技术水平和附加值，提高低碳产业在国民经济生产总值中的比重。

“十一五”期间，云南主要在钢铁、煤炭、建材、化工、有色金属、冶炼等重点耗能行业实施余热余压利用、燃煤工业锅炉节能改造、电机系统节能改造、煤层气发电、绿色照明、能量系统优化等“六大重点节能工程”。截至目前，云南通过在六大领域实施 123 个工程项目实现的节能量有 165.96 万吨标准煤。在结构调整方面，云南通过关停淘汰火电、炼铁、炼钢、铁合金、水泥、电石、黄磷、造纸、烧焦等落后生产能力，实现的节能量有 811.13 万吨标准煤。

除节约燃煤以及提高能效外，随着云南汽车保有量的增加，汽油消耗也成为节能降耗的重点。2009 年上半年，云南淘汰了高耗能的老旧式车辆 2 036 辆。政府通过投资 2 亿多元，更新了欧三、欧四标准汽车 2 000 多辆，车辆技术等级标准在逐年提高。

再有，随着城市化进程的推进和加快，各地的建筑建设工程也在不断增长，建筑节能被纳入新的节能降耗的范畴。2006 年以来，云南先后出台了《云南省建筑节能方案设计文件审查要点》、《云南省建筑节能管理条例》、《云南省建筑与市政工程节能条例》等相关法规文件，实现全省城市和县城所在地建制镇规划区内的新建居住建筑全部达到节能 50%。

推行低碳经济，优化产业结构，在云南“十一五”规划中的成效是明显的。从图 7 中 2005～2009 年所呈现的两个指标的变化来看，云南单位 GDP 能耗和单位工业增加值能耗均呈逐年下降的趋势。单位 GDP 能耗的下降较为平缓，据预测到第 12 个五年计划结束（2015 年），该指标有望下降到 1.3 吨标准煤/万元。相比较而言，同期内单位工业增加值能耗的下降幅度稍大于单位 GDP 能耗，这也从一个侧面说明了云南重点高耗能行业的节能及耗能行业结构调整和淘汰落后产能的成效。据预测，到 2015 年末，云南单位工业增加值能耗有望降至 1.8 吨标准煤/万元。按照云南“十一五”规划所定的单位 GDP 能耗下降 17% 的目标来看，截至 2009 年，累计单位 GDP 累计下降 12.47%，完成既定目标的 73.35%。

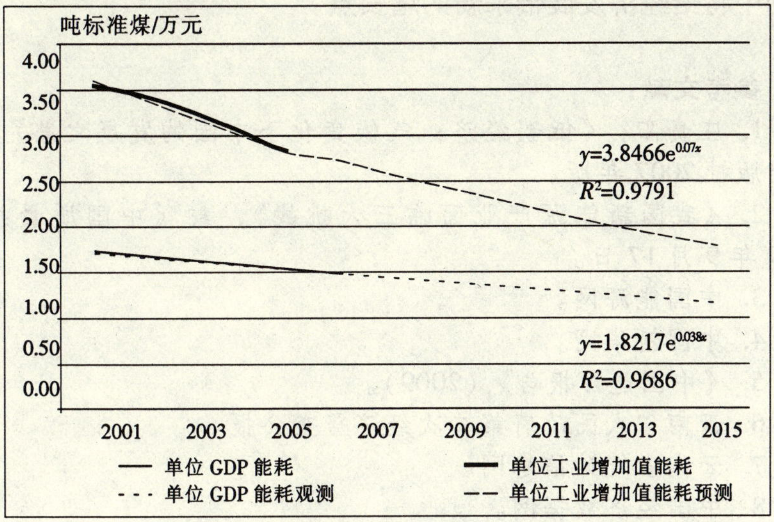


**图 7　2005～2010 年云南省单位 GDP 及单位工业增加值能耗和预测**

注：图中原始数据来自于 2005～2009 年云南省及各州（市）单位 GDP 能耗等指标的公报。

## （三）充分利用资源优势，发展低碳能源和清洁能源技术，创建新的经济增长点

发展新兴的清洁能源，改善云南目前单一的燃煤依赖与燃煤供应结构，是云南发展低碳经济的重要内容。低碳能源是低碳经济发展的基本保证，清洁生产是低碳经济的关键环节。云南的清洁能源品种丰富，非化石能源开发利用前景广阔。云南水能资源理论蕴藏量 1 亿多千瓦，经济可开发装机容量 0.98 亿千瓦，居全国第二位；太阳能优势明显，每年接受的太阳辐射能量相当于 730 多亿吨标准煤；风能资源总储量为 1 亿多千瓦，可利用区面积占全省总积的 11.5%，可开发资源储量达 2 832 万千瓦。

依托能源资源优势，云南发展低碳能源应从三个方面入手：第一，大规模地推广和利用太阳能、风能、地热能，合理开发利用水能，发展核能、生物柴油和乙醇汽油等；第二，开发清洁的能源技术，发展煤制气、生物质能气化技术；第三，将废弃物转化为能源，农作物废弃物如秸秆、牲畜粪便以及工业有机废水可通过厌氧发酵的方式产生含甲烷的可燃气体沼气，以替代和减少高排放的燃煤和汽油。相信低碳能源产业在云南的第 12 个五年

计划中将给经济发展带来新的增长点。

**参考文献：**

1. 庄贵阳：《低碳经济：气候变化下中国的发展之路》，气象出版社2007年版。

2. 《我国新能源产业面临三大挑战》，载《中国质量报》，2009年9月17日。

3. 中国能源网。

4. 中国新华网。

5. 《中国能源报告》（2009）。

6. 云南省人民政府第二次经济普查公报。

7. 云南省统计信息网。

8. 中国经济数据网。

9. 《低碳经济考验宏观调控，保增长和调结构矛盾凸现》，载《新闻晚报》，2009年11月18日。

10. 陈柳钦：《中国低碳经济发展之路的宏观思考》，载中国能源网。

11. 《中国经济数字地图2010》，科学出版社2010年版。

（作者单位：云南省社会科学院经济研究所）

# 农村扶贫评价与后10年发展趋势

宋 媛

2010年，是执行“十一五”规划的最后一年，也是《云南农村扶贫开发纲要（2001~2010）》实施的最后一年。目前，云南省减贫速度趋缓，特殊类型区域与特殊群体的贫困进一步凸显，少数民族和边境贫困问题突出，自然环境保护与扶贫开发的矛盾更加明显，致贫原因复杂多样，返贫比重较大。从总的形势看，根据国务院对农村经济社会发展和扶贫工作提出的新思路，云南省结合实际，不断调整农村扶贫的策略及其政策措施，实施扶贫开发与生活救助“两轮驱动”，扶贫成效显著，扶贫开发取得令人瞩目的成效。未来10年，云南农村扶贫开发面临新的问题和挑战，因而必须进一步调整思路，力争实现2020年基本消除绝对贫困现象的目标。

## 一、2001~2010年云南农村扶贫政策演变

从2001~2010年，集中力量，加快贫困地区脱贫致富的进程，把我国扶贫开发事业推向一个新的阶段。在党中央、国务院的亲切关怀下，在国务院扶贫办的关心指导、中央有关部委的大力支持和上海市的倾情帮扶下，云南省委、省政府高度重视，结合省情实际，制定实施了《云南省农村扶贫开发纲要（2001~2010年）》，先后出台了一系列扶贫政策措施。云南省扶贫政策措施的演变可分为以下几个阶段：

第一阶段，《云南省农村扶贫开发纲要（2001～2010）》的形成和初始阶段。2002 年 4 月，云南省委、省政府根据国务院扶贫办的思路和要求，结合云南省实际的贫困状况，制定了《云南省农村扶贫开发纲要（2001～2010）》（以下简称“十年纲要”）。“十年纲要”对今后 10 年云南的扶贫作了总体规划：把贫困人口相对集中的少数民族地区、边境地区、革命老区和自然环境条件恶劣的特困地区列为扶贫开发的重点区域，全省确定了 73 个国家扶贫开发工作重点县，7 个省级扶贫开发工作重点县，100 个重点扶持民族特困乡和 100 个重点扶持边境民族贫困乡，4 000 个贫困村（村委会），5 000 个特困自然村，对失去生存条件的 100 万人实行易地开发扶贫，其中以劳务输出方式转移 20 万人。上述重点乡村的扶持将覆盖 1 000 万以上的贫困人口。2003 年初，云南省出台了《关于加快新时期扶贫开发工作的决定》，进一步调整了扶贫的基本思路和工作重点，即：2003 年及今后 5 年云南的扶贫工作要围绕全面建设小康社会的战略目标，针对云南省贫困地区存在的实际问题和主要矛盾，集中力量，优化整合扶贫资金，以解决和巩固贫困群众温饱为目标，以扶贫安居工程、易地开发扶贫、贫困地区劳务输出为三大重点。2001～2004 年扶贫政策在总体思路方面，越来越明确了以贫困村和贫困人口为对象，解决和改善贫困人口生产生活条件与增加贫困人口经济收入、提高贫困人口素质并重的扶贫思路，在具体的扶贫措施的调整中也体现了这一扶贫思路。但是，随着贫困人口的减少，扶贫的人均成本却日益增加，扶贫措施的针对性和有效性降低，因此造成了扶贫政策的不稳定性。

第二阶段，“一体两翼”战略的明确和实施阶段。2005 年 3 月，为贯彻落实好 2004 年全国扶贫开发工作会议提出的“一体两翼”（整村推进，劳动力转移培训、产业扶贫）战略的精神，云南省政府召开了全省扶贫开发工作现场会议，明确了今后一段时期扶贫开发工作要突出抓好的四项重点工作，即：以实施整村推进扶贫开发规划为切入点、切实改善贫困地区基本生产生活条件；以强化培训为切入点、切实促进贫困地区剩余劳动力转移；以扶持龙头企业为切入点、切实带动贫困地区发展特色产业；以抓好茅草房改造为切入点、切实解决贫困群众急需解决的困难。在具体的扶贫政策措施中出现了几点变化：一是以自然村为单位实施整村推进。对原来规划还未实施的重点村、温饱村和民族特困乡扶贫项目进行整合，集中资金，以自然村为单位实施整村推进。二是以培训为重点开展贫困地区劳动力转移。2005～2010年，全省规划贫困地区培训转移劳动力200万人，在贫困人口劳动力培训转移任务重的州、市、县认定85个省级培训示范基地。三是以扶持扶贫龙头企业为重点开展产业扶贫。2005年初，国务院扶贫办在云南省认定了21个国家扶贫龙头企业，同时，确定了12个扶贫信贷资金贴息改革试点县。四是以解决贫困群众急需解决的困难为重点开展安居工程建设。10万农户安居工程也是2005年省政府确定的10件“民心工程”之一。五是易地扶贫开发资金来源的变化。2005年的易地扶贫开发，采取财政扶贫资金与以工代赈资金相结合的形式，按照就地、就近、小规模集中和插花安置为主的原则，安排下达了2万人的转移安置计划。六是社会扶贫工作的范围和资金援助的变化。省级机关、企事业单位定点扶贫由2002年的153个增加到212个，中央国家机关定点扶贫增加到28个，继上海—云南原对口帮扶文山、红河、思茅3个地州后，增加了迪庆州。

2006年，为进一步提高整村推进的针对性和有效性，云南省出台了《关于进一步加快“十一五”时期农村扶贫开发进程的决定》，确定到2010年完成3万个30户以上贫困自然村的整村推进任务，其中省级扶持2万个、州市级扶持1万个。另外，还出台了《关于完善省级机关企事业单位定点挂钩扶贫责任制度的意见》、《关于实施分类指导加快扶贫开发进程的意见》等政策。

第三阶段，“大扶贫”格局的初步形成，并提出农村低保和扶贫开发政策有效衔接阶段。2007年，随着扶贫工作的不断深入，云南省的扶贫思路发生了一些重大变化，提出以“大扶贫”的理念谋划全省农村贫困地区发展全局，并加大了对城乡贫困人口的救助和扶持的扶贫思路。这个扶贫思路对贫困人口的生存与发展并重，在扶贫的总体构想、工作格局、扶持的广度和深度等方面都有一些新的特点。2007年10月，党的十七大在我国改革发展关键阶段召开，是我们党带领全国各族人民加快推进社会主义现代化，开创中国特色社会主义事业新局面，实现中华民族伟大复兴的宣言书，也为新时期扶贫开发工作提供了强大的思想武器。十七大报告对扶贫开发工作提出了“绝对贫困现象基本消除”的目标和“一个加大、两个提高”（即加大对革命老区、民族地区、边疆地区、贫困地区发展的扶持力度和提高扶贫开发水平、提高扶贫标准）的工作要求。这为今后扶贫开发进一步指明了方向，带来了机遇，也提出了更高的要求。

2008 年10 月，十七届三中全会审议出台了《中共中央关于推进农村改革发展若干重大问题的决定》，其第五部分明确提出："推进农村扶贫开发。搞好新阶段扶贫开发，对确保全体人民共享改革发展成果具有重大意义，必须作为长期历史任务持之以恒抓紧抓好。完善国家扶贫战略和政策体系，坚持开发扶贫方针，实现农村最低生活保障制度和扶贫开发政策有效衔接。实行新的扶贫标准，对农村低收入人口全面实施扶贫政策，把尽快稳定解决扶贫对象温饱并实现脱贫致富作为新阶段扶贫开发的首要任务。重点提高农村贫困人口自我发展能力，对没有劳动力或者劳动能力丧失的贫困人口实行社会救助。加大对革命老区、民族地区、边疆地区、贫困地区发展扶持力度。继续开展党政机关定点扶贫和东西扶贫协作，充分发挥企业、学校、科研院所、军队和社会各界在扶贫开发中的积极作用。加强贫困领域国际交流合作。”这使今后的扶贫开发在很多方面发生了转变，为今后更有效地实施扶贫开发提供了政策依据。主要表现在：一是扶贫的对象扩大。由以绝对贫困人口为主转变为对农村低收入人口全面实施扶贫。二是扶贫的目标提高。由以解决贫困人口温饱问题的“生存型扶贫”，转向以解决温饱为基础，提高贫困人口自我发展能力为目标的“发展型扶贫”。三是扶贫开发的定位提升、地位重要。以“大扶贫”的理念，提出了国家扶贫战略和政策体系，把扶贫开发纳入整个国家的发展战略和政策体系，并提出了扶贫开发与农村最低生活保障政策的衔接，更加注重政策的系统性、互补性。

2008 年底，我国宣布上调扶贫标准，从 2009 年起，实行农民人均纯收入 1 196 元的新扶贫标准，把绝对贫困标准与低收入标准合二为一，取消对农村绝对贫困人口和低收入人口区别对待的政策，对农村低收入人口全面实施扶贫政策。2009 年实施的新扶贫标准，是在2007 年1 067 元低收入标准的基础上，根据2008 年物价指数作出的最新调整。据国家统计局统计，2008 年，我国在这个标准以下的扶贫对象为 4 007 万人，云南省的覆盖扶贫对象达到555万人，占全国贫困人口的13.9%，分别占云南省总人口和乡村人口的12.2%和15.2%，居全国第二位，涉及98个县的500多个乡镇。贫困人口的分布由“点线面并存”转变为“点线面并存，连线成片贫困凸显”的状态，贫困地区集中连片的特征更为突出，都是难啃的“硬骨头”，尤其是25个边境县、47个革命老区县、“三江”沿岸地区、7个人口较少民族、16个沿边跨境民族、12个“直过”民族以及现有的“贫困死角”脱贫难度较大。

第四阶段，扶贫战略和政策体系初步构建，开发扶贫与社会救助“两轮驱动”阶段。2009年，整个扶贫工作进入一个新阶段，国家扶贫战略和政策体系正在初步构建，对今后扶贫战略的任务、重点、步骤和措施都重新明确，并进一步完善政策体系。云南省不断完善社会救助体系，全面建立城镇、农村最低生活保障制度、城乡医疗救助、临时救助等制度，中央和省级财政加大了补助力度，农村最低生活保障制度做到应保尽保，社会救助不断提高保障标准和补助水平，从制度上解决了农村贫困人口的基本生存问题，扶贫工作从此进入开发扶贫与社会救助“两轮驱动”的新阶段。云南省处于发展的关键时期，扶贫开发工作面临五大转变，即从完全依靠财政投入向财政投入和社会帮扶并举转变，从着力解决贫困人口温饱问题向更加注重产业开发转变，从分散式的扶贫向集中、连片开发转变，从单项工作向全面推进转变，从主要以扶贫部门为主向全社会帮扶转变。帮助农村贫困人口稳定解决温饱和脱贫致富，帮助农村贫困地区按照社会主义新农村的五个要求加快发展，增加农村居民特别是贫困农民的收入，逐步缓解不同区域、不同人群的差距，是全面建设小康社会必须解决的大问题，也是落实科学发展观的具体要求。因此，扶贫开发的总体战略是：继续坚持开发式扶贫为主的方针，同时加大农村救济救助工作力度，在实践中逐步完善思路。一是通过扶贫开发促进贫困地区又好又快发展。改善贫困群众的生产生活条件，坚持自然资源和人力资源开发并举，实现贫困群众稳定增加收入，让贫困群众长期受益。二是通过扶贫开发提高贫困群众的自身素质。让贫困群众通过劳动获得报酬，增强自信心和自尊心，在劳动中逐步提高自身素质。三是通过扶贫开发促进社会公平正义。扶贫开发是减少贫困人口的重要途径，扶贫资金的投入和扶贫项目的实施，促进社会公平分配。四是通过扶贫开发扩大基层民主。让贫困群众在参与扶贫开发的过程中，更多参与决策、参与项目实施与管理，实现人与人的平等交流，逐渐融入社会整体。此外，对于少数因灾因病短期陷入贫困的农村人口，通过救济救助保障了基本生存，再通过扶贫开发恢复和提高其生产能力，减轻财政的负担，化消极为积极。自 2009 年 5 月开始，组织实施第一批 17 个乡（镇）整乡推进试点，制定出台了《云南省扶贫开发整乡推进试点工作指导意见》（云贫开办发〔2009〕261 号）。

2010 年，云南省出台了《关于加快边远少数民族贫困地区深度贫困群众脱贫进程的决定》。其明确提出："以边远少数民族贫困地区的深度贫困群体和部分热点难点地区贫困人口为主要对象，以尽快稳定解决温饱并实现脱贫致富为首要任务，以统筹城乡发展提高自我发展能力为工作重点，以深度贫困自然村为单元，瞄准对象、锁定目标，统一规划、明确责任，集中力量、整体推进，分类施策、分步实施，千方百计加大投入，着力加强基础产业、基础设施、基本素质、基本保障和基本队伍建设，稳定解决深度贫困人口的温饱问题，促进经济社会全面协调可持续发展。到 2020 年末，稳定解决全省 160.2 万深度贫困人口的温饱问题，总体上与全国全省人民一道实现全面建设小康社会的目标。"

此外，云南省还采取了特殊扶贫政策。从边疆、民族、贫困的实际出发，2001 年以来，云南省先后出台了《关于采取特殊措施加快云南 7 个人口较少民族脱贫发展步伐的通知》、《中共云南省委、云南省人民政府关于实施"兴边富民工程"的决定》，以加大对人口较少民族和边境贫困地区的扶持力度。同时，对云南边境乡镇、7 个人口较少民族和藏区 40 多万中小学生实行"三免费"教育政策；全面取消"农业四税"，实行四项补贴；全面实行农村义务教育"两免一补"，普遍建立新型农村合作医疗制度和新型农村社会养老保险制度，建立了征地农民社会保障，做到先保后征，使被征地农民基本生活长期有保障；实施以工代赈政策加大农村基础设施建设力度，增加了临时就业机会；全面推广农业人口计划生育"奖优免补"政策；建立了"1+3"对口帮扶机制，即每个边境县都分别有一个企业、一所院校、一家金融机构进行对口帮扶等。

政策演变的基本评价：2001～2010年10年间，云南扶贫政策的演变和实践，说明云南省扶贫开发思路越来越清晰、投入越来越加大、制度越来越完善、措施越来越有力、推进越来越强劲。从政治经济学角度看，扶贫解决了贫困人口的生存权、发展权问题。从扶贫学角度看，更加注重瞄准对象（低保与扶贫相结合、安居工程、小额信贷、整村推进、劳动力培训等到户具体措施），更加注重特困人群（各种少数民族集聚区扶贫），更加注重特困区域（藏区、兴边富民），更加注重贫困地区和群体自我发展能力的提高。从落实科学发展观的角度看，促进了区域协调发展，收入差距缩小，缓解了社会矛盾（上海对口帮扶和定点扶贫，促进了不同人群、民族、层次的沟通、理解和包容；注重革命老区、民族地区、战区等发展，促进不同民族之间的和睦共处）。从制度经济学的角度看，建立健全制度，管理体制，运行机制，扶贫本身制度（管理体制、运行机制，资金管理、绩效评价制度），项目实施后的后续管理制度（乡规民约、完善基层组织建设，如实行基层党组织致富带头人制度）。从协同经济学的角度看，大扶贫理念促进了政府、部门、社会、贫困人口之间的协同。

## 二、2001～2010年云南农村扶贫成效基本估价

云南10年农村扶贫开发，促进了贫困地区经济社会发展，农村贫困人口逐年减少、农民收入不断增加、县域经济发展明显加快、基础设施逐步加强、产业能力显著提高、生态和人居环境明显改善，农民自我发展能力得到提高。

### （一）2001～2010年扶贫资金投入情况

2001～2010年，全省共投入省级以上财政扶贫资金166.77亿元，其中中央财政扶贫资金114.83亿元，省级财政扶贫资金51.94亿元，省级财政资金投入总量居全国第一。尤其是2005年以来，财政扶贫资金投入力度增长较快，2001～2005年财政扶贫资金年均增长0.49亿元，2006～2010年年均增长达到2.13亿

元。2010 年，省级以上财政扶贫资金投入总量 24.71 亿元，比 2000 年增加了 13.35 亿元，其中中央财政扶贫资金 18.66 亿元，省级财政扶贫资金 6.05 亿元。① 10 年间财政扶贫资金年均增长 9%，增长最快的是 2008 年和 2009 年，增幅均达到 24%。其中，中央财政扶贫资金年均增长 12%，2008、2009 年分别增长 34% 和 18%；省级财政扶贫资金年均增长 3%，2008、2009 年分别增长 2% 和 42%，有力地推动了各类扶贫项目的实施。② 在财政扶贫专项资金外，2008～2010 年 3 年，中央还对云南贫困地区投入兴边富民转移支付资金 5.81 亿元，2009 年云南省投入地方债券 1.6 亿元（见图 1）。

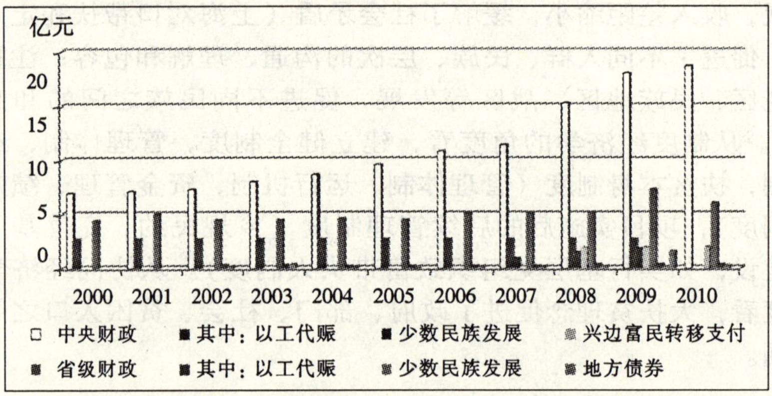


**图 1　2000～2010 年云南省财政扶贫资金投入情况**

数据来源：云南省扶贫办提供。

此外，10 年间，云南省还投入信贷扶贫资金 208.79 亿元，上海对口帮扶资金 12.54 亿元，中央机关企事业单位和省级机关企事业单位定点挂钩扶贫资金约 21 亿元。

### （二）扶贫政策实施效果总体评价

10 年来，云南省扶贫开发重点突出，亮点频现，为我国率先

① 数据来源：云南省扶贫办。以下文中数据如没有注明，都是来自云南省扶贫办和云南省统计局。

② 增幅是根据每年的数据计算得来的，但资金数不包括兴边富民中央转移支付资金。年均增幅＝（每年财政扶贫资金数－上一年的资金数）/上一年的资金数，求出的每年增幅的平均值。类似情况下同，不再注。

实现联合国《千年发展目标》中贫困人口减半的指标和全省经济发展、社会稳定、民族团结、边疆巩固作出了积极的贡献，扶贫开发取得了巨大成就，也创造了宝贵的经验。2010 年 7 月，在昆明召开的亚洲政党扶贫专题会议，认为“云南扶贫经验是亚洲的财富”。近几年来，莽人、克木人和苦聪人帮扶工作得到胡锦涛总书记、温家宝总理的肯定，茅草房改造和“866”整村推进得到回良玉副总理的认可，认为全国可以借鉴学习。

1. 贫困人口数量明显减少

全省贫困人口从 2000 年底的 1 022. 1 万下降到 2009 年底的 540 万，减少了 482. 1 万，贫困发生率由 29. 63% 下降到 14. 71%；深度贫困人口（即绝对贫困人口）从 337. 5 万下降到 160. 2 万，减少 177. 3 万。2010 年，预计可解决 60 万贫困人口的温饱，贫困发生率还将持续下降（见图 2）。

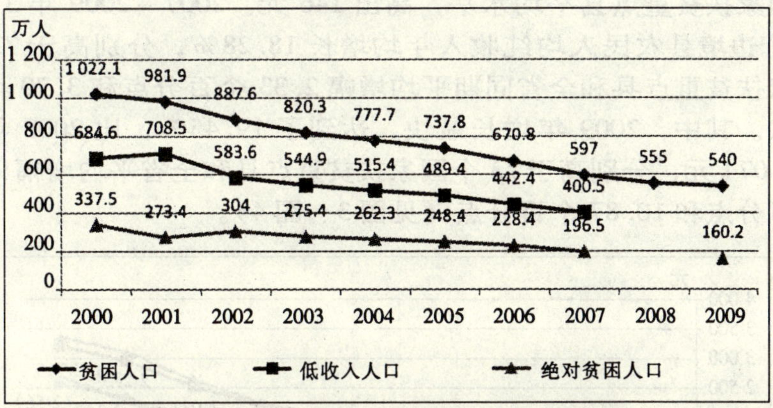


图 2　2000 ~ 2010 年云南省贫困人口变化趋势

注：2008 年以后不再分低收入贫困人口和绝对贫困人口进行统计，2009 年把年末农民人均纯收入 785 元以下的贫困人口由原来的绝对贫困人口改称为深度贫困人口进行统计。

数据来源：云南省扶贫办提供。

2. 贫困地区农民收入水平显著提高

2000 ~ 2009 年，73 个国家扶贫重点县、25 个边境县和省级扶贫重点县的农民人均纯收入都呈快速增长趋势，尤其是 73 个国家扶贫重点县和 25 个边境县增长非常显著。73 个国家扶贫重点县农民人均纯收入由 2000 年的 1 100 元提高到 2009 年的 2 569

元，增加 1 469 元，实现了翻一番以上的目标。2003 年以来，73 个国家扶贫重点县农民人均纯收入增长速度一直高于全省平均水平。2005 年后增速更是明显加快。2000～2009 年 10 年，73 个国家扶贫重点县农民人均纯收入年均增长 10.06%。2005～2009 年，年均增长 14.4%，分别比全省平均增幅高 0.38 个百分点和 1.76 个百分点。其中，增速最快的 2008 年达到 19.25%，高于全省平均增幅 2.45 个百分点；2009 年由于受金融危机影响，农民工返乡，造成农村工资性收入大量减少，农民人均纯收入增速减缓，仅为 9.69%，但增幅仍高于全省平均水平 1.12 个百分点（见图 3、图 4）。2010 年预计增幅将达到 12%。

25 个边境县农民收入变化尤其明显，农民人均纯收入从 2006 年的 1 641 元提高到 2009 年的 2 715 元，增加 1 469 元；2009 年由原来的低于 73 个国家扶贫重点县平均水平变为高于 73 个国家扶贫重点县平均水平，高出 146 元。2007～2009 年 3 年，25 个边境县农民人均纯收入年均增长 18.28%，分别高于 73 个国家扶贫重点县和全省同期平均增幅 2.33 个百分点和 3.79 个百分点。其中，2009 年增长最快，达到了 19.45%，比 2008 年增长 1 074 元，分别高于 73 个国家扶贫重点县和全省平均增幅 9.75 个百分点和 10.87 个百分点（见图 3、图 4）。

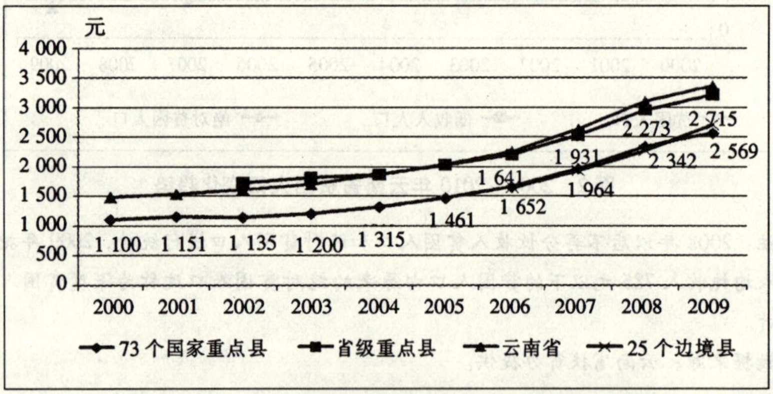


**图 3　2000～2009 年云南省农民人均纯收入变化情况**

数据来源：《云南领导干部手册》（2002、2004、2006、2008、2010）。省级重点县 2002、2003 年是 5 个县，2004 年以后是 7 个县，25 个边境县从 2006 年开始才有单项统计。

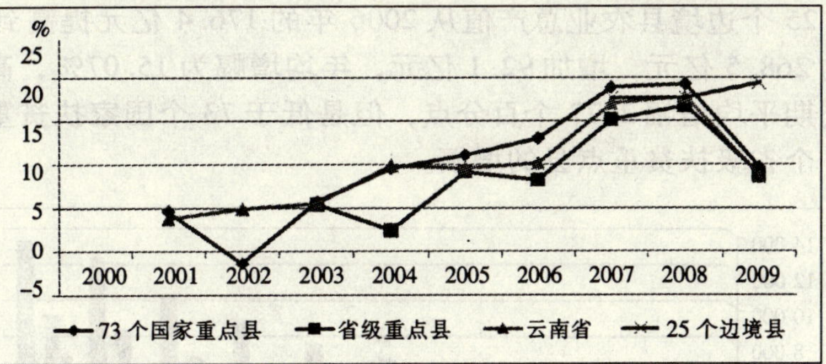


图4　2000～2009年云南省农民人均纯收入增长幅度变化趋势

数据来源：根据《云南领导干部手册》（2002、2004、2006、2008、2010）数据计算得来。

3. 贫困地区整体经济水平明显提高

2000～2009年，73个国家扶贫重点县、25个边境县和省级扶贫重点县的人均GDP从2003年以后呈快速增长趋势。73个国家扶贫重点县人均GDP从2000年的2 207元提高到2009年的7 198元，提高了4 991元，年均增幅为14.2%，高于全省平均增幅1.79个百分点。从2003年以来，除了2008年低于全省平均增幅外，其他年份都高于全省平均增幅。省级扶贫重点县人均GDP从2002年的3 776元提高到2009年的9 410元，增加5 634元，年均增幅为14.65%，高于全省同期平均增幅0.43个百分点。25个边境县人均GDP从2006年的5 674元提高到2009年的8 777元，增加3 103元，年均增幅为15.69%，分别高于73个国家扶贫重点县和全省同期平均增幅0.71个百分点和0.86个百分点。

2000～2009年，73个国家扶贫重点县、25个边境县和省级扶贫重点县的农业总产值从2007年以后呈快速增长趋势。73个国家扶贫重点县农业总产值从2000年的301.5亿元提高到810.2亿元，提高了508.7亿元，年均增幅为11.752%，高于全省平均增幅0.85个百分点。2007年以来一直高于全省平均增幅。7个省级扶贫重点县农业总产值从2002年的76.7亿元提高到2009年的171.1亿元，增加94.4亿元，年均增幅为12.26%，略低于全省同期平均增幅。但是，2007～2009年连续3年增幅高于全省增幅，年均增幅达16.71%，高于全省同期平均增幅4.41个百分点。25 个边境县农业总产值从 2006 年的 176.4 亿元提高到 2009 年的 268.5 亿元，增加 92.1 亿元，年均增幅为 15.07%，高于全省同期平均增幅 2.77 个百分点，但是低于 73 个国家扶贫重点县和 7 个省级扶贫重点县的增幅。

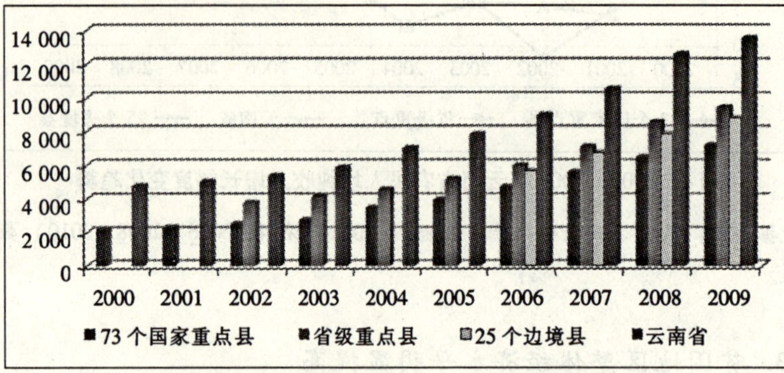


图 5　2000～2009 年云南省人均 GDP 变化情况

数据来源：《云南领导干部手册》（2002、2004、2006、2008、2010）。省级重点县 2002、2003 年是 5 个县，2004 年以后是 7 个县，25 个边境县从 2006 年开始才有单项统计。

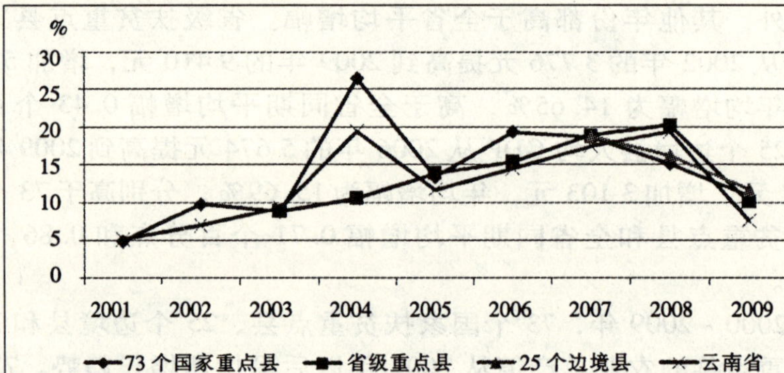


图 6　2000～2009 年云南省人均 GDP 增长幅度变化趋势

数据来源：根据《云南领导干部手册》（2002、2004、2006、2008、2010）数据计算得来。

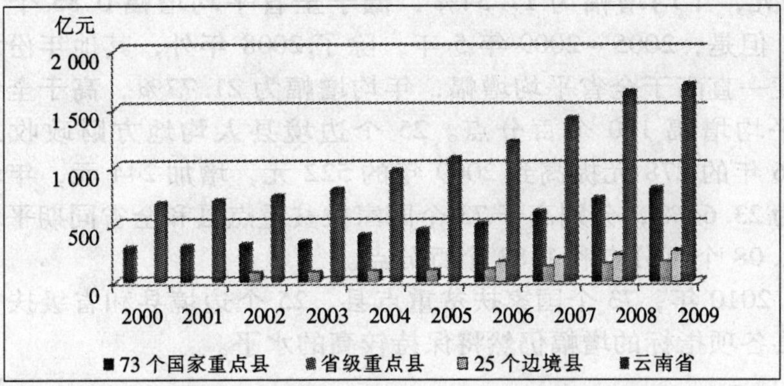


图7 2000～2009年云南省农业总产值变化情况

数据来源：《云南领导干部手册》（2002、2004、2006、2008、2010）。省级重点县是7个县（2002、2003年数值在5个省级重点县的基础上增加了宣威县和玉龙县的数值），25个边境县从2006年开始才有单项统计。

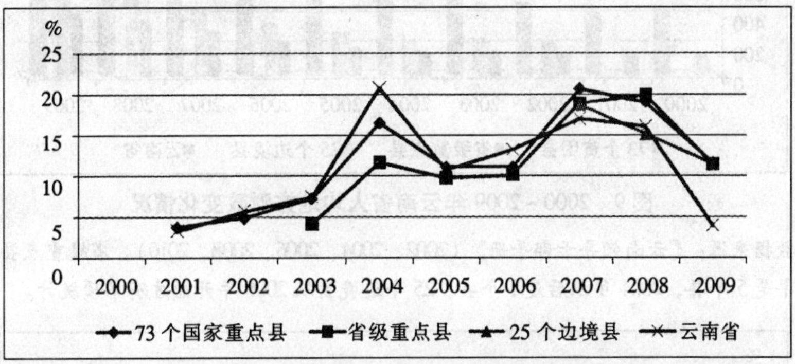


图8 2000～2009年云南省农业总增长幅度变化趋势

数据来源：根据《云南领导干部手册》（2002、2004、2006、2008、2010）数据计算得来。

2000～2009年，73个国家扶贫重点县、25个边境县和省级扶贫重点县的人均地方财政收入都呈快速增长趋势。73个国家扶贫重点县人均地方财政收入从2000年的120元提高到2009年的418元，提高了298元，年均增幅为15.28%，低于全省平均增幅0.15个百分点。但是，2005～2009年5年，除了2008年外，其他年份增长幅度一直高于全省平均增幅，年均增幅为22.69%，高于全省同期平均增幅1.92个百分点。省级扶贫重点县人均地方财政收入从2002年的203元提高到2009年的606元，增加

403元，年均增幅为17.34%，低于全省平均增幅0.85个百分点。但是，2005~2009年5年，除了2008年外，其他年份增长幅度一直高于全省平均增幅，年均增幅为21.77%，高于全省同期平均增幅1.0个百分点。25个边境县人均地方财政收入从2006年的278元提高到2009年的522元，增加244元，年均增幅为23.64%，分别高于73个国家扶贫重点县和全省同期平均增幅1.08个百分点和1.83个百分点。

2010年，73个国家扶贫重点县、25个边境县和省级扶贫重点县各项指标的增幅仍然将保持较高的水平。

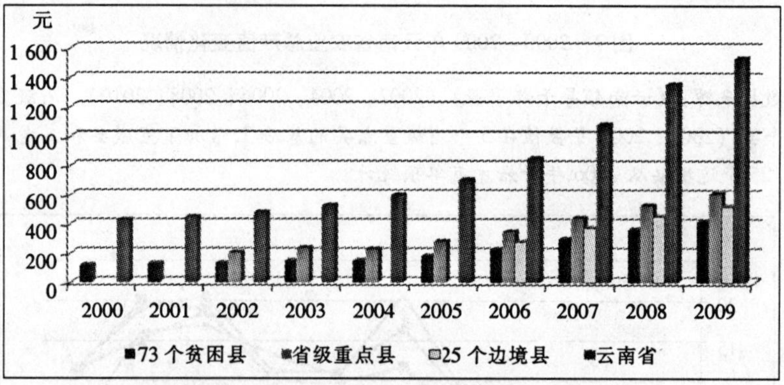


图9　2000~2009年云南省人均地方财政变化情况

数据来源：《云南领导干部手册》（2002、2004、2006、2008、2010）。省级重点县2002、2003年是5个县，2004年以后是7个县，25个边境县从2006年开始才有单项统计。

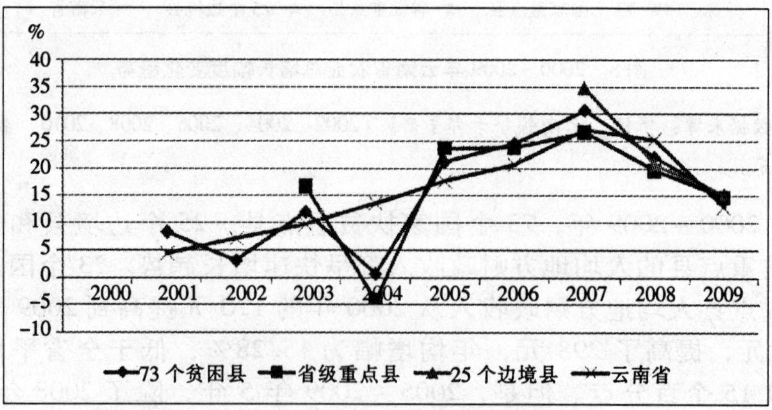


图10　2000~2009年云南省人均地方财政增长幅度化趋势

数据来源：根据《云南领导干部手册》（2002、2004、2006、2008、2010）数据计算得来。

4. 贫困地区产业支撑能力加强

10年间，全省贫困地区累计投入省级以上财政产业扶贫资金13亿元、信贷扶贫资金210亿元，集中扶持发展了一大批特色经济项目，新增甘蔗、茶叶、核桃等经济作物和林果近3 000万亩，新增大牲畜出栏589万头，经济发展实现了由方式不多、后劲不足向产业多样、规模发展的巨大转变。

5. 贫困地区基础设施明显加强

2009年与2000年相比，73个扶贫开发工作重点县新增和改建农村公路里程49 775公里，新增和改善灌溉面积1 248万亩，旱涝保收面积增加到675万亩；全省农村水电新增装机755万千瓦，年发电量由2001年的118亿千瓦小时增加到2009年的347亿千瓦小时，解决和改善了1 100万人的饮水安全问题。

6. 贫困地区社会事业发展加快

2000～2009年，73个国家扶贫开发工作重点县完成学校修缮投资65.98亿元，建设学校10 278所，项目建设面积达892.36万平方米，小学适龄儿童入学率从96.14%提高到99.5%，初中适龄儿童入学率从68%提高到89%，贫困地区群众整体素质得到较大提升；完成医疗卫生基础设施建设投资3.27亿元，建设卫生院793个；2009年新农合参合率达90%以上。

7. 贫困地区生态环境条件不断改善

2000～2009年，结合“七彩云南”保护行动、天然林保护、退耕还林还草等生态环境保护工程，着力改善贫困地区生态环境，共建设沼气池83.22万口，推广节能灶44.14万口，80个重点县建设生态林2 385.5万亩。

## 三、2001～2010年云南农村主要扶贫政策实施情况及效果分析

### （一）整村推进增强了贫困村综合发展能力

2001～2010年，云南省累计投入各类扶贫资金101.88亿元，其中，投入中央及省级财政扶贫资金51.73亿元，州县财政扶贫专项资金17.68亿元，部门整合资金22.33亿元，其他扶贫资金（如其他扶贫项目、上海对口帮扶、社会帮扶等）10.14亿元。共完成了4 835个行政村的整村推进（注：2005年以前以行政村

为单元实施整村推进2 078 个，2005~2009 年以自然村为单元实施整村推进，折算行政村数为2 757 个），项目覆盖了16 个州市的124 个县，使267.3 万户1 208.5 万人受益。仅2010 年整村推进项目完成道路建设2 340 千米，架设高、低压输电线路289 千米，农田改造8 677 亩，建设沟渠370 千米，解决住房困难户8 190 户，种植各类作物17 850 亩，养殖大小牲畜147 667 头（匹、只），建设沼气池13 968 口，完成353 602 人次的农村实用技术培训，使513 个乡3 880 个村民小组6.33 万户、23.55 万人直接受益。

## （二）产业扶贫有效促进了农民增收

10 年共投入财政扶贫贴息资金8.36 亿元，引导项目贷款94.41 亿元，重点扶持龙头企业251 家，带动贫困农户发展种植业、养殖业和加工业。引导到户贷款114.59 亿元，帮助约240 万户贫困农户发展特色小产业，户均增收1 100 多元，到期还款率由过去的86% 提高到现在的99.3%。投入专项财政扶贫资金4.57 亿元，扶持贫困地区产业发展。在69 个县600 多个贫困村开展了互助资金试点工作，累计投入财政扶贫资金8 600 万元，实现户均增收1 000 元以上。如金平县引进广州大唐实业公司到勐拉乡进行香蕉产业开发，采用“公司+农户+基地”的发展模式，使香蕉亩产由原来的200~300 公斤提高到1 000~1 500 公斤，已带动3 500 多户农户实施标准化种植香蕉6 000 亩，户均增收400 多元。

## （三）整乡推进促进了贫困乡镇跨越发展

云南省自2007 年5 月开始组织实施整乡推进试点，到2010 年，全省整乡推进试点项目涉及16 个州市、24 个乡镇、216 个村委会、1 993 个自然村。项目规划围绕产业扶贫、基础设施、社会事业、生态能源建设、科技推广、民生保障和农村基层组织建设等七大类建设项目，规划总投资37.58 亿元。其中，中央和省级财政扶贫资金投入9.97 亿元，州、市、县财政扶贫资金投入2.32 亿元，整合部门资金14.21 亿元，社会帮扶资金1.83 亿元，群众投工投劳折资7.83 亿元，使用信贷扶贫资金1.42 亿元。整乡推进扶贫开发试点项目，实行一次规划、二年实施、三年检查验收。省级以上财政扶贫资金每乡（镇）投入600万元，分2年安排。截止到11月30日，第一批启动的19个乡镇完成任务的90%，第二批启动的5个乡镇已完成任务的30%。累计种植经济作物38.3万亩，发展种植经济林果30.7万亩，发展养殖大牲畜31万头（匹、只），完成安居工程建设28 302户、404.2万平方米，完成基本农田建设10.1万亩，修建三面光沟渠57条538千米，完成小水池、小水窖等蓄水工程建设1 472件、4.5万立方，实现新增灌溉面积4.1万亩，改善灌溉面积8.6万亩。架设引水管道2 098千米，完成小水池、水窖等蓄水工程建设1.46万立方，解决11.5万人、13.5万头家畜的饮水困难问题。修建乡村道路25条、234公里，建村组道路343条、1 456公里，完成村间道路硬化335万平方米，建设村级卫生室98个。种植生态林木6.8万亩，建设沼气池10 541口、节能灶27 007口。开展劳务输出培训2 185期、40.3万人次。新建村党组织活动场所140个，创建带领致富党支部101个，培养致富带头人11 051人。

### （四）特殊困难群体和特殊区域重点帮扶解决了重难点问题

云南省率先对人口较少民族集中扶持，组织实施了布朗族、基诺族综合扶贫工程。累计投入镇沅县苦聪人帮扶资金2.6亿元，基本解决了1.3万苦聪人的温饱。整合投入莽人、克木人帮扶资金1.66亿元，开展了整村推进、基础设施、产业发展、安居工程等12项工程建设，取得了阶段性成果，得到了胡锦涛总书记、温家宝总理的充分肯定。2008年以来，又相继启动了对僰人、独龙族、瑶族支系山瑶、拉祜族的重点帮扶工作。2001～2009年，累计中央、省级财政投入扶贫资金3.27亿元，上海帮扶资金1.79亿元，其他社会帮扶资金2 010万元，切实落实了整村推进、产业扶贫、劳动力转移培训、安居工程、易地扶贫、社会扶贫、信贷扶贫等扶贫措施，贫困人口由2001年的19.1万人下降到2009年的9.74万人，减少了9.36万人。建立和完善了农村居民最低生活保障制度，进一步增强了农民增收能力。云南特殊困难群体和特殊区域重点帮扶为全国开展特殊类型贫困地区综合扶贫开发进行了积极探索，积累了重要经验。

## （五）易地扶贫改善了丧失生存条件贫困农民的生产生活环境

2001~2010 年，云南已有 16 个州（市）的 115 个县（市、区）实施了扶贫易地搬迁项目，共转移安置贫困群众 64.66 万人，其中，财政扶贫转移安置 28.65 万人，国债资金转移安置 36.01 万人。全省累计投入省级以上易地扶贫资金 32.84 亿元，其中，中央和省财政扶贫资金 14.88 亿元，中央国债和省级配套资金 17.96 亿元。经调查统计，搬迁到安置区两年以上的移民，有超过 90% 已基本解决了温饱，部分实现了小康；搬迁到安置区不足两年的人口，一部分当年就解决了温饱。扶贫易地搬迁资金重点用于安置区的基础设施、安居房、基本农田地、社会服务配套工程等项目建设，安置区基本实现了通水、通电、通路，广播、电视、电话覆盖率在 80% 以上，并做到孩子能上学、有病能就医，大部分移民解决了户均不低于 0.3 亩的宅基地、人均不低于 1 亩基本农田地，移民的生产生活条件明显好于搬迁以前。生产生活条件的改善为贫困人口脱贫致富打下了稳固的基础。通过实施扶贫易地搬迁，贫困人口生产生活条件明显改善，培育了一批地方优势产业，为城镇化建设提供了有益的探索。贫困群众思想观念发生积极变化，生态环境改善明显，减灾、防灾效果显著，促进了搬迁贫困农民思想观念、生产生活方式的转变，有效地解决了转移安置贫困农民的温饱问题，为他们脱贫致富创造了条件。

## （六）兴边富民扶贫开发有效缓解了边境的贫困

2005~2007 年，省委、省政府为促进民族团结、实现睦邻强省，实施了第一轮“兴边富民工程”。扶贫开发作为“兴边富民工程”的重要组成部分，3 年来共投入中央及省级财政扶贫资金 7.92 亿元，以及上海帮扶资金等其他社会帮扶资金 3 653.61 万元，占第一轮“兴边富民工程”总资金 54 亿元的 15%。在 25 个边境县，实施了 2 453 个贫困村的整村推进项目和 101 609 户的扶贫安居工程项目。2008 年，省委、省政府出台了《关于实施新三年“兴边富民工程”的决定》和《云南省“兴边富民工程”新三年行动计划（2008~2010）》，启动实施新一轮“兴边富民工程”。按照省委、省政府关于新三年“兴边富民工程”的安排部署，省扶贫办三年（2008～2010）安排财政扶贫资金4.3亿元，在边境25个县的沿边乡镇实施2 864个贫困自然村整村推进。2005年以来，“兴边富民工程”扶贫开发共投入17.28亿元，项目覆盖了8个州市25个县，4 548个贫困自然村直接受益，受益群众达18.2万户、76.4万人。通过各类扶贫项目的实施，边境贫困地区总体贫困程度得到有效缓解，贫困人口数量明显减少；贫困村脱贫产业得到有效培植，村容村貌有了较大改善；贫困群众自我发展能力得到有效增强，综合素质得到较大提高，精神面貌明显变化；村级党组织建设得到明显加强。

### （七）劳务输出拓宽了农民增收渠道

“十五”期间，共投入财政扶贫资金0.5亿元，共培训和组织贫困地区劳动力输出就业50万人。贫困地区劳动力的转移和培训，不仅增加了农户的收入，缓解了贫困地区的就业压力，同时也促进了贫困地区群众观念的更新和农户综合素质的提高。“十一五”期间，省级累计投入财政扶贫资金4.579亿元，完成贫困地区劳动力转移培训186.8875万人，其中，引导性培训157万人，技能培训29.887 5万人。据调查，培训后就业的农民工较培训前月收入一般增加200元以上，高的达到500元以上，培训后的农民工人均月收入达到了900元以上。通过贫困地区劳动力转移培训的实施，接受培训的贫困人口逐步开始由体力型输出向技能型输出转变，贫困农民的生活水平得到较大提高，思想观念得到更新，生活方式得到改善，实现了“外出一人、致富一家，输出一批、致富一方”的目标。

### （八）安居工程建设和以工代赈改善了贫困农户生产生活条件

10年间，全省贫困地区200多万农户开展了茅草房改造工程、地震民居安全工程、农村危房改造工程、村容村貌整治、易地搬迁扶贫、工程移民搬迁、游牧民定居等不同形式、不同标准的新农村建设。其中，从2003年以来，云南累计投入财政专项扶贫资金14.54亿元，对125个县（市、区）、1 726个乡（镇）、9 180个村委会、5.5万个村民小组、40.25万特困农户实施了破烂茅草房改造，并结合整村推进扶贫开发，改造了3.3万户，实现了贫困群众世代期盼的安居夙愿，被贫困群众称为“第三次解放”。投入以工代赈资金24.43亿元，积极开展乡村道路、小型农田水利、人畜饮水、水土保持、江河治理和水毁工程恢复建设，加强了贫困地区基础设施建设，改善了农业生产条件，解决了近1 100万人的饮水困难问题；建设农村便民店、超市2万多个，贫困地区农户生活条件实现了由破旧脏乱、配套缺失向安居安全、功能完善的巨大转变，发展活力不断增强。

**（九）社会帮扶促进了社会资源的有效整合**

据不完全统计，从1996～2009年的14年间，27家单位在云南42个扶贫开发工作重点县，共派出蹲点扶贫干部317人，挂钩单位领导深入定点县、乡、村实地考察4 144人次，直接投入扶贫资金18.13亿元，引进扶贫资金8.91亿元，实施扶贫项目2 446个，引进人才1 976项，修建校舍375所，资助学生15.2万人，举办各类培训班43 492期、共573.1万人次。2001～2009年9年间，213家省级国家机关、企事业单位定点挂钩扶贫工作，共派出蹲点各级扶贫干部2 376名，各级领导、干部深入帮扶点考察18 438人次，定点帮扶单位直接投入12.65亿元，其中资金投入11.7亿元，引进各类资金14亿元，引进人才1 163人，引进技术7 762项，资助贫困学生11.99万人，举办培训班8 181期、共69万人次，劳务输出14万人。全省驻滇部队2个军级单位、38个部级单位中有1个军级单位、14个师级单位开展了扶贫工作，作战部队和有关后勤、院校、医院尚未落实定点扶贫任务。2009年，仅云南省军区师以上单位，就设立拥政爱民服务组织386个，为民治病36 120人次，减免贫困群众医药费439.79万元；参加公益事业建设279项，投入经费295.92万元；1+1结对助学学生2 858人次，援建“希望小学”26所，投入经费237.83万元；办夜校扫盲班100个，扫除文盲9 175人。截至2009年12月，云南民营企业共进行光彩事业捐赠资金13.88亿元，捐物折款2.85亿元。民营企业已经与自然村开展“结对帮扶”实施了1 243个项目，投入资金7.05亿元，主要用于社会主义新农村建设项目。通过投资建设，使贫困农民实现了稳定增收，企业实现了盈利，村企共建工作成效明显，提前完成了云南省委、省政府提出的"千企扶千村"工程的任务。

### （十）沪滇对口帮扶促进了区域协调发展

对口帮扶15年来，上海在滇投入无偿帮扶资金16.85亿元，实施以整村推进为主的帮扶项目3 517项，实施教育、卫生、文化等各类社会事业帮扶项目3 363项，使云南省40余万贫困人口实现脱贫，150余万群众受益。双方企事业单位实施科技、经贸合作项目1 000余项，投入帮扶资金11.15亿元，实施整村推进项目2 180项，援建"白玉兰"卫生室985所，组织开展农业、科技、教育、卫生等培训800余期，受训近20万人次。共投入种养殖业产业帮扶资金1.29亿元，实施产业项目305项，发展香蕉、核桃、辣椒、咖啡等种植基地和生猪、牛羊等养殖基地，形成了一批特色村，壮大了集体经济实力，增强了贫困群众脱贫致富信心，为贫困地区贫困群众自我发展能力的增强奠定了基础。投入帮扶资金6 538.3万元，对德昂族、莽人、僰人和苦聪人等特殊贫困人口实施对口帮扶。沪滇率先对口帮扶德昂族贫困地区典型案例被国家民委誉为新时期民族团结、和谐发展的新典型。经过沪滇双方对独龙江乡的深入调研，2009年12月上海方正式将独龙族增列为上海帮扶对象，计划3年内投入5 000万元帮扶独龙江乡实施民生工程。

### （十一）外资扶贫促进了内外资的有效结合

2001~2004年，云南实施了世界银行西南扶贫贷款项目和中德合作扶贫项目、欧盟—红河干热河谷小流域治理项目、欧盟—外交部人权项目、西班牙科技合作项目、英国—云南环境发展与扶贫项目以及香港乐施会援助的农村社区发展、赈灾等外援赠款项目，共投入资金12.2亿元人民币。外资扶贫项目的实施，不仅引进了资金，促进了贫困地区的发展，而且提供了国际社会的反贫困方式、经验和扶贫项目管理模式，培养了一批项目资金管理人才。2005年，经过几年的艰苦努力，总投资达4.135亿元的世行四期项目正式启动，可使6个县、37个乡镇、187个村委会、38.2万人直接受益；中德合作项目的相关研究工作已经完成；在红河县、武定县、沧源县、香格里拉县实施的爱德基金会项目，共投入援助资金515.7万元，开展了农业综合扶贫发展项目；香港乐施会社区发展项目投入资金 86.4 万元；中英合作云南环境发展与扶贫项目已经完成；美国人类家园项目投入资金 1 341 万元，帮助贫困农户改善了住房条件，提高了社区的互助能力；“互满爱人与人”国际慈善组织合作项目完成实地考察，将在贫困地区职业技术教育、疾病控制、社区能力建设三个领域开展扶贫项目。

## 四、今后 10 年云南农村扶贫形势判断和发展趋势分析

党的十七大提出，确保到 2020 年实现全面建成小康社会的奋斗目标，把基本消除绝对贫困现象作为一项重要指标。《“十二五”规划建议》强调，要“坚定不移地走共同富裕道路，使发展成果惠及全体人民”。加快转变经济发展方式，让贫困人口共享改革发展成果，赋予了扶贫开发新的定位。确立统筹城乡发展的方略，贯彻“以工促农、以城带乡”的方针，使云南省的扶贫事业呈现出专项扶贫与惠农政策扶贫、社会各界扶贫等多方力量、多种举措有机结合、互为支撑的“大扶贫”的新局面。

新阶段云南省扶贫开发工作出现三个明显变化：一是在扶持对象上，在关注深度贫困人口的同时，要关注低收入人口，对低收入人口全面实施扶贫政策。二是在制度安排上，过去主要是开发式扶贫，现在全面建立农村低保制度，不断完善以扶老、助残、救孤、济困为重点的社会救助体系，实行开发扶贫和生活救助“两轮驱动”。三是在主要任务上，过去专项扶贫工作范围比较宽泛，随着大扶贫格局的形成，现在专项扶贫的主要任务是提高贫困人口的综合素质和发展能力。

当前，制约云南省贫困地区发展和贫困人口脱贫的深层次矛盾依然存在。在发展阶段转换和结构调整加快的双重背景下，新旧矛盾相互交织，不平衡、不稳定、不协调的问题增多，增加了扶贫开发的工作难度。

一是贫困人口规模较大，深度贫困问题凸显。目前云南省贫困人口多、贫困程度深的状况还没有根本改变，且剩余贫困人口大多数分布在生态环境恶劣、自然资源匮乏、地理位置偏远的地区，解困难度越来越大，贫困人口减少速度趋缓。2009 年末，按

照新的扶贫标准，云南省有扶贫对象540万人，占农村总人口的14.7%，占全国贫困人口的15%，居全国第二位。如果国家扶贫标准提高到1 500元，那么云南贫困人口将在1 000万左右。2009年末，云南还有农民年人均纯收入785元以下的深度贫困人口160.2万，其中边远少数民族贫困地区的深度贫困人口有153.4万，占全省540万贫困人口的28.4%，占全省160.2万深度贫困人口的95.8%，涉及16个州（市）、105个县（市、区）的1 025个乡（镇）、5 204个建制村、137万个自然村，有22.16万人基本丧失生存条件，有4 922个自然村不通公路，有2 418个自然村的7.51万户农户不通电，有32.87万户农户住房困难。边境25个县市贫困人口约114万人，占边境县市农村人口比重约20%，农民人均纯收入2 715元，比全省平均水平少654元。

二是区域发展严重不平衡，收入差距仍在扩大。73个国家重点扶持县农民年人均纯收入为2 569元，仅为全省农民年人均纯收入76.2%，全国的49.8%。城乡居民收入差距仍在不断拉大，一些县的县级财政收入高增长与农民收入低增长、城镇繁荣与农村落后、少数富裕大户与多数人收入不高并存的现象比较突出。农村居民人均纯收入与城镇居民可支配收入的比率，从全国来看，2002年为1∶2.8，2009年为1∶3.34；从云南情况看，2002年为1∶4.27，2009年为1∶4.29；已远远超过了国际公认的1∶3的警戒线。2009年，云南农民人均纯收入为3 369元，仅为城镇居民可支配收入14 424元的23.3%；云南农民人均纯收入最高的玉溪市为5 119元，最低的怒江州仅为1 709元，相差3 410元。

三是致贫因素复杂多样，返贫压力较大。在传统致贫因素的基础上，条件型、素质型贫困叠加凸现，市场风险成为致贫返贫的重要成因。贫困地区往往是自然灾害多发地区，据统计，贫困地区遭受严重自然灾害的几率是其他地区的5倍。气候环境变化对地处生态脆弱区的贫困地区影响更加明显。贫困地区防灾、抗灾能力明显不足，许多生态环境脆弱区经济社会发展滞后，农业生产受灾害威胁十分严重。如去年入秋以来的特大干旱，全省有125个县（市、区）、2 700多万人受灾，因灾返贫人口高达100万人。

四是自然环境保护与扶贫开发的矛盾更加凸显。云南是长江、珠江等大江大河的上游，全省50%以上的国土面积为天然林保护区、生态公益林区和自然保护区，承担着流域内生态保护的重任，属于禁止开发和限制开发区域。全省石漠化土地达 4 323 万亩，占国土总面积的 15.35%，129 个县（市、区）中有 65 个县需要重点治理，且大部分为贫困地区，在国家没有建立完善的生态效益补偿机制的情况下，生态保护、环境治理与经济发展的矛盾异常突出。

根据形势判研，今后 10 年云南农村扶贫的发展趋势是：深入贯彻落实科学发展观，继续坚持开发式扶贫方针，围绕巩固提升 480 万基本解决温饱农村人口的扶贫成果，全面推进 540 万农村贫困人口的脱贫进程，突出实施 160 多万深度贫困人口的扶贫攻坚三大目标。以增加贫困人口收入为主线，优先帮扶边远少数民族贫困地区，以专项扶贫为龙头，以行业扶贫、社会扶贫为支撑，更加注重转变经济发展方式、增强贫困地区的自我发展能力，更加注重科技进步和人力资源开发、增强贫困人口内在发展动力和能力，更加注重促进基本公共服务均等化，改善贫困地区生产、生活、生态条件，更加注重集中连片特殊困难地区的开发攻坚、加快脱贫致富步伐，促进贫困地区经济、社会、文化、生态协调发展，集中力量打好新一轮扶贫开发攻坚战。

## 五、未来 10 年云南省扶贫政策措施建议

### （一）六大措施

今后 10 年云南省扶贫开发应采取以下六大措施：

*1. 以规划为龙头，切实加大资金投入力度*

科学合理的规划，是实施扶贫开发战略的基础性工作。要在充分征求群众意见，尊重群众意愿的基础上，编制科学合理的扶贫开发规划。规划目标要明确，全面完整，特色显现。规划一旦制定，要严格按照规划，组织落实资金项目。科学的规划，足够的资金投入保证，能为顺利推进扶贫开发奠定坚实的基础。

*2. 以专项扶贫为主导，强化行业扶贫和社会扶贫的支撑作用*

专项扶贫重点解决了与解决贫困群众温饱相关的难点问题，开展了整村推进、安居工程、村内道路硬化、一村一品小产业开发、劳动力转移培训、科技成果推广转化等项目。各行业部门按

照职责分工，各司其职，能力协作，密切配合，在扶贫开发中把改善贫困地区发展环境和条件作为行业发展规划的重要内容，在资金项目等方面向贫困地区倾斜，开展了推进现代农业产业化开发，加强基础设施建设，大力发展社会事业，深入开展科技扶贫，努力提高社会保障水平，重视生态环境和能源建设等一系列系统工程。社会扶贫充分发挥了定点扶贫、沪滇对口协作、部队、企业、社会各界的作用，形成了资源整合、力量集成的扶贫合力。

3. 以贫困农户为首扶对象，实施综合扶贫开发

建立扶贫对象瞄准机制，坚持把贫困农户作为扶贫开发的首扶对象，逐步把扶贫项目向最边远、最偏僻、最困难的地方延伸，加大安居温饱、产业发展、基础设施、社会事业、素质提高、服务体系、社会保障、生态环境保护与建设等各项工程建设力度，使贫困群众生产与生活条件得到同步改善，建设与管理得到同步加强，完善村规民约与倡导现代文明生活方式得到同步推进，农民群众的民主法制意识与科技文化素质和思想道德素质得到同步提高。

4. 以产业发展为重点，增强可持续发展能力

以产业发展为重点，不断增强可持续发展能力，充分发挥土地、气候等资源优势，支持贫困地区依靠科技进步发展特色优势产业，转变发展方式、转变进程，大力实施产业化扶贫，发展公司、基地、园区、合作组织、优势产业和乡村旅游等带动型产业化扶贫模式。加大优化农业产业布局力度，推进集中连片开发，培植区域主导产业，实现农产品向最适宜区集中，逐步形成具有贫困地区特色的主导产业带和产业集群。

5. 以组织建设为保证，切实加强领导

按照“省级统筹指导、州（市）负总责、县乡抓落实、项目到村、帮扶到户”的要求，认真落实扶贫开发工作党政一把手负责制，把扶贫开发整乡推进试点工作列入各级各部门重要议事日程，切实加强组织领导。省、州、市、县定期组织力量对资金到位情况、项目实施的绩效、廉政情况和乡（镇）组织实施情况进行专项督查。县级依据总体规划和年度工作任务，细化规划、明确任务、落实责任、筹措资金，协调属地社会资源参与扶贫开发，发动群众，组织实施扶贫项目和活动。

### （二）五项扶持政策

今后10年云南省扶贫开发应强化以下五项扶持政策：

1. 积极强化财税支持政策

积极争取中央财政对云南省贫困地区均衡性转移支付力度，逐步缩小贫困地区地方标准财政收支缺口，推进基本公共服务均等化。加大各级财政对扶贫开发的投入，建立财政扶贫资金稳定增长机制。重大基础设施、生态环境投资项目向贫困地区倾斜。在贫困地区新办的劳动密集型企业和农产品加工企业，三年内免征所得税。对贫困地区内资和外商投资鼓励类产业及优势产业的项目在投资总额内进口的自用设备，享受政策规定范围内的免征关税优惠。中央及地方预算内投资安排资金支持贫困地区开发重点项目前期工作。国际金融组织和外国政府优惠贷款继续向贫困地区倾斜。

2. 努力提高贫困地区金融服务

深化农村信用改革，培育农村资金互助社等新型农村金融机构。鼓励政策性金融机构加大对贫困地区金融服务力度，扩大贷款规模，拓宽融资渠道，落实和完善涉农贷款税收优惠、定向费用补贴、增量奖励等政策。鼓励贫困地区县域内银行业金融机构新吸收存款主要用于当地发放贷款。延长扶贫贴息期，设立基础设施长期低息贷款。支持融资性担保机构从事中小企业担保业务，试行对农户的担保。鼓励保险机构在贫困地区设立服务网点，增加农业生产性险种。

3. 不断完善土地使用政策

加强贫困地区土地资源管理，完善土地利用规划，着力提高贫困地区土地综合利用率，推进土地流转制度改革，保障贫困地区农民的土地流转收益。增加贫困地区中低产田地改造投入，实施基本农田地生态环境保护建设工程，建立耕地保护补偿机制，确保粮食安全基本用地需要。结合农村土地流转制度、集林权制等改革，采取承包租赁、转包、参股等方式，加大土地集约化经营力度。

4. 建立和完善人才培养政策

组织教育、科技、卫生人员定期到贫困地区服务。全面落实基础教育优惠政策，对特殊困难群体学生实行特殊扶持政策。多渠道加大贫困地区人才培养，在继续教育方面给予特殊政策支持。鼓励大专院校、科研院所、医疗机构为贫困地区培养人才，鼓励大、中专毕业生到贫困地区就业和创业。对长期为贫困地区服务的教师、医生、工农业技术人员在职称晋升等待遇上给予照顾。

5. 积极推行生态建设和补偿政策

在贫困地区继续实施退耕还林、退牧还草、水土保持、天然林保护等重点生态修复工程建设，并长期坚持。国家资源、生态补偿机制优先在贫困地区试点，对确定为自然保护区和因执行环境保护政策而造成财政减收、增支以及影响到群众生产生活的，由上级财政通过转移支付、项目支持和专项补助等方式给予补偿，并提高补偿标准。资源补偿资金优先用于贫困地区环境综合治理和解决因资源开发带来的民生问题。

**参考文献：**

1. 新华社特约评论员：《把保障和改善民生作为根本出发点和落脚点——学习贯彻党的十七届五中全会精神》，载新华网，北京10月22日电。

2. 云南省委 云南省人民政府：《中共云南省委、云南省人民政府关于加快边远少数民族贫困地区深度贫困群体脱贫进程的决定》，2010年10月。

3. 王仁贵：《“十一五”扶贫开发主要成就》，载中国网，2010年10月30日。

4. 云南省人民政府办公厅、云南省统计局、国家统计局云南调查总队编：《云南领导干部手册》，云南出版集团云南人民出版社2010年版。

5. 云南省统计局编：《云南统计年鉴2009》，中国统计出版社2009年版。

6. 本书编写组编著：《党的十七届五中全会〈建议〉学习辅导百问》，党建读物出版社、学习出版社2010年版。

7. 云南省扶贫办、云南农业大学经济管理学院课题组：《云南省新阶段扶贫开发思路研究》（课题报告），2010年10月。

（作者单位：云南省社会科学院经济研究所）

**图书在版编目（CIP）数据**

2010～2011云南经济发展报告/康云海，宣宜主编．—昆明：云南大学出版社，2011
（云南蓝皮书）
ISBN 978－7－5482－0456－5

Ⅰ．①2…　Ⅱ．①康…②宣　Ⅲ．①区域经济发展—研究报告—云南省—2010～2011　Ⅳ．①F127.74

中国版本图书馆CIP数据核字（2011）第093351号

**·云南蓝皮书·**

**2010～2011云南经济发展报告**

主　编　康云海　宣　宜

组稿编辑　林　艺
责任编辑　林　艺　李　平
封面设计　罗　辉　谢皖霞
出版发行　云南大学出版社
印　　装　昆明市五华区教育委员会印刷厂
开　　本　787mm×1092mm　1/16
印　　张　20.875
字　　数　327千
版　　次　2011年6月第1版
印　　次　2011年6月第1次印刷
书　　号　ISBN 978－7－5482－0456－5
定　　价　46.00元

地　　址：云南省昆明市翠湖北路2号云南大学英华园
（邮编：650091）
发行电话：0871－5033244　5031071
网　　址：http：//www.ynup.com
E－mail：market@ynup.com